KB276092

노인과 바다

The Old Man and the Sea

직독직해로 읽는

노인과 바다

The Old Man and the Sea

개정판 3쇄 발행 2020년 11월 20일
초판 1쇄 발행   2011년 7월 30일

원작   어니스트 헤밍웨이
역주   이현구, 박기윤
디자인   DX
일러스트   정은수
발행인   조경아
발행처   랭귀지북스
주소   서울시 마포구 포은로2나길 31 벨라비스타 208호
전화   02.406.0047   **팩스**   02.406.0042
이메일   languagebooks@hanmail.net
MP3 다운로드 blog.naver.com/languagebook
등록번호   101-90-85278   **등록일자** 2008년 7월 10일
ISBN   979-11-5635-033-0 (13740)
가격   12,000원
ⓒ LanguageBooks 2011

「이 도서의 국립중앙도서관 출판예정도서목록(CIP)은 서지정보유통지원시스템 홈페이지(http://seoji.nl.go.kr)와
국가자료공동목록시스템(http://www.nl.go.kr/kolisnet)에서 이용하실 수 있습니다.(CIP제어번호: CIP2015029024)」

직독직해로 읽는

노인과 바다
The Old Man and the Sea

어니스트 헤밍웨이 원작
이현구, 박기윤 역주

Language Books

머리말

요즈음 원서 읽기의 열기는 굳이 설명하지 않아도 누구나 알 것입니다. 수많은 학습자들은 여러 가지 방법을 시도해보지만, 효과적인 학습법을 찾지 못하는 분이 많습니다.

이런 분들이 원서를 읽으면 효율적으로 읽기, 듣기, 말하기 능력을 향상할 수 있습니다. 원서를 빠르게 읽고, 어휘력과 표현력을 늘리고, 회화와 쓰기 능력을 효과적으로 준비할 수 있습니다. 그러나 원어민들이 즐겨 읽는 원서나 고전 작품에는 어려운 표현과 어휘 때문에 쉽게 도전하기 힘든 경우도 있습니다.

이렇게 자신에게 맞는 공부법을 찾는 데 어려움을 겪고 있는 분들과, 높은 수준의 원서를 혼자 공부하기 힘들어하는 분들을 위해 이 책을 쓰게 되었습니다. 다시 말하여 영어 학습에 도움이 될 만한 작품들을 여러분이 쉽게 이해할 수 있도록 직독직해로 설명해 놓았습니다. 또한 원작의 내용을 이해하는데 아무런 문제가 없도록 글의 구성에 정성을 기울였습니다. 직독직해로 읽는 습관에 익숙해지면, 읽기 속도가 모국어 수준에 가까워집니다.

세계명작 작품에는 대화체 표현이 풍부합니다. 그래서 본 교재로 듣기와 말하기를 연습할 수 있도록, 원어민 성우가 녹음한 MP3 파일을 다운로드할 수 있습니다.

거기다 고교 영어 수준으로 원서의 난이도를 조정했습니다. 실제로 본 책에서 설명된 대부분의 어휘와 숙어는 고교 영어 수준에 속합니다. 또한 중요 문법을 설명하여 독자가 공부하는데 어려움이 없도록 하였습니다.

분명 유창하고 높은 수준의 영어를 자유자재로 사용할 수 있으려면, 장기간 공부해야 됩니다. 그 시간을 최대한 단축시키려면 원어민 수준으로 빠르게 영어를 읽고(직독직해), 자신의 생각을 표현하는 능력(동시통역 연습)을 키워야 합니다. 그리고 영어 실력을 높이는데 무엇보다 중요한 것은 열정적이고 성실한 학습자의 마음가짐입니다. 부디 이 책과 여러분의 성실함을 무기로 큰 성과를 올리길 기대해 봅니다.

본 책이 출판되도록 물심양면으로 전폭적인 지지와 성원을 보내준 아내와 가족에게 감사의 뜻을 전합니다.

이현구

저자 소개

저자 어니스트 헤밍웨이에 대해서

Ernest Miller Hemingway

- 취미는 낚시와 사냥
- 고교시절부터 문학적 재능을 보임
- 캔자스시티에서 기자 생활을 함
- 삶과 죽음의 문제를 작품 속에서 자주 표현함.
- 20세기를 대표하는 작가
- 1차 세계대전에 참전하여 부상을 입기도 함

- 참전 경험을 바탕으로 『무기여 잘 있거라』를 집필
- 군복무를 마치고 다시 기자 생활을 함
- 수많은 단편과 장편을 출간함
- 말년에 쿠바를 배경으로 『노인과 바다』 집필
- 이 작품으로 퓰리처상(1953)과 노벨문학상(1954)을 받음
- 1961 엽총 사고로 사망(자살이라고 주장하기도 함)

작품 소개

어니스트 헤밍웨이의 『노인과 바다』는 1952년 출판되었을 당시 5백3십만 부가 이틀 만에 판매되었다. 이 작품은 산티아고라는 늙은 어부, 그의 삶의 터전인 바다, 그와 함께 고기를 잡는 마놀린이라는 아이를 중심으로 이야기가 전개된다.

이 소설은 산티아고 노인의 의식을 집중적으로 설명한다. 소설의 대부분이 독백과 노인의 사고와 감정을 묘사한다. 또한 노인의 고통에 대한 인내, 자부심, 과거에 대한 기억, 패배, 자연에 대한 태도, 마놀린과의 우정에 대해 이야기한다.

마놀린은 노인과 함께 바다로 나가길 바랐지만, 그의 부모는 고기를 많이 잡는 어부와 함께 일하길 바란다. 그래서 산티아고는 홀로 먼 바다로 출항한다. 결국 산티아고는 상어 떼와 힘든 싸움을 하다가 자신이 잡은 거대한 고기의 뼈만 가지고 돌아온다. 이와 같은 소설의 줄거리만 의식하며 이야기를 읽으면, 『노인과 바다』는 단순한 이야기로 전락할 수 있다.

그러나 헤밍웨이가 보여주고자 하는 인간의 참모습이 무엇인지 생각해보면, 이 소설을 흥미롭게 읽을 수 있다. 작가에 의하면, 인간이란 고통에 굴복하지 않고, 불평 없이 자신이 해야 할 일을 하고, 자제력을 발휘하는 인간이다. 이런 인간의 이상적인 모습을 염두에 두면, 이 소설은 매우 감동적인 이야기가 된다.

또한 이 작품에서는 쉬운 영어로 서술되고 대화체가 많이 등장한다. 그래서 영어를 공부하는 학습자들이 읽기 능력을 개발하는데 큰 도움이 된다. 한편 고기잡이에 대한 단어, 고기이름, 몇 개 안되는 스페인어는 생소하지만, 이런 단어는 대략 20여 개 미만이므로 쉽게 이야기에 빠져들 수 있으리라고 믿는다.

직독직해 가이드

직독직해로 읽어야 영어소설을 감각적으로 즐길 수 있다.

　　직독직해로 영어를 빠르게 이해하려면, 영어 문장의 순서에 따라 앞에 있는 말과 다음에 나오는 말과 어떤 관계인지 자연스럽게 느낄 수 있어야 합니다. 즉 영어의 어순대로 문장의 의미를 파악하는 훈련을 해야 합니다. 게다가 직독직해로 영어를 이해하려면, 문장 구조를 파악하면서 기본 문법 지식을 활용해야 합니다.

　　하지만 길고 복잡한 문장을 이해할 때, 더 많은 문법 지식이 필요한 것은 아닙니다. 이런 문장을 쉽게 이해하는 방법은 매우 간단합니다. 그것은 어려운 문법을 따져가며 문장을 분석하기보다 영어의 언어 논리를 익히는 것입니다.

　　아래에 있는 문장은 『마지막 잎새』에 나옵니다. 직독직해에 익숙하지 않은 사람이라면, 영어 문장을 앞뒤로 읽으며 해석합니다.

In one corner was a blank canvas on an easel
    1   2   3   4

that had been waiting there for twenty-five years to receive
               5   6

the first line of the masterpiece.
       7

앞에 있는 문장을 우리말 어순에 따라 해석하면, 다음과 같습니다.

> 한쪽 구석에는(1) / 아무 그림도 없는 캔버스가(3) / 이젤 위에(4) / 있었는데(2) / 명작의 첫 번째 대열에 속하는(7) / 대우를 받으려고(6) / 25년 동안 거기에 있었던 것이다.(5)

다시 말하여 영어 문장은 1-2-3-4-5-6-7 순서이지만, 우리말 어순에 맞게 해석해보면, 1-3-4-2-7-6-5 순으로 이해할 수 있습니다. 이런 순서로 이해하려면, 한 문장을 이해하는데 많은 시간이 걸립니다. 이런 방식으로 읽기를 지속하면 긴 문장을 듣자마자 이해하는 것은 매우 어렵습니다. 또한 회화와 영작을 할 때, 영어로 유창하게 표현하는 능력이 개발되지 않습니다. 같은 문장을 영어 어순대로 이해하려면, 직독직해로 문장을 이해해야 합니다. 아래에 있는 설명처럼 이해할 수 있습니다.

> In one corner → 한쪽 구석에는
> was → 있었다.
> a blank canvas → (무엇이 있었는가?) 아무 그림도 없는 캔버스가
> on an easel → (캔버스는 어디에 있는가?) 이젤 위에
> that had been waiting there for twenty-five years
> → (그 그림 없는 캔버스는 어떤 것일까?) 25년 동안 거기에 있었던
> to receive → (왜 기다리고 있었을까?) 대우를 받으려고
> the first line of the masterpiece.
> → (어떤 대우를 받으려고 기다리는가?) 명작의 첫 번째 대열에 속하는

앞의 설명에서 알 수 있듯이 영어는 우리말과 어순이 매우 다릅니다. 그래서 영어 어순대로 이해하는 연습을 해야 합니다. 이것이 직독직해를 익히는 첫 번째 단계일 뿐입니다. 그리고 앞에 나오는 단어나 표현을 보면, 다음에 어떤 내용이 올지 예측할 수 있는 힌트가 있습니다. 예를 들어 위의 문장을 보면, 'was'라는 'be'동사가 '~이 있다, 존재하다'라는 의미로 쓰였습니다. '존재하다'라는 의미로 쓰인 'was'를 보자마자 '어떤 물건'이 '어디에' 있는지 예측할 수 있어야 합니다. 그래서 문장의 의미가 연결되는 힌트를 감각적으로 알아보려면, 영어의 언어논리를 익혀야 합니다.

영어의 논리를 쉽게 익히려면,

첫째, 주어, 동사, 목적어, 보어를 보고, 문장의 핵심 내용을 감각적으로 파악해야 합니다.

둘째, 동사의 종류에 따라 다음에 어떤 내용이 올지 예측할 수 있어야 합니다. 그래서 다양한 동사의 쓰임새에 익숙해져야 합니다.

셋째, 보통 관계 대명사나 부정사 앞에 나오는 내용을 보면, 다음에 어떤 내용이 올지 예측할 수 있어야 합니다. 즉 부정사와 관계대명사는 상황을 더 자세히 설명합니다.

넷째, 접속사를 보면서, 글에 나타나는 논리관계를 이해할 수 있어야 합니다.

다섯째, 대명사와 같은 기초 문법을 활용할 줄 알아야 합니다.

마지막으로 문법 학습에 지나치게 얽매이지 않도록 주의해야 합니다.

영어 문장을 읽자마자 이해하는 습관이 형성되면, 더 빠르게 읽고 이해할 수 있습니다. 이런 훈련을 하면, 스토리를 듣자마자 이해할 수 있습니다. 마지막 단계로 입으로 영작하는 연습을 게을리하지 않습니다. 입으로 영어 문장을 유창하게 구사할 수 있다면, 회화와 영작이 즐거워집니다. 이런 입체적인 방법으로 공부하면, 원서를 읽고, 회화를 하는 것은 즐겁고 신나는 일이 됩니다.

읽기 가이드

영어를 공부할 때 흥미로운 이야기를 읽으며, 읽기, 듣기, 말하기를 동시에 할 수 있습니다.
그래서 『노인과 바다』를 읽으면서 최대 효과를 낼 수 있는 공부 방법을 소개합니다.
그것은 읽기 능력을 토대로, 듣기 연습을 하고,
듣기 능력을 토대로, 말하기 연습까지 하는 것입니다.
첫째, 직독직해로 읽는 연습을 하여, 원어민 속도로 읽는 능력을 키웁니다.
둘째, 본문을 빠른 속도로 읽고 이해할 수 있으면, 읽은 내용으로 듣기 연습을 합니다.
마지막으로, 동시통역 연습을 하여, 유창하게 말하는 연습을 합니다.

이와 같은 능력을 개발하려면, 원어민과 비슷한 속도로 영어를 이해하고, 영어로 표현하는 훈련(동시통역 연습)을 해야 합니다. 다시 말하여 영어를 직독직해로 빠르게 읽는 연습을 하고, 직독직해로 해석한 내용을 보면서 영어로 말하는 연습(동시통역 연습)을 꾸준히 실천해야 합니다. 이런 목적을 성취하도록 『노인과 바다』를 직독직해로 읽고, 연습문제에서 동시통역 연습을 할 수 있도록 교재를 구성했습니다. 아래에 자세히 설명한 단계에 따라 공부하면, 영어 실력이 빠르게 향상됩니다.

Step 1 영어 어순대로 이해하기

원서를 직독직해로 읽는 능력을 키우려면, 영어 어순대로 읽는 능력과 풍부한 어휘력이 필요합니다. 먼저 『노인과 바다』를 직독직해로 읽으면서 영어 어순대로 읽고 이해하는 연습을 합니다. 이야기를 읽는 동안 모르는 어휘나 이해하기 어려운 문장이 나오면, 중요한 의미만 파악하고, 빠르게 읽고 이해해야 합니다. 본 교재를 두 번째로 읽을 때는 모르는 어휘를 익히고, 어려운 문장을 좀 더 정확히 이해해야 합니다. 때로는 모르는 어휘와 문장을 단번에 모두 익히겠다고 지나치게 욕심을 부리면, 오히려 학습에 흥미가 떨어지고 지속적으로 공부할 수 없게 됩니다. 개인에 따라 차이가 있지만, 본 교재를 세 번 또는 네 번 읽으면서 모르는 어휘와 문장과 친숙해지면, 몰랐던 단어를 쉽게 익힐 수 있습니다. 또한 어렵게 느껴졌던 문장도 쉽게 이해할 수 있습니다.

Step 2 원어민 속도로 읽기

직독직해로 읽는 연습을 한 다음 원어민과 비슷한 속도로 읽을 수 있을 때까지 본 교재를 반복하여 읽는 연습을 권합니다. 속독 연습을 하려면 해설을 보지 않고 『노인과 바다』를 빠르게 읽는 연습을 합니다. 빠르게 읽는 연습을 권장하는 이유는 두 가지가 있습니다. 첫째 영어 어순대로 이해하는 능력을 키워야 원어민과 비슷한 속도로 읽고 이해할 수 있기 때문입니다. 둘째 읽기 속도가 빨라져야 듣기가 즐겁고 편해지기 때문입니다.

Step 3 원어민 수준으로 듣고 이해하기

듣기 연습은 녹음을 들으면서 원어민처럼 소설을 이해하는 것입니다. 영어로 쓰인 이야기를 빠른 속도로 읽고 이해할 수 있을 때 듣기 연습에 들어갑니다. 그래야 듣기 연습이 매우 즐거운 일이 됩니다. 이런 연습을 꾸준히 하면, 원어민이 빠르게 말해도 듣자마자 이해할 수 있습니다. 이렇게 듣자마자 이해하는 능력을 키워야 유창하게 회화를 할 수 있는 기반이 마련됩니다.

Step 4 동시통역 연습

　　연습문제 중 동시통역을 연습할 수 있는 부분을 만들어 놓았습니다. 간단히 말하면 동시통역이란 입으로 영작하는 것입니다. 즉 직독직해로 해석된 문장을 보자마자 영어로 유창하게 말하는 것입니다. 동시통역을 꾸준히 연습하면, 유창하게 영어로 말하는 능력을 키울 수 있습니다. 혼자서 영어 회화를 공부하는 사람들에게는 매우 효과적인 방법입니다.

　　하지만 동시통역 연습을 할 때, 주의할 사항이 있습니다. 첫째 영어 문장을 만들 때 필요한 단어를 뜸들이지 않고 말하는 것입니다. 둘째 문장을 만드는데 필요한 기초 문법을 제대로 활용하는 것입니다. 즉 문법을 실용적으로 이용할 수 있는 사람은 문장을 만들 때 문법을 의식하지 않아도 문법을 이용할 수 있습니다. 셋째 자연스럽고 유창하게 발음하는 것입니다. 동시통역 연습을 꾸준히 실천하면, 읽기 속도가 빨라지고, 빠르게 듣고 이해할 수 있으며, 유창하게 말할 수 있습니다.

퀴즈 가이드

『노인과 바다』를 읽으면서 동시에 복습할 수 있도록 퀴즈를 만들어 놓았습니다.
모두 12개의 퀴즈로 구성되어 있습니다.
각 퀴즈는 모두 3개의 파트(A. 단어, B. 직독직해, C. 동시통역)로 구성되어 있습니다.
이야기를 읽고 주요 단어를 복습합니다.
퀴즈에 나온 직독직해 연습문제를 풀어보고 최종적으로 동시통역 연습을 합니다.
동시통역을 연습할 때 주의할 점은 문장을 영어로 말하는 연습을 합니다.

* 어떻게 퀴즈를 활용할까?

A. 단어

영어로 설명된 정의에 어울리는 단어를 찾는 것입니다. 적당한 단어를 보기에서 선택합니다. 이런 연습을 하는 목적은 영어로 풀이된 단어의 정의에 익숙해져야 단어를 영어로 설명할 수 있기 때문입니다. 이런 능력을 키워야 빠르게 읽고 유창하게 말할 수 있습니다.

B. 직독직해

퀴즈의 직독직해 연습을 해보면, 영어 문장을 스스로 읽자마자 얼마나 이해할 수 있는지 체크해볼 수 있습니다. 본문에 나오는 문장 중에서 약간 까다롭거나 구조가 복잡한 문장을 골랐습니다. 퀴즈의 직독직해 연습을 통하여 스스로 영어의 어순대로 읽고 이해하는 훈련을 할 수 있습니다.

C. 동시통역

영어의 어순대로 한글로 제시하고, 한글 해석을 보자마자 영어로 말하는(동시통역) 파트입니다. 이런 연습을 하면, 듣기 능력과 회화 능력을 단기간에 향상할 수 있습니다. 동시통역을 연습할 때, 최대한 원어민처럼 유창하게 발음하고 빠르게 말하면 더 효과적입니다. 처음에는 생소하고 힘들겠지만 꾸준히 연습하길 바랍니다.

목차

C O N T E N T S

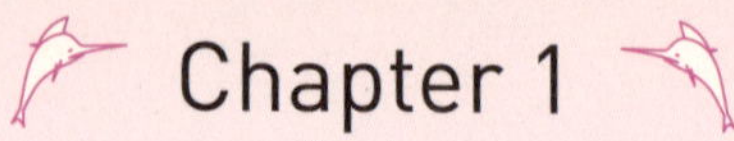

Chapter 1

Scene 1

He was an old man / who fished alone / in a skiff /
그는 노인이었다 /   (어떤 노인?) 홀로 고기를 잡는 / 작은 배로 /

in the Gulf Stream / and he had gone eighty-four days /
멕시코 만류에서 /   그리고 그는 84일이나 (바다로) 나갔다 /

now / without taking a fish.
지금까지 / 고기 한 마리도 잡지 못하고

In the first forty days / a boy had been with him.
40일 동안은 /   한 아이가 그와 함께 있었다.

But after forty days / without a fish / the boy's parents
그러나 40일이 지나자 /   한 마리의 고기도 잡지 못하고 / 그 아이의 부모는

had told him / that the old man was now definitely and
그에게 말했다 (뭐라고?) / 그 노인은 이제 틀림없이 마침내 (스페인 말로) 살라오가 되었다고 /

finally salao, / which is the worst form of unlucky, /
그 스페인 단어는 불운을 의미하는 최악의 단어다 /

and the boy had gone / at their orders / in another boat /
그래서 그 아이는 갔다 /   부모의 지시대로 /   다른 배로 /

which caught three good fish / the first week.
그 배는 큼직한 세 마리의 고기를 잡았다 /   첫 주에

It made / the boy sad / to see the old man come in / each
그것은 만들었다 / 그 아이를 슬프게 / (그것이란?) 노인이 들어오는 것을 보는 것은 / 매일 /

day / with his skiff empty / and he always went down /
그의 배가 비어서 /   그래서 그는 늘 (물가로) 내려갔다 /

to help him carry / either the coiled lines or the gaff /
(왜?) 노인이 나르는 것을 도와주려고 / (무엇을 나르나?) 감아 놓은 낚싯줄이나 갈고리 /

and harpoon and the sail / that was furled around the
작살과 돛을 /   (어떤 돛?) 돛대에 감겨져 있던

mast. The sail was patched / with flour sacks / and,
돛은 누덕누덕 기웠다 /   밀가루 부대로 /   그리고

furled, / it looked / like the flag of permanent defeat.
감겨져 있으면 / 돛은 보였다 / 영원한 패배의 깃발처럼

The old man was thin and gaunt / with deep wrinkles /
노인은 마르고 수척했다 /　　　　　　　　　　깊은 주름이 있으며 /

in the back of his neck. The brown blotches of the
목 뒤에　　　　　　　　　　　양성 피부암의 갈색 반점은 /

benevolent skin cancer / the sun brings / from its reflection
(어떤 반점?) 햇빛 때문에 생기는 / 열대 바다에 반사되어서 /

on the tropic sea / were on his cheeks.
　　　　　　　　그의 양쪽 뺨에 있었다.

The blotches ran well down / the sides of his face /
반점은 훨씬 아래에도 있었다 /　　　그의 얼굴 양쪽에 /

and his hands had the deep-creased scars /
그리고 그의 손에는 깊게 주름 잡힌 상처가 있었다 /

from handling heavy fish / on the cords.
무거운 고기를 다루다가 생긴 /　　　낚싯줄에 걸린

But none of these scars were fresh.
그러나 이 상처 중 어떤 것도 새로운 것이 아니었다.

They were as old / as erosions in a fishless desert.
그 상처는 오래된 것이었다 /　고기 없는 사막에 침식처럼(침식된 표면처럼)

Everything about him was old / except his eyes /
그의 모든 것은 늙었다 /　　　　　　그의 눈을 제외하고 /

and they were the same color / as the sea /
그리고 눈은 같은 색이었으며 /　　　　바다처럼 /

and were cheerful and undefeated.
환기에 차 있었고 패배를 몰랐다

"Santiago," the boy said to him / as they climbed the bank /
"산티아고 할아버지" 아이는 노인에게 말했다 /　(바닷가) 둔덕을 올라가고 있을 때 /

from where the skiff was hauled up.
(어떤 둔덕?) 배를 끌어 올려 놓여져 있던.

"I could go / with you again. We've made some money."
"저는 (고기를 잡으러) 갈 수 있어요 / 할아버지와 다시. 우리는 상당히 많은 돈을 벌었어요."

The old man had taught / the boy to fish / and the boy loved
노인은 가르쳐 주었다 /　　　아이에게 고기를 잡는 법을 / 그리고 아이는 노인을 매우

him.
좋아했다.

skiff 작은 배, 소형 범선　Gulf Stream 멕시코 만류　gaff 갈고리　harpoon 작살　furl (돛을) 감다, 말다
mast 돛대　patched 누덕누덕 기운, 덧대어 수선한　permanent 영원한, 불변의　gaunt 수척한　blotch 반점, 얼룩
benevolent skin cancer 양성 피부암　tropic 열대(지방)　deep-creased 깊게 주름잡힌　erosion 침식, 부식
cheerful 활기에 찬, 유쾌한　haul up 끌어 올리다

"No," the old man said.
"아니다" 노인은 말했다.

"You're with a lucky boat. Stay with them."
"너는 운 좋은 배를 타고 있다.　　　그냥 있거라"

"But remember / how you went eighty-seven days /
"하지만 생각해보세요 /　어떻게 할아버지가 87일 동안이나 (바다로) 나갔는지 /

without fish / and then we caught / big ones every day /
고기를 잡지 못하고 /　그런데 우리는 잡았는지 (생각해보세요) / 큰 고기를 매일 /

for three weeks."
3주 동안이나"

"I remember," the old man said.
"나는 기억하고 있다," 노인이 말했다.

"I know / you did not leave me / because you doubted."
"나는 알고 있어 / 네가 나를 떠나지 않았다는 것을 / 네가 의심하기 때문에

"It was papa / made me leave.
"바로 아빠가 /　　내가 떠나도록 했어요.

I am a boy / and I must obey him."
저는 어린애이기에 / 저는 아버지의 뜻에 따라야 해요"

Scene 2

"I know," the old man said.
"나도 알고 있다" 노인이 말했다.

"It is quite normal."
"그건 아주 정상적인 거야"

"He hasn't much faith."
"아빠는 (저에 대한) 믿음이 별로 없어요."

"No," the old man said.
"그래" 노인은 말했다.

"But we have. Haven't we?"
"하지만 우리는 믿음이 있잖아. 그렇지 않아?"

"Yes," the boy said.
"그래요" 아이는 말했다.

"Can I offer you / a beer on the Terrace / and then we'll
"제가 가져다 드릴까요 / 맥주를 테라스(마을에 있는 주점)에서 / 그 다음에 우리는 가져갈

take / the stuff home."
수 있어요 / 고기잡이 도구를 집으로"

"Why not?" the old man said.
"좋지?" 노인이 말했다.

"Between fishermen."
"어부들 사이니까"

They sat / on the Terrace / and many of the fishermen
그들은 앉아 있었다 / 테라스(주점)에 / 그리고 많은 어부들은 놀려 댔다 /

made fun of / the old man / and he was not angry.
노인을 / 그러나 그는 화를 내지 않았다.

Others, / of the older fishermen, / looked at him / and were
다른 사람들은 / 나이가 더 많은 어부들 중에 / 노인을 보고서 / 슬펐다.

sad. But they did not show / it / and they spoke politely /
그러나 그들은 내색하지 않았다 / 그런 감정을 / 그리고 그들은 점잖게 말했다 /

about the current and the depths / they had drifted their
조류의 깊이에 대하여 / 자신들이 낚싯줄을 드리우는 /

lines at / and the steady good weather / and of what they
그리고 지속되는 좋은 날씨와 / 그리고 자신들이 본 것들에

had seen.
대해 (말했다).

The successful fishermen of that day / were already in /
그날 결과가 좋은 어부들은 / 이미 돌아왔고 /

and had butchered their marlin out / and carried them /
그들의 청새치를 도살하고 준비해놓았다 / 그리고 청새치를 운반했다 /

laid at full length across two planks, /
(어떤 청새치?) 두 판자 위에 가로로 길게 놓여있는 /

with two men staggering / at the end of each plank, /
(어떻게?) 두 사람이 비틀거리며 / 각 판자의 끝을 잡고서 /

to the fish house / where they waited / for the ice truck /
(어디로?) 어류 저장소로 / 그곳에서 어부들은 기다렸다 / 냉동 트럭을 /

to carry them / to the market in Havana.
(어떤 트럭?) 그들을 운반할 수 있는 / 하바나에 있는 시장으로

Those who had caught sharks / had taken them /
상어를 잡은 사람들은 / 상어를 가지고 갔다 /

to the shark factory / on the other side of the cove /
상어 공장으로 / 작은 만의 반대쪽에 있는 /

where they were hoisted / on a block and tackle, /
그 공장에서 상어들을 들어 올렸다 / 도르래 장치로 /

their livers removed, / their fins cut off / and their hides
간을 제거하고 / 지느러미를 잘라내고 / 껍질을 벗겨냈다 /

skinned out / and their flesh cut into strips / for salting.
그리고 살을 가늘고 긴 조각으로 토막 냈다 / 소금에 절이기 위해

When the wind was in the east / a smell came across the
바람이 동쪽에서 불 때면 / 냄새가 항구를 가로질러 왔다 /

harbor / from the shark factory; / but today /
상어 공장에서 / 그러나 오늘은 /

there was only the faint edge of the odor / because the
희미한 냄새만 있었다 / 왜냐하면 바람이 후퇴하고 /

wind had backed / into the north / and then dropped off /
북쪽으로 / 그 다음에 약해졌기 때문에 /

and it was pleasant and sunny / on the Terrace.
그래서 기분 좋게 햇빛이 잘 들었다 / 테라스(주점)에

"Santiago," the boy said.
"산티아고" 아이는 말했다

"Yes," the old man said.
"응" 노인이 말했다.

He was holding his glass / and thinking of many years
그는 (맥주) 잔을 들고 / 오래 전 일을 생각하고 있었다.

ago.

"Can I go out to get / sardines for you / for tomorrow?"
"내가 바다로 나가 잡아 올까요 /   할아버지를 위해 정어리를 /   내일"

"No. Go and play baseball. I can still row / and Rogelio
"아니다, 가서 야구나 해라.   나는 아직도 노를 저을 수 있고 /

will throw the net."
로헬리오가 어망을 던질 거야"

"I would like to go. If I cannot fish / with you, /
"저도 가고 싶어요.   제가 고기를 잡을 수 없다면 / 할아버지와 함께 /

I would like to serve / in some way."
도움이 되고 싶어요 /   어떤 식으로든"

"You bought / me a beer," the old man said.
"네가 사줬잖아 /   나에 맥주를"   노인은 말했다.

"You are already a man."
"너도 이미 사내다운 남자야"

문맥으로 판단할 수 있는 상황을 가리키는 it; 어부들(they)이 슬픈 감정을
느꼈으나 그런 감정을 나타내지 않았다.

예) They did not show / it.
그들은 내색하지 않았다 / 그런 감정을

butcher (가축 따위를) 도살하다 marlin 청새치 at full length 길게 plank (두꺼운) 판자 staggering 비틀거리는
cove 작은 만 hoist 들어 올리다 block and tackle 도르래 장치 strip 가늘고 긴 조각 odor 냄새, 악취
drop off 차츰 없어지다, 약해지다 sardine 정어리

Scene 3

"How old was I / when you first took me / in a boat?"
"제가 몇 살이었지요 /   할아버지가 처음으로 저를 데리고 갔을 때가 / 배로"

"Five / and you nearly were killed / when I brought the
"다섯 살 때였지 / 너는 거의 죽을 뻔했지 /   고기를 끌어 올렸을 때 /

fish / in too green / and he nearly tore the boat to pieces.
매우 팔팔한 상태로 /   그리고 고기가 배를 박살낼 뻔했지.

Can you remember?"
기억할 수 있겠니?"

"I can remember / the tail slapping and banging /
"기억할 수 있어요 /   꼬리로 후려치고 꽝꽝 치던 일을 /

and the thwart breaking / and the noise of the clubbing.
배의 가로장(좌석)이 부러졌던 일과   몽둥이로 때리는 소리를

I can remember / you throwing me / into the bow /
기억할 수 있어요 /   할아버지가 저를 던진 일을 /   뱃머리로 /

where the wet coiled lines were / and feeling the whole
사리로 감아 놓은 젖은 낚싯줄이 있던 곳인 /   그리고 (기억할 수 있어요) 배 전체가

boat shiver / and the noise of you clubbing him /
흔들거리는 것을 느꼈던 것과 / 할아버지가 고기를 몽둥이로 치는 소리를 /

like chopping a tree down / and the sweet blood smell /
나무를 찍어 넘어뜨리듯이 /   그리고 (기억할 수 있어요) 달콤한 피 냄새를 /

all over me."
제 온 몸통에서"

"Can you really remember / that / or did I just tell /
"너는 정말로 기억할 수 있니 /   그 일을 / 아니면 내가 말해준 거야 /

it / to you?"
그 일을 / 너에게"

"I remember everything / from when we first went
"저는 모든 일을 기억해요 /   우리가 처음으로 같이 (고기를 잡으러)

together."
갔을 때부터"

The old man looked / at him / with his sun-burned,
노인을 바라보았다 /   아이를 /   햇볕에 그을리고,

confident loving eyes.
자신감 있으며 애정 어린 눈빛으로

"If you were my boy / I'd take you out and gamble," he
"네가 내 아들이라면 /   나는 너를 바다로 데리고 가서 운에 맡겨 볼 텐데" 그는

said.
말했다.

"But you are your father's and your mother's / and you are
"하지만 너는 너의 아버지와 어머니의 아들이잖아 /   그리고 너는 운이

in a lucky boat."
좋은 배를 타고 있잖아"

"May I get the sardines? I know / where I can get four baits
"정어리를 구해다 드릴까요?   저는 알고 있어요 / 어디서 제가 네 개의 미끼를 구할 수

too."
있는지"

"I have mine left / from today. I put them / in salt in the
"나도 내 것이 있어 /   오늘 쓰고 남은.   그들을 놓았다 /   소금에 절여 상자에"

box."

"Let me get / four fresh ones."
"제가 구해다 드릴께요 / 신선한 미끼 네 개를"

"One," the old man said.
"한 개만 구해와" 노인은 말했다.

His hope and his confidence had never gone.
그의 희망과 자신감은 결코 사라지지 않았다.

But now they were freshening / as when the breeze rises.
이제 그들(희망과 자신감)은 더 상쾌해졌다 /   산들바람이 일어날 때처럼

"Two," the boy said.
"(그럼) 두 개 가져올게요" 아이는 말했다

"Two," the old man agreed. "You didn't steal them?"
"두 개만 가져와라" 노인은 말했다.   "너는 미끼를 훔치는 건 아니지?"

"I would," the boy said. "But I bought these."
"훔치곤 했지요" 아이는 말했다.   "하지만 이건 (돈을 주고) 산 것이에요"

"Thank you," the old man said. He was too simple to
"고맙구나"   노인은 말했다.   그는 너무나 소박한 사람이여서 궁금해

wonder / when he had attained humility.
하지도 않았다 / 언제 자신이 겸손해졌는지

in too green 매우 팔팔한, 혈기왕성한 slap 후려치다, 찰싹 때리다 thwart 배의 가로장(좌석) club 몽둥이로 때리다
shiver 떨다, 흔들리다 gamble 운에 맡기고 해보다 confidence 자신감 freshen 원기왕성해지다, 상쾌해지다
simple 소박한 attain ～에 이르다, 달성하다 humility 겸손

But he knew / he had attained it / and he knew /
하지만 그는 알았다 /　자신이 겸손해졌다는 것을 /　그리고 그는 알았다 /

it was not disgraceful / and it carried no loss of true pride.
그렇다고 수치스러운 것이 아니고 /　진정한 자부심을 잃는 것도 아니라는 것을

"Tomorrow is going to be a good day / with this current,"
"내일은 날씨가 좋을 거야 /　　　　　　　조류가 이 상태라면"

he said.
그는 말했다

"Where are you going?" the boy asked.
"어디로 가실 거예요?"　　　아이는 물었다.

"Far out to come in / when the wind shifts.
"멀리 나갔다 돌아올 거야 /　바람이 바뀌면

I want to be out / before it is light."
나는 나갈 거야 /　　날이 밝기 전에

"I'll try to get him / to work far out," the boy said.
"제가 그를(주인을) 설득해볼게요 / 멀리 나가서 고기잡이 하자고"　아이는 말했다.

"Then / if you hook something truly big / we can come to
"그러면 /　할아버지가 정말로 큰 고기를 잡을 때 /　　우리가 도와줄 수 있어요"

your aid."

"He does not like / to work too far out."
"그는(너의 주인은) 좋아하지 않아 / 멀리 나가서 고기를 잡는 것을"

"No," the boy said.
"맞아요"　아이는 말했다.

"But I will see something / that he cannot see / such as a
"하지만 저는 뭔가를 볼 거예요 /　　(어떤 것?) 그가 볼 수 없는 /　예를 들어

bird working / and get him / to come out after dolphin."
새가 고기를 찾는 것을 / 그리고 그를 설득할거예요 / 만새기 뒤를 따라 멀리 나가자고."

Key Expression

가정법 과거; "만일 ~한다면, ~할 텐데"라는 의미고, "If"절과 주절안의 동사는 과거형을 쓴다.
가정법과거는 현재 사실에 반대되는 일을 가정한다. 즉 아이가 아들이 아니기 때문에 바다로 데
리고 나갈 수 없다는 의미다.

ex) If you were my boy / I'd take you out / and gamble.
　　네가 내 아들이라면 / 나는 너를 바다로 데리고 가서 / 운에 맡겨 볼 텐데

attain humility 겸손해지다　current 조류, 해류　dolphin 만새기

Scene 4

"Are his eyes that bad?"
"그의 눈이 그렇게 나빠?"

"He is almost blind."
"그는 거의 장님 같아요"

"It is strange," the old man said.
"이상하네" 노인은 말했다.

"He never went turtle-ing. That is / what kills the eyes."
"그는 거북이 잡이를 가본 적이 없어. 그것이 / 눈(시력)을 망치지."

"But you went turtle-ing / for years off the Mosquito Coast /
"하지만 할아버지는 거북이 잡이를 가졌잖아요 / 여러 해 동안 모스키토 해안에서 /

and your eyes are good."
그런데도 시력이 좋잖아요."

"I am a strange old man."
"나는 이상한 노인이야."

"But are you strong enough / now / for a truly big fish?"
"그런데도 할아버지는 충분히 튼튼하시지요 / 지금도 / 정말로 큰 고기를 잡으실 만큼"

"I think so. And there are many tricks."
"그런 것 같아. 그리고 많은 요령이 있다"

"Let us take / the stuff home," the boy said.
"가져가지요 / 고기잡이 도구를 집으로" 아이는 말했다.

"So I can get the cast net / and go after the sardines."
"그래야 제가 투망을 가지고가서 / 정어리를 잡으러 갈 수 있지요"

They picked up / the gear from the boat.
그들은 집어 올렸다 / 고기잡이 도구를 배에서.

The old man carried / the mast on his shoulder / and the
노인은 날랐다 / 돛대를 어깨에 메고 / 그리고 아이는

boy carried / the wooden box / with the coiled, hard-braided
날랐다 / 나무상자를 / 사리로 감아놓고, 단단하게 꼰 갈색

brown lines, / the gaff and the harpoon with its shaft.
낚싯줄이 있는 (상자를) / 갈고리와 손잡이가 있는 작살을

gear 도구, 기구 hard-braided 단단하게 꼰 gaff 갈고리 harpoon 작살 shaft 손잡이, 자루

The box with the baits / was under the stern of the skiff /
미끼가 있는 상자는 /   배의 고물(뒷부분) 밑에 있었다 /

along with the club / that was used to subdue the big fish /
몽둥이와 함께 /   (어떤 몽둥이?) 큰 물고기의 힘을 빼놓는데 사용되는 /

when they were brought / alongside.
물고기를 끌어 당겼을 때 /   배 옆으로.

No one would steal from the old man / but it was better /
아무도 노인의 도구를 훔치지 않을 것이다 /   그러나 더 나았다 /

to take / the sail and the heavy lines home / as the dew
(뭐가?) 가져가는 것이 / 돛과 두꺼운 밧줄을 집으로 /   이슬이 고기잡이 도구에

was bad for them / and, though he was quite sure /
좋지 않기 때문에 /   그리고, 그는 확신했지만 /

no local people would steal from him, / the old man
그 지역 사람들이 그의 물건을 훔치지 않을 것이라고 /   노인은 생각했다 /

thought / that a gaff and a harpoon were needless
갈고리와 작살은 괜히 유혹하게 된다고 /

temptations / to leave in a boat.
배에 남겨 두면

They walked up / the road together / to the old man's
그들은 걸어 올라갔다 /   길을 함께 /   (어떤 길?) 노인의 오두막으로

shack / and went in / through its open door.
가는 (길을) / 그리고 걸어 들어갔다 / 열려 있는 문을 통과하여.

The old man leaned the mast / with its wrapped sail /
노인은 돛대를 기대에 놓았다 /   (어떤 돛대?) 돛으로 감은 /

against the wall / and the boy put / the box and the other
벽에 /   그리고 아이는 놓았다 /   상자와 다른 도구를 /

gear / beside it. The mast was nearly as long / as the one
돛대 옆에   돛대는 비슷하게 길었다 /   오두막집의

room of the shack. The shack was made / of the tough
단칸방 길이만큼.   오두막은 만들어졌다 /   대왕야자수 싹의

budshields of the royal palm / which are called guano /
단단한 껍질로 /   (대왕야자수란?) 구아노라고 불리는 /

and in it there was / a bed, a table, one chair, /
오두막 안에는 있었다 /   침대, 식탁, 의자가 /

and a place on the dirt floor / to cook with charcoal.
그리고 흙바닥 위에 장소가 (있었다) /   숯불로 요리할 수 있는

On the brown walls / of the flattened, overlapping leaves /
갈색 벽 위에 /   (어떤 벽?) 넓게 포갠 잎으로 만든 (갈색 벽) /

of the sturdy fibered guano / there was a picture in color /
(어떤 잎?) 질긴 섬유질로 된 구아노 (잎) /　　　　채색된 그림이 있었다 /

of the Sacred Heart of Jesus / and another of the Virgin of
예수의 성심을 그린 /　　　　　　　　그리고 코브레 교회의 성모마리아를 그린 그림이

Cobre.

These were relics of his wife.
이 그림들은 그의 아내의 유품이었다.

Once there had been / a tinted photograph of his wife /
예전에는 있었다 /　　　　　　연하게 색을 입힌 아내의 사진이 /

on the wall / but he had taken it down / because it made
벽에 /　　　　　그러나 그는 사진을 떼었다 /　　　　사진이 그를 만들었기 때문에 /

him / too lonely / to see it / and it was on the shelf /
　　　너무나 외롭게 /　　그 사진을 보면 / 그래서 사진을 선반 위에 놓았다 /

in the corner / under his clean shirt.
(어떤 선반?) 방구석에 있는 / 깨끗한 셔츠 밑에 (놓은 채로)

"enough"가 형용사나 부사 뒤에 오면, "~할 만큼(하기에) 충분히"라는 의미로 쓰이며 앞에 나온 형용사나 부사를 수식한다.

예) Are you strong enough / now / for a truly big fish?
　　할아버지는 충분히 튼튼하시지요 / 지금도 / 정말로 큰 고기를 잡으실 만큼

stern 배의 고물(뒷부분) subdue ~을 진압하다, 복종시키다 alongside 배 옆으로 budshield 껍질
royal palm 대왕야자수 overlap ~을 부분적으로 겹치다, 포개다 sturdy 질긴, 튼튼한 relic 유품, 유물
tinted 연하게 색을 입힌, 엷게 색칠한

Scene 5

"What do you have / to eat?" the boy asked.
"뭐가 있나요 / 먹을 게" 아이는 물었다

"A pot of yellow rice with fish. Do you want some?"
"한 냄비의 노란 쌀밥과 생선이 있어. 먹어 볼래?"

"No. I will eat / at home. Do you want / me to make the
"아니요. 저는 먹을 거예요 / 집에서. 바라세요 / 제가 불을 피워 드리는 것을"

fire?"

"No. I will make it / later on. Or I may eat / the rice cold."
"아니다. 내가 불을 피울게 / 나중에. 아니면 먹을 수도 있어 / 찬밥을"

"May I take / the cast net?"
"제가 가져가도 돼요 / 투망을"

"Of course."
"물론이지"

There was no cast net / and the boy remembered /
투망은 없었고 / 아이는 기억하고 있었다 /

when they had sold / it.
언제 그들이 팔았는지 / 투망을

But they went through / this fiction / every day.
하지만 그들은 반복적으로 했다 / 이런 가상의 이야기를 / 매일

There was no pot of yellow rice and fish / and the boy
노란 쌀밥과 생선이 있는 냄비는 없었고 / 아이는 알고 있었다 /

knew / this too.
이런 것을 또한

"Eighty-five is a lucky number," the old man said.
"85는 행운의 숫자야" 노인은 말했다.

"How would you like / to see me bring one in /
"어떨까 / 내가 고기를 잡아오는 것을 보면 /

that dressed out over a thousand pounds?"
(어떤 고기?) 내장을 도려내도 1,000파운드가 넘는

"I'll get the cast net / and go for sardines.
"제가 투망을 가져가서 / 정어리를 잡아 올게요

Will you sit / in the sun / in the doorway?"
앉아 계시겠어요 / 양지 쪽에 / 문간에 있는"

"Yes. I have yesterday's paper / and I will read the
"그래. 어제 신문이 있지 / 그러니 야구 기사나 읽어야겠구나"

baseball." The boy did not know / whether yesterday's
아이는 몰랐다 / 어제 신문이 (있다는 것이)

paper was a fiction too.
꾸며낸 이야기인지 아닌지

But the old man brought it out / from under the bed.
그러나 노인은 신문을 꺼냈다 / 침대 밑에서

"Perico gave it to me / at the bodega(grocery store),"
"페리코가 신문을 주었어 / 식료품점에서"

he explained.
노인은 설명했다.

"I'll be back / when I have the sardines.
"돌아올게요 / 정어리를 잡으면.

I'll keep yours and mine / together on ice /
제가 할아버지와 제 것을 보관할게요 / 얼음에 함께 /

and we can share them / in the morning.
그러면 우리는 정어리를 나눌 수 있어요 / 아침에

When I come back / you can tell me / about the baseball."
제가 돌아오면 / 이야기를 해주세요 / 야구에 대해"

"The Yankees cannot lose."
"양키즈팀이 질 리가 없어"

"But I fear / the Indians of Cleveland."
"그렇지만 겁이 나네요 / 클리블랜드의 인디언스팀이"

"Have faith / in the Yankees / my son.
"믿어야 해 / 양키즈팀을 / 애야,

Think of the great DiMaggio."
유명한 디마지오 선수를 생각해"

"I fear / both the Tigers of Detroit and the Indians of
"제 마음에 걸려요 / 디트로이트의 타이거스팀과 클리블랜드의 인디언스팀 모두가"

Cleveland."

"Be careful / or you will fear / even the Reds of Cincinnati
"정신 차려라 / 그렇지 않으면 너는 겁을 내겠다 / 심지어 신시내티의 레즈팀이나 시카고

and the White Sax of Chicago."
의 화이트 삭스팀 따위도"

fiction 가상의 이야기, 허구 dress out (고기의) 내장을 도려내다

"You study it / and tell me / when I come back."
"할아버지께서 신문을 잘 읽어 두셨다가 / 저에게 말해주세요 / 제가 돌아오면"

"Do you think / we should buy / a terminal of the lottery /
"네 생각에는 / 우리가 사야 하니 / 끝번호가 있는 복권을 /

with an eighty-five? Tomorrow is the eighty-fifth day."
85라는 내일이 85일째 되는 날이거든"

"We can do that," the boy said.
"살 수 있죠" 아이는 말했다

"But what about the eighty-seven / of your great record?"
"하지만 87 어떤가요 / 할아버지의 최고 기록인

"It could not happen / twice. Do you think / you can find an
"그런 일은 일어날 수 없어 / 두 번씩. 너는 생각하니 / 네가 85로 된 복권을

eighty-five?"
찾을 수 있다고?"

"I can order / one."
"제가 주문할 수 있어요 / 한 장을"

"One sheet. That's two dollars and a half.
"한 장 부탁하마. 그건 2달러 50센트야.

Who can we borrow that from?"
누구한테서 그 돈을 빌릴 수 있을까?"

"That's easy. I can always borrow / two dollars and a half."
"그건 쉬워요. 저는 늘 빌릴 수 있어요 / 2달러 50센트를"

"I think perhaps / I can too. But I try not to borrow.
"아마 내 생각엔 / 나도 빌릴 수 있어. 하지만 빌리지 않으려고 노력해.

First you borrow. Then you beg."
처음에는 빌리게 되지. 그 다음엔 구걸을 하게 되거든."

terminal 말단, 끝

Scene 6

"Keep warm / old man," the boy said.
"몸을 따뜻하게 하고 계세요 / 할아버지" 아이는 말했다.

"Remember / we are in September."
"잊지 마세요 / 9월이라는 것을"

"The month / when the great fish come," the old man said.
"(9월은) 달이구나 / (어떤 달?) 큰 고기가 나오는" 노인은 말했다.

"Anyone can be / a fisherman in May."
"누구라도 될 수 있지 / 어부가 오월에는"

"I go now / for the sardines," the boy said.
"저는 이제 갈게요 / 정어리를 잡으러" 아이는 말했다.

When the boy came back / the old man was asleep /
아이가 돌아왔을 때 / 노인은 잠들어 있었다 /

in the chair / and the sun was down. The boy took the old
의자에 앉은 채 / 그리고 해는 저물었다. 아이는 노인의 군용 담요를 가져왔다 /

army blanket off / the bed / and spread it / over the back of
침대에서 / 그리고 담요를 펼쳤고 / 의자 등받이 위로 /

the chair / and over the old man's shoulders.
노인의 어깨 위를 (덮어 주었다)

They were strange shoulders, / still powerful /
노인의 어깨는 이상한 어깨였고 / 여전히 튼튼했다 /

although very old, / and the neck was still strong / too /
매우 늙었지만 / 그리고 목은 여전히 튼튼했고 / 또한 /

and the creases did not show / so much / when the old man
주름이 나타나지 않았다 / 그다지 많이 / 노인이 잠들어 있었고

was asleep and his head fallen forward.
고개가 앞으로 숙여졌을 때

His shirt had been patched / so many times /
그의 셔츠는 덧대어 수선되었다 / 여러 번 /

that it was like the sail / and the patches were faded /
그래서 그것은 돛과 같았다 / 그리고 덧댐을 한 곳은 색이 바랬다 /

to many different shades / by the sun.
여러 가지 다른 색깔로 / 햇빛 때문에

---

crease 주름 patched 덧대어 수선한, 누덕누덕 기운 shade 색조, 명암의 정도

The old man's head was very old though /
노인의 머리는 매우 늙어 보였고 /

and with his eyes closed / there was no life / in his face.
눈을 감고 있자 / 생기가 없었다 / 그의 얼굴에는

The newspaper lay / across his knees / and the weight of
신문은 놓여있었다 / 무릎 위에 / 그리고 팔의 무게로 /

his arm / held it there / in the evening breeze.
그곳에 (무릎 위에) 신문을 있게 했다 / 저녁 산들바람에 (날리지 않게)

He was barefooted. The boy left / him there / and when he
그는 맨발이었다. 아이는 떠났다 / 노인을 그곳에 두고 / 그리고 아이가

came back / the old man was still asleep.
돌아 왔을 때 / 노인은 여전히 잠들어 있었다.

"Wake up / old man," the boy said / and put his hand /
"일어나세요 / 할아버지" 아이는 말했다 / 그리고 그의 손을 놓았다 /

on one of the old man's knees.
노인의 한쪽 무릎에

The old man opened his eyes / and for a moment / he was
노인은 눈을 떴다 / 그리고 잠시 동안 / 그는

coming back / from a long way away. Then he smiled.
돌아오는 듯 했다 / 먼 곳에서. 그러더니 그는 미소를 지었다.

"What have you got?" he asked.
"뭘 가져왔니?" 노인은 물었다.

"Supper," said the boy. "We're going to have supper."
"저녁이에요" 아이는 말했다. "저와 함께 저녁을 드세요."

"I'm not very hungry."
"난 배가 고프지 않다."

"Come on and eat. You can't fish / and not eat."
"어서 드세요. 고기잡이를 못합니다 / 식사를 안 하시면."

"I have," the old man said / getting up and taking the
"(안 먹고도) 고기잡이를 한 적이 있지" 노인은 말했다 / 일어서서 신문을 집어 들고 /

newspaper / and folding it.
신문을 접으면서.

Then he started to fold / the blanket.
그 다음에 노인은 접기 시작했다 / 담요를

"Keep the blanket / around you," the boy said.
"담요를 그대로 두세요 / 몸에 두르고" 아이는 말했다.

"You'll not fish / without eating / while I'm alive."
"고기잡이를 못하게 할 거예요 / 식사를 거르시면 / 제가 살아 있는 동안에."

"Then live a long time / and take care of yourself,"
"그러면 오래 살아서 /   네 자신이나 돌보아라"

the old man said.
노인은 말했다.

"What are we eating?"
"뭘 먹자는 거야?"

"Black beans and rice, fried bananas, and some stew."
"검은 콩밥, 바나나 튀김과 스튜가 좀 있어요."

The boy had brought them / in a two-decker metal
아이는 음식을 가져왔다 /   두 단짜리 금속 그릇에 넣어 /

container / from the Terrace. The two sets of knives
테라스(주점)에서.   두 벌의 나이프, 포크와 스푼이 /

and forks and spoons / were in his pocket / with a paper
주머니 속에 있었다 /   종이 냅킨으로 싸서 /

napkin wrapped / around each set.
한 벌씩

사건의 결과를 나타내는 전치사 "to"를 이용하여, 덧댐을 한 곳의 색이 희미해져 어떻게
변했는지 결과를 표시한다.
예) The patches were faded / to many different shades / by the sun.
덧댐을 한 곳은 색이 바랬다 / 여러 가지 다른 색깔로 / 햇빛 때문에

two-decker 이층의, 두 단짜리의

Scene 7

"Who gave / this to you?" "Martin. The owner."
"누가 줬니 / 이것을 너에게?" "마틴이에요. 테라스(주점)의 주인인"

"I must thank / him."
"고맙다고 인사를 해야겠구나 / 그에게"

"I thanked him / already," / the boy said.
"그에게 고맙다고 인사했어요 / 이미" / 아이는 말했다

"You don't need to thank / him."
"고맙다고 인사할 필요가 없어요 / 그에게"

"I'll give him / the belly meat / of a big fish," the old man
"내가 그에게 줘야지 / 뱃살을 / 큰 물고기의" 노인이 말했다

said. "Has he done this / for us / more than once?"
"주점 주인은 이렇게 고마운 일을 했지 / 우리에게 / 여러 번"

"I think so."
"그래요"

"I must give him / something more than the belly meat /
"그에게 줘야겠구나 / 뱃살 이상의 것을 /

then. He is very thoughtful / for us."
그렇다면. 그 사람은 매우 친절하구나 / 우리에게"

"He sent / two beers." "I like / the beer in cans / best."
"그 사람은 보내주었어요 / 맥주도 두 병을" "난 좋아해 / 캔 맥주를 / 제일"

"I know. But this is in bottles, / Hatuey beer, / and I take
"알아요. 하지만 이것은 병에 든 맥주고 / 아트웨이 맥주예요 / 제가 돌려줄게요 /

back / the bottles."
병을"

"That's very kind of you," the old man said.
"매우 고맙구나," 노인이 말했다.

"Should we eat?"
"이제 먹어 볼까?"

"I've been asking / you to," the boy told him / gently.
"(아까부터) 제가 부탁 드렸잖아요 / 할아버지에게 식사하시라고" 아이는 노인에게 말했다 / 부드럽게

"I have not wished to open / the container / until you were
"저는 열지 않으려고 했어요 / (음식) 그릇을 / 할아버지가 (드실) 준비가

ready."
될 때까지"

"I'm ready now," the old man said. "I only needed time /
"이제 준비됐다" 노인이 말했다. "단지 시간만 필요해 /

to wash." Where did you wash? the boy thought.
손을 씻을" 어디에서 할아버지가 손을 씻었을까? 아이는 생각했다.

The village water supply / was two streets down the road.
마을의 수도는 / 도로를 따라 거리를 두 개나 지난 곳에 있었다.

I must have water here / for him, / the boy thought, /
내가 물을 이곳으로 가져와야 하는데 / 할아버지를 위해 / 아이는 생각했다 /

and soap and a good towel. Why am I so thoughtless?
그리고 비누와 좋은 수건도. 왜 나는 그렇게 생각이 모자라지?

I must get him / another shirt and a jacket / for the winter /
나는 할아버지에게 갖다 드려야지 / 다른 셔츠와 재킷을 / 겨울에 입으실 /

and some sort of shoes and another blanket.
그리고 신발 한 켤레와 담요 한 장도

"Your stew is excellent," the old man said.
"네가 가져온 스튜는 아주 맛있어" 노인은 말했다.

"Tell me / about the baseball," the boy asked / him.
"저에게 말해주세요 / 야구에 대해" 아이는 청했다 / 노인에게

"In the American League / it is the Yankees / as I said,"
"아메리칸 리그에서는 / 양키즈팀이 최고야 / 내가 말했듯이"

the old man said / happily."
노인은 말했다 / 즐거운 목소리로

"They lost today," the boy told him.
"양키즈팀이 오늘 섰는길요" 아이가 노인에게 말했다.

"That means nothing. The great DiMaggio is himself
"그건 별 것 아니야. 유명한 디마지오가 다시 활약할 거야."

again." "They have other men / on the team."
"다른 선수들도 있잖아요 / 그 팀에는"

"Naturally. But he makes the difference. In the other
"물론 그렇지. 그러나 그는 특별한 선수야. 다른 리그에서는 /

league, / between Brooklyn and Philadelphia /
브루클린과 필라델피아 중 /

I must take Brooklyn. But then I think of / Dick Sisler
난 브루클린 편을 들 거야. 하지만 역시 생각 나 / 딕 시슬러와

and those great drives / in the old park."
굉장한 타구가 / 옛날 야구장에서."

thoughtful 친절한, 생각이 깊은

Scene 8

"There was nothing ever / like them.
"지금까지 없었어요 /   그와 같은 건(그렇게 멋진 타구는)

He hits the longest ball / I have ever seen."
그는 가장 멀리 날리는 공을 쳤어요 /   제가 본 타구 중에"

"Do you remember / when he used to come /
"너는 기억나니 /   그가 오곤 했었던 때가 /

to the Terrace?" "I wanted to take him / fishing /
테라스(주점)에"   "나는 그를 데리고 가고 싶었지 /   고기를 잡으러 /

but I was too timid / to ask him.
하지만 너무나 소심해서 /   그에게 물어보지 못했지.

Then I asked you / to ask him / and you were too timid."
그래서 나는 너에게 말했지 /   그에게 청해보라고 / 그랬더니 너도 너무 소심해서 (말도 못했지)"

"I know. It was a great mistake. He might have gone /
"알아요.   그건 큰 실수였어요.   그는 갔을지도 모르지요 /

with us. Then we would have that / for all of our lives."
우리와 함께.   그러면 우리는 그것(유명선수와 고기잡이를 한일)을 간직했을 거예요 / 평생 동안"

"I would like to take / the great DiMaggio / fishing,"
"데리고 가고 싶구나 /   유명한 디마지오 선수를 /   고기잡이하러"

the old man said.
노인이 말했다.

"They say / his father was a fisherman. Maybe he was as
"소문에 의하면 / 그의 아버지도 어부였대.   아마 그도 가난했을 거야 /

poor / as we are / and would understand."
우리처럼 /   그래서 (서로) 이해할 수 있을 거야"

"The great Sisler's father was never poor / and he, the
"유명한 시슬러 선수의 아버지는 가난하지 않았어요 /   그 분, 부친도 /

father, / was playing in the Big Leagues / when he was
빅 리그에서 선수 생활했어요 /   제 나이일 때"

my age." "When I was your age / I was before the mast /
"내가 네 나이였을 때 /   나는 돛대 앞에 있었단다(선원이었다) /

on a square rigged ship / that ran to Africa / and I have
가로 돛을 단 배를 타고 /   아프리카로 가는 /   그리고 나는

seen lions / on the beaches / in the evening."
사자들을 봤단다 / 해변에서 /   저녁에"

“I know. You told me.”
“알아요.   저에게 말씀해주셨어요”

“Should we talk / about Africa or about baseball?”
“이야기를 할까 /   아프리카에 대해   아니면 야구에 대해”

“Baseball I think,” the boy said. “Tell me /
“야구요”   아이가 말했다   “말씀해주세요 /

about the great John J. McGraw.” He said Jota / for J.
유명한 존 J. 맥그로에 대해”   아이는 호타라고 말했다 / J를

“He used to come / to the Terrace sometimes too /
“그는 오곤 했지 /   테라스(주점)에 가끔씩 /

in the older days. But he was rough / and harsh-spoken /
예전에는   그런데 그는 거칠어지고 /   입이 험해지고 /

and difficult / when he was drinking.
다루기 힘들었지 /   술을 마시면

His mind was on horses / as well as baseball.
그의 마음은 경마에 미쳐있었어 /   야구뿐만 아니라.

At least he carried / lists of horses / at all times in his
어쨌든 그는 가지고 다녔어 /   경주마 명단을 /   항상 주머니 속에 /

pocket / and frequently spoke / the names of horses /
자주 말하곤 했지 /   경주마 이름을 /

on the telephone.”
전화통에 대고

“He was a great manager,” the boy said.
“그는 훌륭한 감독이었대요”   아이가 말했다

“My father thinks / he was the greatest.”
“저의 아빠는 생각하세요 /   그 감독이 최고로 훌륭했다고”

“Because he came / here the most times,” thc old man said.
“그 이유는 그가 왔기 때문이야 / 이곳이 가장 많이”   노인이 말했다

“If Durocher had continued to come / here each year /
“듀로처가 계속 왔다면 /   이곳에 매년 /

your father would think / him the greatest manager.”
네 아버지는 생각할 거다 /   그가 가장 훌륭한 감독이라고”

“Who is / the greatest manager, really, / Luque or Mike
“누구예요 /   갸장 훌륭한 감독은,   정말로 /   루크 아니면   마이크

Gonzalez?”
곤잘레스”

"I think / they are equal."
"내가 생각하기에는 / 그들은 비슷하지"

"And the best fisherman is you."
"그리고 최고의 어부는 할아버지예요."

"No. I know / others better."
"아니다. 나는 알고 있어 / 더 뛰어난 다른 어부를"

"Que Va(no way)," the boy said.
"아니에요"   아이가 말했다.

"There are / many good fishermen / and some great ones.
"있지요 /   많은 능숙한 어부가 /   그리고 간혹 뛰어난 어부들이.

But there is only you."
하지만 (가장 훌륭한 어부는) 할아버지뿐이세요."

"Thank you. You make me / happy.
"고맙구나.   너는 나를 만들어 /   기분 좋게.

I hope / no fish will come along / so great / that he will
나는 바래 /   어떤 고기도 나타나지 않길 /   너무나 큰 /   그 고기가 증명해줄

prove / us wrong."
정도로 /   우리가 틀렸다고."

"used to + 동사원형"(전에는 ~하곤 했다)를 사용하여 현재와는 다른 과거의 습관을 나타낸다.

예) He used to come / to the Terrace sometimes / in the older days.
그는 오곤 했지 / 테라스(주점)에 가끔씩 / 예전에는

come along 나타나다

Scene 9

"There is no such fish / if you are still strong / as you say."
"그런(그렇게 큰) 고기는 없을 거예요 / 할아버지가 아직도 기력이 좋으시면 / 말씀대로

"I may not be as strong / as I think," the old man said.
"난 강하지 않을 수도 있어 / 내가 생각하는 만큼" 노인은 말했다

"But I know / many tricks / and I have resolution."
"그렇지만 난 알고 있지 / 많은 요령을 / 그리고 굳은 의지가 있지"

"You ought to go to bed / now / so that you will be fresh /
"할아버지는 주무셔야 돼요 / 이제 / 그래야 생기있을 거예요 /

in the morning. I will take the things back / to the Terrace."
아침에 저는 그릇을 갖다 놓을게요 / 테라스(주점)에"

"Good night then. I will wake you / in the morning."
"그럼 잘 가거라. 내가 널 깨워주마 / 아침에"

"You're my alarm clock," the boy said.
"할아버지는 제 자명종 시계예요" 아이가 말했다

"Age is my alarm clock," the old man said.
"나이가 자명종 시계란다" 노인이 말했다

"Why do old men wake / so early? Is it to have one longer
"왜 노인들은 잠에서 깨는지 / 그렇게 일찍이? 그건 좀더 긴 하루를 보내려는 것일까?

day?" "I don't know," the boy said.
"모르겠어요," 아이가 말했다.

"All I know is / that young boys sleep / late and hard."
"제가 아는 건 / 아이들은 잠을 잔다는 것이에요 / (아침) 늦게까지 그리고 곤하게"

"I can remember / it," the old man said.
"나도 생각이 난다 / 그랬던 것이(나도 그랬지)" 노인이 말했다.

"I'll waken you / in time."
"내가 너를 깨워주마 / 제시간에"

"I do not like / for him to waken me. It is as though I were
"저는 싫어요 / 선장이 저를 깨워주는 것은. 그건 마치 제가 그보다 못난 사람

inferior." "I know."
같아요" "알았다"

"Sleep well / old man."
"안녕히 주무세요 / 할아버지"

---

resolution 의지, 결심 waken ~을 깨우다

Quiz 1 

A. 단어

다음 제시된 단어의 설명을 읽고, 어떤 단어의 정의를 설명하는지 아래의 박스에서 찾아 써 보세요.

1. a small light boat usually for one person

2. a weapon like a spear that is used for catching large fish

3. to kill an animal and cut it up so that it can be eaten

4. a long narrow piece of meat

5. the front part of a ship

6. to do something that involves a lot of risk but may result in benefits if things happen they way you would like them to

7. the quality of not thinking that you are better or more important than other people

8. strong and not easily damaged or hurt

9. a fold in someone's skin

10. shy or not confident

> gamble timid harpoon sturdy bow skiff humility
>
> butcher crease strip

B. 직독직해

아래에 제시된 문장을 직독직해로 해석해보세요.

1. The blotches ran well down / the sides of his face / and his hands had the deep-creased scars / from handling heavy fish / on the cords.

   →

2. They spoke politely / about the current and the depths / they had drifted their lines at / and the steady good weather.

   →

3. The box with the baits / was under the stern of the skiff / along with the club / that was used to subdue the big fish / when they were brought / alongside.

→

4. The neck was still strong / too / and the creases did not show / so much / when the old man was asleep and his head fallen forward.

→

5. I must get him / another shirt and a jacket / for the winter / and some sort of shoes and another blanket.

→

6. I wanted to take him / fishing / but I was too timid / to ask him.

→

C. 동시통역

아래에 제시된 직독직해를 보고, 영어로 말해보세요.

1. 그의 모든 것은 늙었다 / 그의 눈을 제외하고 / 그리고 눈은 같은 색이었으며 / 바다처럼 / 활기에 차 있었고 패배를 몰랐다

→

2. 제가 가져다 드릴까요 / 맥주를 테라스(마을에 있는 주점)에서 / 그 다음에 우리는 가져갈 수 있어요 / 고기잡이 도구를 집으로

→

3. 제가 몇 살이었지요? / 처음으로 데리고 갔을 때가 / 배로

→

4. 아이는 몰랐다 / 어제 신문이 (있다는 것이) 꾸며낸 이야기인지 아닌지

→

5. 아이는 그들(음식)을 가져왔다 / 두 단짜리 금속 그릇에 넣어 / 테라스(주점)에서

→

3. 미끼가 있는 상자는 / 배의 고물(뒷부분) 밑에 있었다 / 몽둥이와 함께 / (어떤 몽둥이?) 큰 물고기의 힘을 빼놓는데 사용되는 / 물고기를 끌어 당겼을 때 / 배 옆으로 4. 그리고 목은 여전히 튼튼했고 / 또한 / 주름이 나타나지 않았다 / 그다지 많이 / 노인이 잠들어 있었고 고개가 앞으로 숙여졌을 때 5. 나는 할아버지에게 갖다 드려야지 / 다른 셔츠와 재킷을 / 겨울에 입으실 / 그리고 신발 한 켤레와 담요 한 장도 6. 나는 그를 데리고 가고 싶었지 / 고기를 잡으러 / 하지만 너무나 소심해서 / 그에게 물어보지 못했지

D. 1. Everything about him was old / except his eyes / and they were the same color / as the sea / and were cheerful and undefeated. 2. Can I offer you / a beer on the Terrace / and then we'll take / the stuff home.
3. How old was I / when you first took me / in a boat? 4. The boy did not know / whether yesterday's paper was a fiction. 5. The boy had brought them / in a two-decker metal container / from the Terrace.

Chapter 2

Scene 1

The boy went out. They had eaten / with no light on the
아이는 밖으로 나갔다.   그들은 식사를 했다 /   식탁에 불을 켜지 않고 /

table / and the old man took off / his trousers / and went
그리고 노인은 벗고서 /   바지를 /   잠자리에 들었다 /

to bed / in the dark. He rolled his trousers up / to make a
어둠 속에서   그는 바지를 말았다 /   베개를 만들려고 /

pillow, / putting the newspaper inside them.
신문지를 바지 안에 넣고서

He rolled himself / in the blanket / and slept / on the other
그는 자신의 몸을 감았다 /   담요로 /   그리고 잠을 잤다 / 헌 신문지 위에서 /

old newspapers / that covered the springs of the bed.
(어떤 신문지?) 침대의 스프링을 덥고 있던

He was asleep / in a short time / and he dreamed /
그는 잠들었다 /   곧 /   그리고 그는 꿈을 꾸었다 /

of Africa / when he was a boy / and the long golden
아프리카에 대해 / 자신이 아이였을 때 (보았던) /   그리고 (꿈을 꾸었다) 긴 황금빛 해변과

beaches and the white beaches, / so white / they hurt your
백사장에 대해 /   (백사장이) 너무나 강한 흰색이어서 / 눈부셨다 /

eyes, / and the high capes and the great brown mountains.
그리고 (꿈을 꾸었다) 높은 곳과 거대한 갈색 산에 대해

He lived along that coast. Now every night / and in his
그는 그 해안에서 살았다.   요즘 매일 밤마다 /   그리고 꿈속에서 그는

dreams he heard / the surf roar / and saw / the native
들었고 /   파도가 큰소리를 내는 것을 / 그리고 보았다 / 원주민들의 배들이 /

boats / come riding through it.
파도 속을 뚫고 항해하는 것을

He smelled / the tar and oakum of the deck / as he slept /
그는 냄새를 맡았다 / 타르와 갑판의 뱃밥(누수방지용으로 배의 틈새를 메워 놓음)의 / 자신이 잠을 자

and he smelled the smell / of Africa / that the land breeze
고 있을 때 / 그리고 그는 냄새를 맡았다 / 아프리카의 / 뭍바람이 가져오는(뭍바람에 실려 오는) /

brought / at morning.
아침에

Usually when he smelled / the land breeze / he woke up
보통 그가 냄새를 맡을 때 / 뭍바람의 / 그는 잠에서 깨어

and dressed / to go and wake / the boy.
옷을 입었다 / 가서 깨우려고 / 아이를

But tonight the smell of the land breeze / came very early /
그러나 오늘밤 뭍바람의 냄새가 / 매우 일찍 풍겨왔다 /

and he knew / it was too early in his dream / and went on
그리고 그는 알았다 / 자신의 꿈속에서도 너무 이르다는 것을 / 그래서 계속 꿈을

dreaming / to see / the white peaks of the Islands /
꿨다 / 보려고 / 섬의 흰 봉우리가 /

rising from the sea / and then he dreamed / of the different
바다에서 솟아오르는 것을 / 그러고 나서 그는 꿈을 꿨다 / 다른 항구와

harbors and roadsteads / of the Canary Islands.
정박소를 / 카나리아 군도의

He no longer dreamed / of storms, nor of women,
그는 더 이상 꿈을 꾸지 않았다 / 폭풍에 대해, 여인네들에 대해,

nor of great occurrences, nor of great fish, nor fights,
큰 사건에 대해, 큰 고기에 대해, 싸움에 대해,

nor contests of strength, nor of his wife.
힘겨루기 시합에 대해, 그의 아내에 대해

He only dreamed / of places now / and of the lions on the
그는 단지 꿈만을 꿨다 / 이제는 여러 기여에 대한 / 그리고 해변의 사자에 대한

beach. They played / like young cats / in the dusk /
사자들은 놀고 있었다 / 새끼 고양이처럼 / 어두컴컴한 데서 /

and he loved them / as he loved the boy. He never dreamed /
노인은 사자들을 좋아했다 / 그가 아이를 좋아하듯이. 그는 꿈을 꾸지 않았다 /

about the boy. He simply woke, looked / out the open door
아이에 대한. 그는 단지 잠에서 깨어서 쳐다보았다 / 열린 문으로 달을 /

at the moon / and unrolled his trousers / and put them on.
그리고 바지를 펴서 / 입었다

He urinated / outside the shack / and then went up the road /
노인은 소변을 보았다 / 오두막 밖에서 / 그러고 나서 길을 걸어 올라갔다 /

to wake the boy.
아이를 깨우러

cape 곶, 갑 roar 큰 소리를 내다, 고함치다 oakum 뱃밥(누수방지용으로 배의 틈새를 메워 놓음)
roadstead 정박소, 닻 내리는 곳 occurrence 사건, 생긴 일 dusk 어둑어둑함, 황혼
urinate 소변을 보다, 배뇨하다

He was shivering / with the morning cold.
그는 떨고 있었다 /   아침 추위로

But he knew / he would shiver / himself warm /
그러나 그는 알았다 /   자신이 떨 것이라는 것을 /   자신의 몸이 따뜻해질 때까지 /

and that soon he would be rowing.
그리고 곧 자신이 노를 젓고 있을 것이라는 것을

shiver (추위로) 떨다
그리고 곧 자신이 노를 젓고 있을 것이라는 것을

Scene 2

The door of the house / where the boy lived / was
집의 문은 / (어떤 집?) 아이가 살고 있는 / 잠겨 있지 않았다 /

unlocked / and he opened it / and walked in quietly /
그래서 그는 문을 열고 / 조용히 걸어 들어갔다 /

with his bare feet. The boy was asleep / on a cot /
맨발로 아이는 잠들어 있었다 / 간이침대에서 /

in the first room / and the old man could see / him clearly /
첫 번째 방에 있는 / 그리고 노인은 볼 수 있었다 / 그를 선명하게 /

with the light / that came in from the dying moon.
빛으로 / (어떤 빛?) 지는 달에서 (방으로) 들어오는.

He took hold of one foot / gently / and held it / until the
노인은 아이의 한쪽 발을 잡았다 / 살며시 / 그리고 발을 잡고 있었다 / (언제까지?)

boy woke and turned and looked / at him.
아이가 깨어 얼굴을 돌리고 쳐다볼 때까지 / 노인을

The old man nodded / and the boy took his trousers /
노인은 고개를 끄덕였다 / 그러자 아이는 바지를 집었다 /

from the chair / by the bed / and, sitting on the bed, /
의자에서 / 침대 옆에 있던 / 그리고 침대에 앉아서 /

pulled them on. The old man went / out the door /
바지를 입었다 노인은 갔다 / 문밖으로 /

and the boy came after him. He was sleepy / and the old
그러자 아이는 뒤따라 왔다. 아이는 아직 졸렸고 / 노인은 팔을 놓았다 /

man put his arm / across his shoulders / and said,
아이의 어깨를 가로질러 (어깨를 감쌌다) / 그리고 말했다,

"I am sorry." "Qua Va(No way)," the boy said.
"미안하구나." "아니에요" 아이가 말했다

"It is what a man must do."
"그런 것이 어른이 해야 할 것이에요" (어른이라면 이 정도는 해야지요)

They walked down the road / to the old man's shack /
그들은 길을 걸어서 내려갔다 / (어떤 길을?) 노인의 오두막으로 가는 /

and all along the road, / in the dark, / barefoot men were
그리고 계속 걸어가는 동안에 / 어둠 속에서 / 맨발의 사내들은 움직이고 있었고 /

moving, / carrying the masts of their boats.
배의 돛대를 운반하고 있었다.

When they reached / the old man's shack / the boy took /
그들이 도착했을 때 / 노인의 오두막에 / 아이가 들었다 /

the rolls of line / in the basket / and the harpoon and gaff
낚싯줄 뭉치를 / 바구니에 있던 / 그리고 (들었다) 작살과 갈고리를 /

/ and the old man carried the mast / with the furled sail /
노인은 돛대를 운반했다 / 둘둘 말린 돛이 있는 (돛대를) /

on his shoulder. "Do you want coffee?" the boy asked.
어깨로 / "커피 드시겠어요?" / 아이는 물었다

"We'll put the gear in the boat / and then get some."
"장비를 배에 놓자 / 그러고 나서 커피를 마시자"

They had coffee / from condensed milk cans / at an early
그들은 커피를 마셨다 / 연유 깡통으로 / 아침 일찍 문을

morning place / that served fishermen.
여는 가게에서 / (어떤 가게?) 어부들의 시중을 드는

"How did you sleep / old man?" the boy asked.
"어떻게 주무셨어요 / 할아버지" 아이는 물었다.

He was waking up / now / although it was still hard /
그는 잠에서 깨어나고 있었다 / 이제야 / 비록 여전히 힘들었지만 /

for him to leave his sleep.
그가 잠에서 깨어나는 것은

"Very well, Manolin," the old man said. "I feel confident
"아주 잘 잤다, 마놀린" 노인은 말했다. "오늘은 자신 있어"

today." "So do I," the boy said. "Now I must get / your
"저도 그래요" 아이가 말했다. "이제 가져와야겠어요 / 할아버지의

sardines and mine / and your fresh baits. He brings /
정어리와 제 정어리를 / 그리고 할아버지의 싱싱한 미끼를. 우리 배주인은 가져와요 /

our gear / himself. He never wants / anyone to carry /
어구를 / 자기가. 그는 원하지 않아요 / 다른 사람이 나르는 것을 /

anything." "We're different," the old man said.
어떤 것도" "우리는 다르지" 노인은 말했다

"I let you carry things / when you were five years old."
"나는 네가 나르게 했지 / 물건(어구)을 / 네가 다섯 살 때부터"

"I know it," the boy said. "I'll be right back.
"저도 알아요" 아이가 말했다 "제가 곧 돌아올게요.

Have another coffee. We have credit / here."
커피 한 잔 더 드세요. (우리는) 외상거래를 해요 / 이 집에서는"

condense 응축하다, 농축하다 condensed milk 연유 confident 자신이 있는 credit 외상판매
have credit 외상거래를 하다

Scene 3

He walked off, / bare-footed / on the coral rocks, /
아이는 걸어갔다 /　　맨발로 /　　산호바위를 걸으면서 /

to the ice house / where the baits were stored.
(어디로?) 얼음 창고로 /　　그곳에 미끼가 보관되어 있다

The old man drank / his coffee slowly.
노인은 마셨다 /　　커피를 천천히

It was all / he would have / all day / and he knew /
커피가 모든 것이었다 / 그가 먹을 수 있는 / 하루 종일 /　그래서 노인은 알았다 /

that he should take it.
그가 이런 상황을 받아들여야 한다는 것을(커피만 마셔야 한다는 것을)

For a long time now / eating had bored / him /
이제 오랫동안 /　　　　먹는 것이 지루하게 했다 /　그를 /

and he never carried / a lunch.
그래서 그는 가지고 다니지 않는 /　점심을

He had a bottle of water / in the bow of the skiff /
그에게는 한 병의 물이 있었다 /　　뱃머리(배의 이물)에 /

and that was all / he needed for the day.
그리고 그게 전부였다 /　　그가 하루에 필요한

The boy was back now / with the sardines / and the two
아이는 이제 돌아왔다 /　　　정어리를 가지고 /　　그리고 미끼 두 개가

baits wrapped / in a newspaper / and they went down the
싸여 있었고 /　　신문지로 /　　그들은 오솔길로 내려갔다 /

trail / to the skiff, / feeling the pebbled sand / under their
　　배가 있는 곳까지 /　자갈이 깔린 모래의 촉감을 느끼면서 /　발 밑에서 /

feet, / and lifted the skiff / and slid her / into the water.
　　그리고 배를 들어서 /　　배를 밀었다 /　　바닷물 쪽으로

"Good luck old man."
"행운을 빌어요, 할아버지"

"Good luck," the old man said.
"행운을 빈다"　　노인은 말했다.

trail 오솔길

He fitted / the rope lashings of the oars / onto the thole pins /
그는 끼워 맞추었다(맸다) / 노를 묶은 밧줄을 / 놋좆핀(노를 지탱하는 축)에 /

and, leaning forward / against the thrust of the blades in the
그리고, 몸을 앞으로 숙이면서 / 물속에 있는 놋날의 미는 힘에 견딜 수 있게 /

water, / he began to row / out of the harbor / in the dark.
그는 노를 젓기 시작했다 / 항구 밖을 향해 / 어둠 속에서.

There were other boats / from the other beaches going out /
다른 배들이 있었다 / 다른 해변에서 나아가고 있는 /

to sea / and the old man heard / the dip and push of their
바다로 / 그리고 노인은 들었다 / 노를 물속에 잠그고 밀어내는 소리를 /

oars / even though he could not see them / now the moon
비록 노인은 배를 볼 수 없었지만 / 이미 달이 언덕너머로 져서.

was below the hills. Sometimes / someone would speak /
이따금 / 누군가 말하곤 했다 /

in a boat. But most of the boats were silent / except for the
배에서. 그러나 대부분의 배는 조용했다 / 노를 (물속에) 잠그는

dip of the oars. They spread apart / after they were out /
소리를 제외하곤. 배들은 뿔뿔이 흩어졌다 / 배들이 나오자 /

of the mouth of the harbor / and each one headed /
항구의 어귀에서 / 그리고 각각의 배는 향해갔다 /

for the part of the ocean / where he hoped to find fish.
해역을 / (어떤 해역?) 자신들이 고기를 발견하길 바라는 /

The old man knew / he was going far out / and he left /
노인은 알았다 / 자신이 멀리까지 나갈 작정이라는 것을 / 그래서 그는 떠났다 /

the smell of the land behind / and rowed out / into the clean
육지의 냄새를 뒤로하고 / 그리고 노를 저어나갔다 / 이른 아침의 상쾌한

early morning smell of the ocean.
냄새가 나는 바다로

He saw / the phosphorescence / of the Gulf weed in the
그는 보았다 / 인광(어둠 속에서 나타나는 빛)을 / (무엇의?) 물속에서 멕시코 만 해초의 /

water / as he rowed / over the part of the ocean /
그가 노를 저어갈 때 / 해역 위를 /

that the fishermen called the great well / because there was /
(어떤 해역?) 어부들이 큰 우물이라고 부르는 / 그 이유는 있었기 때문이었다 /

a sudden deep / of seven hundred fathoms /
갑자기 깊어지는 곳이 / 700패덤(약1260m)이나 되는 /

where all sorts of fish congregated / because of the swirl /
그곳에는 온갖 종류의 물고기가 모여들었다 / 소용돌이 때문에 /

the current made against the steep walls / of the floor of
조류가 가파른 벽에 부딪혀서 생긴 /   바다 밑바닥의

the ocean. Here there were concentrations / of shrimp
이곳에 떼를 지어 모여 있는 곳이었다 /   새우와

and bait fish / and sometimes schools of squid /
미끼용 물고기가 /   그리고 가끔씩 오징어 떼도 있었고

in the deepest holes / and these rose / close to the surface /
가장 수심이 깊은 곳에는 /   이런 물고기들은 올라왔다 / 수면에 가까이 /

at night / where all the wandering fish / fed on them.
밤이면 /   그곳에서 배회하는 물고기가 /   물고기들을 먹이로 먹었다.

아래 예문을 보면 두 가지 동작(내려가는 동작과 느끼는 동작)이 동시에 일어 날 때, "콤마 + 동사ing"을 사용한다. 그래서 "콤마 + 동사ing"을 "~하면서"라고 해석한다.

예) They went down the trail / to the skiff, / feeling the pebbled sand / under their feet.

그들은 오솔길로 내려갔다 / 배가 있는 곳까지 / 자갈이 깔린 모래의 촉감을 느끼면서 / 발밑에서

lashing 묶음 thole pin 놋좆핀(노를 지탱하는 축) lean 구부리다, 숙이다 thrust 밀기, 미는 힘
blade 놋날, 노의 깃 dip 담그기, 담그는 소리 phosphorescence 인광(어둠속에서 나타나는 빛)
congregate 모이다, 집합하다 swirl 소용돌이 concentration 모여 있음, 집결 school (고기의) 떼
wander 배회하다, 어슬렁거리다

Scene 4

In the dark / the old man could feel / the morning coming /
어둠속에서 / 노인은 느낄 수 있었다 / 아침이 다가 오는 것을 /

and as he rowed / he heard / the trembling sound /
그리고 노인은 노를 저으면서 / 그는 들었다 / 부르르 떠는 소리를 /

as flying fish left the water / and the hissing / that their stiff
날치가 물에서 뛰어 오를 때 나는 / 그리고 쉿 소리를 (들었다) / (어떤 소리?) 날치의

set wings made / as they soared away / in the darkness.
빳빳한 날개로 내는 / 멀리 날아오를 때 / 어둠속에서

He was very fond of flying fish / as they were his principal
그는 날치를 매우 좋아했다 / 그들은 그의 으뜸가는 친구였기 때문에 /

friends / on the ocean. He was sorry / for the birds, /
/ 바다에서. 그는 불쌍히 여겼다 / 새를 /

especially the small delicate dark terns / that were always
특히 작고 허약한 검은 제비갈매기를 / 그들은 늘 날면서 (먹이를)

flying and looking / and almost never finding, / and he
찾고 있었지만 / 거의 찾지 못했다 / 그래서 그는

thought, / the birds have a harder life / than we do /
생각했다 / 새들은 더 힘든 생활을 하고 있다고 / 인간들보다 /

except for the robber birds and the heavy strong ones.
도둑 새나 크고 강한 새를 제외하곤

Why did they make birds / so delicate and fine / as those
왜 새들을 만들었을까 / 그렇게 연약하고 섬세하게 / 저런 제비갈매기

sea swallows / when the ocean can be so cruel?
처럼 / 바다가 매우 잔인해질 수도 있는데

She is kind and very beautiful. But she can be so cruel /
(보통) 바다는 친절하고 매우 아름답다. 하지만 바다는 매우 잔인해질 수도 있고 /

and it comes so suddenly / and such birds that fly, / dipping
그런 것(잔인성)은 매우 갑자기 다가오지 / 그리고 날고 있는 새들은 / 주둥이를

and hunting, / with their small sad voices / are made too
적시고 먹이를 찾고 있는 / 작고 슬픈 소리로 / 너무나 연약하게

delicately / for the sea. He always thought / of the sea as la
만들어졌다 / 바다에서 생활하기에는. 그는 늘 생각했다 / 바다를 "la mar"(라 마르)

mar / which is what people call / her in Spanish /
라고 / 이것은 사람들이 부르는 것이다 / 바다를 스페인어로 /

when they love her. Sometimes / those who love her /
자신들이 바다를 좋아할 때.　　가끔씩 /　　바다를 사랑하는 사람들도 /

say bad things of her / but they are always said / as though
바다에 대해 상스러운 욕설을 한다 / 그렇지만 상스러운 욕설을 한다 /　　마치 바다가 여성인

she were a woman. Some of the younger fishermen, /
것처럼.　　　　　일부 젊은 어부들은 /

those who used buoys / as floats for their lines / and had
(어떤 어부?) 부표를 사용하고 /　　낚시 찌로 /　　　　그리고

motorboats, / bought / when the shark livers had brought
모터보트가 있는 /　구입한 /　상어 간이 많은 돈을 벌었을 때 /

much money, / spoke of her as el mar / which is masculine.
　　　(일부 젊은 어부들은) 바다를 "el mar"(엘 마르)라고 불렀다 / 그것은 남성이다.

They spoke / of her as a contestant or a place / or even
그들은 말했다 /　　바다가 경쟁상대나 장소라고 /　　심지어 적이라고까지.

an enemy. But the old man always thought / of her as
　　그러나 노인은 항상 생각했다 /　　바다가 여성이라고 /

feminine / and as something / that gave or withheld great
　그리고 어떤 것으로 (생각했다) / 큰 호의를 베풀기도 하고 보류하는 /

favors, / and if she did / wild or wicked things / it was
　　그리고 바다가 한다면 /　사납고 사악한 짓을 /　　그 이유는 /

because / she could not help them. The moon affects her /
　바다도 어쩔 수 없이 그런 일을 하는 것이었다. 달은 바다에 영향을 준다고 /

as it does a woman, / he thought. He was rowing steadily /
달이 여성들에게 영향을 주듯이 /　그는 생각했다.　노인은 꾸준히 노를 젓고 있었고 /

and it was no effort for him / since he kept well within his
그것은 그에게 힘들지 않았다 /　　(이유는?) 그는 자신의 속도를 유지하고 있었고 /

speed / and the surface of the ocean was flat / except for
　　해면은 잔잔했기 때문이었다 /　　가끔씩 조류가

the occasional swirls of the current. He was letting /
소용돌이치는 것 말고　　　그는 내버려 두고(허락하고) 있었다 /

the current do a third of the work / and as it started to be
조류가 3분의 1의 일을 하도록 /　　그리고 날이 밝아 오기 시작했을 때 /

light / he saw / he was already further out / than he had
　그는 알았다 / 자신이 이미 훨씬 더 멀리 나왔다는 것을 /　자신이 기대했던 것보다 /

hoped / to be at this hour.
　이 시각에 있을 것이라고

Scene 5

I worked the deep wells / for a week / and did nothing, /
나는 깊은 해구에서 고기를 잡았다 / 일주일 동안 / 그러나 어떤 성과도 없었다고 /

he thought. Today I'll work out / where the schools of
그는 생각했다. 오늘은 나는 고기를 잡을 거야 / (어디서?) 가다랑어와 날개다랑어 떼가

bonito and albacore are / and maybe there will be /
있는 곳에서 / 그러면 아마도 있을 거야 /

a big one with them. Before it was really light / he had his
그들과 함께 큰 놈이. 완전히 날이 밝기 전에 / 노인은 미끼를

baits out / and was drifting with the current.
꺼내서 / 조류와 함께 떠다니게 하고 있었다(조류에 배를 맡겼다)

One bait was down / forty fathoms. The second was at
미끼 하나는 물속에 넣었다 / 40패덤(72m) 깊이에. 두 번째 미끼는

seventy-five / and the third and fourth were down in the
75패덤(135m) 깊이에 / 그리고 세 번째와 네 번째 미끼는 푸른 물속에 넣었다 /

blue water / at one hundred and one hundred and twenty-
100패덤(180m)과 125패덤(225m) 깊이에

five fathoms. Each bait hung head down / with the shank of
각각의 미끼는 거꾸로 매달려 있었다 / 미끼 속에 있는 낚시 바늘의

the hook inside the bait fish, / tied and sewed solid / and all
곧은(목) 부분이 / 빈틈없이 묶이고 꿰매어져서 / 그리고 낚싯

the projecting part of the hook, the curve and the point, /
바늘의 돌출한 부분, 즉 굽은 곳과 바늘 끝에는 /

was covered with fresh sardines.
싱싱한 정어리로 덮여 있었다.

Each sardine was hooked through both eyes / so that they
각각의 정어리는 두 눈을 낚싯바늘로 꿰뚫었다 / 그래서 그들은

made a half-garland / on the projecting steel.
반 쪼가리 화환모양이 되었다 / 돌출한 쇠막대기에 붙어있는

There was no part of the hook / that a great fish could feel /
낚싯바늘에는 어떤 부분도 없었다 / 큰 물고기가 느끼기에 /

which was not sweet smelling and good tasting.
구수한 냄새가 나고 맛이 좋지 않은 (부분은)

The boy had given him / two fresh small tunas, or
아이는 그에게 주었다 / 두 마리의 싱싱하고 조그만 다랑어,

albacores, / which hung / on the two deepest lines /
즉 날개다랑어를 / 그것들은 걸려있었다 / 가장 깊이 드리운 두 낚싯줄에 /

like plummets / and, on the others, / he had a big blue
(낚싯줄의) 추처럼 / 그리고 다른 두 줄에는 / 그는 큼직한 전갱이와

runner and a yellow jack / that had been used before;
갈전갱이를 매달았다 / 전에 사용했던

but they were in good condition still / and had the
그러나 그들은 아직도 온전한 상태였고 / 그리고 아주 싱싱한 정어리가

excellent sardines / to give them scent and attractiveness.
있었다 / 고기들에게 냄새를 풍기고 고기들을 매혹할 수 있는

Each line, / as thick around as a big pencil, / was looped /
각각의 낚싯줄은 / 큰 연필처럼 두꺼운 / 묶여있었다 /

onto a green-sapped stick / so that any pull or touch on
초록색 수액을 빼낸 막대기에 / 그래서 미끼를 당기거나 건드리기만 하면 /

the bait / would make the stick dip / and each line had
막대기가 물속에 잠기게 될 것이다 / 그리고 각각의 낚싯줄에는 두개의

two forty-fathom coils / which could be made fast / to
40패덤(72m)짜리 낚싯줄 사리가 있었는데 / 그들을 단단히 연결할 수 있었다 /

the other spare coils / so that, if it were necessary, / a fish
다른 예비 사리에 / 그러면 필요한 경우에 / 물고기는

could take out / over three hundred fathoms of line.
끌고 갈 수 있었다 / 300패덤(540m)의 낚싯줄을

Now the man watched / the dip of the three sticks /
이제 노인은 살펴보았다 / 세 개의 막대기가 잠기는 것을 /

over the side of the skiff / and rowed gently / to keep the
뱃전 너머로 / 그리고 조심스럽게 노를 저었다 / 낚싯줄이 곧게 아

lines straight up and down / and at their proper depths.
래위로 내려지도록 / 적당한 수심에서.

It was quite light / and any moment now / the sun would
날이 아주 밝아졌고 / 이제 금방이라도 / 해가 떠오르는 듯했다.

rise.

Scene 6

The sun rose / thinly from the sea / and the old man could
해가 떠올랐다 / 희미하게 바다에서 / 그래서 노인은 볼 수 있었다 /

see / the other boats, / low on the water / and well in
다른 배를 / (어떤 모습?) 수면에 낮게 잠겨 있고 / 상당히 해안 안쪽에

toward the shore, / spread out across the current.
있으며 / 조류를 가로질러 흩어져 있는 (배를.)

Then the sun was brighter / and the glare came on the
그리고 해가 더 밝아졌고 / 눈부신 햇빛이 바닷물에 비쳤다 /

water / and then, as it rose clear, / the flat sea sent it back /
그러고 나서 해가 선명하게 떠올랐을 때 / 평평한 바다는 눈부신 햇빛을 보냈다 /

at his eyes / so that it hurt sharply / and he rowed / without
그의 눈으로 / 그래서 반사된 빛 때문에 매우 따가워졌고 / 그는 노를 저었다 / 그 빛을

looking into it.
보지 않고.

He looked down into the water / and watched the lines /
그는 물속 아래를 내려다보았고 / 낚싯줄을 살펴보았다 /

that went straight down / into the dark of the water.
(어떤 낚싯줄?) 곧게 내려간 / 바닷물의 어두운 곳으로

He kept them straighter / than anyone did, /
그는 낚싯줄을 똑바로 유지했다 / 어느 누구보다도 /

so that at each level / in the darkness of the stream /
그래서 각각 다른 수심에 / 바닷물의 어두운 곳의 /

there would be a bait / waiting / exactly where he wished /
미끼가 있을 것이다 / (어떤 미끼?) 기다리고 있는 / 그가 바라는 정확한 곳에서 /

it to be / for any fish that swam there.
미끼가 있길 / 그곳에서 헤엄치고 있는 물고기를 위해

Others let them drift / with the current / and sometimes
다른 어부들은 미끼들이 떠다니게 했다 / 조류에 따라 / 그래서 가끔씩

they were at sixty fathoms / when the fishermen thought /
미끼들은 60패덤(108m)에 있었다 / 어부들이 생각했을 때에도 /

they were at a hundred.
미끼들이 100패덤(180m)에 있다고

But, he thought, / I keep them / with precision.
그러나 노인은 생각했다 / 나는 미끼가 있게 한다고 / 정확한 위치에

Only I have no luck any more.
단지 나는 행운이 없을 뿐이야.

But who knows? Maybe today.
하지만 누가 알아?　　　　아마 오늘일지도 모르지.

Every day is a new day. It is better / to be lucky.
하루하루가 새로운 날이니까.　　　　더 좋지 /　　운이 좋으면

But I would rather be exact.
그렇지만 나는 정확하게 하고 싶어(정확한 위치에 미끼를 놓고 싶어)

Then / when luck comes / you are ready.
그러면 /　행운이 올 때 /　　　준비되어 있는 거야.

The sun was two hours higher / now / and it did not hurt
해가 두 시간 동안이나 더 높이 솟아서 /　　　이제는 /　해가 눈에 부시게 하지 않았다 /

his eyes / so much / to look into the east.
그렇게 많이 /　동쪽을 바라보아도.

There were only three boats / in sight now / and they
단지 세척의 배만 있었다 /　　　이제 눈에 보이는 (배는) /　그리고 배들은

showed / very low and far / inshore.
보였다 / 매우 작고(납작하고) 멀리 떨어져 있는 것처럼 / (배들이) 해안을 향하고 있는 채로

All my life / the early sun has hurt my eyes, / he thought.
평생 동안 /　　아침 해는 눈을 부시게 했다라고 /　　그는 생각했다.

Yet they are still good. In the evening I can look straight
그런데도 눈은 아직도 좋아.　　저녁에는 나는 똑바로 쳐다볼 수 있다 /

into / it / without getting the blackness.
해를 / 캄캄해지지 않고.

It has more force / in the evening too.
햇빛은 더 강한데도 /　　저녁에

But in the morning / it is painful.
그런데 아침에는 /　　　고통스러워

glare 눈부신 빛 drift 표류시키다, 떠다니다

Quiz 2

A. 단어

다음 제시된 단어의 설명을 읽고, 어떤 단어의 정의를 설명하는지 아래의 박스에서 찾아 써 보세요.

1. a loud deep sound

2. something that happens, especially something unexpected and unpleasant

3. thick sweet milk that is solid in cans

4. with qualities considered to be typical of men

5. a person who takes part in a contest

6. morally wrong and bad

7. a curved piece of thin metal with a sharp point for catching fish at the end of a line

8. sticking out beyond the surface of something

9. a pleasant smell

10. un unpleasant bright light

> masculine   glare   projecting   condensed milk   roar
> contestant   hook   scent   occurrence   wicked

B. 직독직해

아래에 제시된 문장을 직독직해로 해석해보세요.

1. In his dreams he heard / the surf roar / and saw / the native boats / come riding through it.

2. The old man could see / him clearly / with the light / that came in from the dying moon.

3. They went down the trail / to the skiff, / feeling the pebbled sand / under their feet, / and lifted the skiff / and slid her / into the water.

→

4. He was very fond of flying fish / as they were his principal friends / on the ocean.

→

5. There was no part of the hook / that a great fish could feel / which was not sweet smelling and good tasting.

→

6. The old man could see / the other boats, / low on the water / and well in toward the shore, / spread out across the current.

→

C. 동시통역

아래에 제시된 직독직해를 보고, 영어로 말해보세요.

1. 보통 그가 냄새를 맡을 때 / 뭍바람의 / 그는 잠에서 깨어 옷을 입었다 / 가서 깨우려고 / 아이를

→

2. 그들은 길을 걸어서 내려갔다 / (어떤 길을?) 노인의 오두막으로 가는 / 그리고 맨발의 사내들은 움직이고 있었고 / 배의 돛대를 운반하고 있었다.

→

3. 그는 한 병의 물이 있었다 / 뱃머리(배의 이물)에 / 그리고 그게 전부였다 / 그가 하루에 필요한

→

4. 그래서 그는 생각했다 / 새들은 더 힘든 생활을 하고 있다고 / 인간들보다

→

3. 그들은 오솔길로 내려갔다 / 배가 있는 곳까지 / 자갈이 깔린 모래의 촉감을 느끼면서 / 발밑에서 / 그리고 배를 들어서 / 배를 밀었다 / 바닷물 쪽으로 4. 그는 날치를 매우 좋아했다 / 그들은 그의 으뜸가는 친구였기 때문에 / 바다에서   5. 낚싯바늘에는 어떤 부분도 없었다 / 큰 물고기가 느끼기에 / 구수한 냄새가 나고 맛이 좋지 않은 (부분은)   6. 노인은 볼 수 있었다 / 다른 배를 / (어떤 모습?) 수면에 낮게 잠겨 있고 / 상당히 해안 안쪽에 있으며 / 조류를 가로질러 흩어져 있는 (배를)

D. 1. Usually when he smelled / the land breeze / he woke up and dressed / to go and wake / the boy.
2. They walked down the road / to the old man's shack / and barefoot men were moving, / carrying the masts of their boats. 3. He had a bottle of water / in the bow of the skiff / and that was all / he needed for the day. 4. And he thought, / the birds have a harder life / than we do.

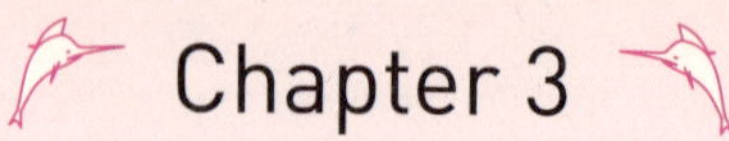

Chapter 3

Scene 1

Just then he saw / a man-of-war bird / with his long black
바로 그때 노인은 보았다 /　　군함조가 /　　　　　　　길고 검은 날개가 있는 /

wings / circling in the sky / ahead of him.
　　　　　하늘에서 원을 그리며 날고 있는 것을 / 그의 앞에서.

He made a quick drop, / slanting down on his back-swept
그새는 급강하했다 /　　　　　뒤로 젖힌 날개로 비스듬하게 기울면서 /

wings, / and then circled again.
　　　　그리고 다시 원을 그리며 날았다.

"He's got something," the old man said aloud.
"저 새가 뭔가를 봤군,"　　　　노인은 소리쳤다.

"He's not just looking."
"저 새는 그냥 찾고 있는 게 아니야"

He rowed / slowly and steadily / toward where the bird
노인은 노를 저어갔다 / 천천히 그리고 꾸준히 /　　(어디로?) 그 새가 원으로 그리며 날고 있

was circling. He did not hurry / and he kept his lines
는 곳을 향해.　　　　그는 서두르지 않았고 /　　낚싯줄을 곧게 유지했다 /

straight / up and down.
　　　　위아래로

But he crowded the current / a little / so that he was still
그러나 그는 조류를 거슬러 갔다 /　　　약간 /　　　그래서 그는 빈틈없이 고기잡이를

fishing correctly / though faster / than he would have
하고 있었다 /　　　　그래도 더 빠른 속도로 / 평소에 고기잡이를 할 때보다도 /

fished / if he was not trying to use the bird.
　　　비록 노인은 새를 이용하려 하지 않았지만

The bird went higher / in the air / and circled again, /
새는 더 높이 올라갔다 /　　공중에서 /　　그리고 다시 원을 그리며 날았다 /

his wings motionless.
날개를 움직이지 않고.

Then he dove suddenly / and the old man saw /
그러고 나서 새는 갑자기 급강하했고 /　노인은 보았다 /

flying fish spurt out of the water / and sail desperately /
날치들이 물 밖으로 튀어나오고 /   필사적으로 움직이는 것을 /

over the surface.
수면 위로

"Dolphin," the old man said aloud. "Big dolphin."
"만새기다"   노인은 소리쳤다   "커다란 만새기다"

He shipped his oars / and brought a small line / from
그는 노를 배 안으로 끌어들였고 / 조그만 낚싯줄을 가져왔다 /   뱃머리에서

under the bow. It had / a wire leader and a medium-sized
그 줄에는 있었다 / 철사로 만든 목줄과 중간크기의 갈고리가 /

hook / and he baited it / with one of the sardines.
훅 / 그리고 그는 미끼를 달았다 / 한 마리의 정어리로.

He let it go / over the side / and then made it fast / to a
그는 낚싯줄을 던졌고 / 뱃전 너머로 / 낚싯줄을 묶었다 /   쇠고리에 /

ring bolt / in the stern. Then he baited / another line /
배의 뒷부분(고물)에 있는. 그리고 나서 그는 미끼를 달아서 / 다른 낚싯줄에 /

and left it coiled / in the shade of the bow.
그것을 감겨져 있는 상태로 내버려 두었다 / 뱃머리의 그늘에.

He went back to rowing / and to watching /
그는 다시 노를 저었고 /   지켜보았다 /

the long-winged black bird / who was working, /
그 날개가 긴 검은 새를 /   먹이를 찾고 있는 /

now, low over the water.
이제 수면에서 얕게 (날며)

As he watched / the bird dipped again / slanting his
노인이 쳐다보고 있을 때 / 그 새는 다시 급강하했다 /   물속으로 뛰어들려고

wings for the dive / and then swinging them / wildly and
날개를 비스듬히 기울이면서 / 그리고 나서 날개를 퍼덕이는 것을 /   맹렬하지만 효과 없이 /

ineffectually / as he followed / the flying fish.
그 새가 따라가는 동안에 / 날치들을

The old man could see / the slight bulge in the water /
노인은 볼 수 있었다 /   수면에서 약간 부풀어 오른 것을 /

that the big dolphin raised / as they followed /
큰 만새기 떼들이 생기게 한 /   그들이 따라가는 동안에 /

the escaping fish.
달아나는 날치들을

man-of-war bird 군함조 make a quick drop 급강하하다 crowd the current 조류를 거슬러 올라가다
though 그래도 spurt 뿜어 나오다, 튀어나오다 desperately 필사적으로 ineffectually 효과 없이
bulge 부풂, 부풀어 오른 것 escaping 달아나는

The dolphin were cutting through the water / below the
만새기들은 물살을 가르고 있었다 /   날치가 날고 있는

flight of the fish / and would be in the water, / diving at
곳 아래쪽에서 /   그리고 물속에서 (기다리고) 있을 것이다 /   전속력으로

speed, / when the fish dropped.
(물속으로) 뛰어들려고 / 날치가 (수면으로) 떨어질 때

It is a big school of dolphin, he thought.
굉장히 큰 만새기 떼구나,   노인은 생각했다.

They are widespread / and the flying fish have little
만새기 떼는 넓게 퍼져 있다 /   그래서 날치는 (살아남을) 가능성이 거의 없다.

chance. The bird has no chance.
               새도 (날치를 잡을) 가능성이 없다.

The flying fish are too big / for him / and they go too fast.
날치는 너무 크다 /   새에게는 /   그리고 날치는 너무 빨리 이동해

"leave"는 목적어(it= 낚싯줄)를 "어떤 상태로 내버려 두다"는 의미로 사용되었다.

예) He baited / another line / and left it coiled / in the shade of the bow.
그는 미끼를 달아서 / 다른 낚싯줄에 / 그것을 감겨져 있는 상태로 내버려 두었다 /
뱃머리의 그늘에

Scene 2

He watched / the flying fish burst out / again and again /
노인은 지켜보았다 / 날치들이 (물 밖으로) 뛰어 오르는 것을 / 연거푸 /

and the ineffectual movements of the bird.
그리고 새의 효과 없는(부질없는) 동작을.

That school has gotten away / from me, / he thought.
만새기 떼가 멀리 가버렸군 / 내가 있는 곳에서. / 그는 생각했다.

They are moving out / too fast and too far.
그들은 달아나고 있었다 / 너무 빠르고 너무 멀리

But perhaps / I will pick up / a stray / and perhaps my big
그래도 아마 / 나는 잡을 수 있을 거야 / 길 잃은 놈을 / 그리고 아마 내가 잡을 큰 고기가

fish is around them.
주변에 있을 거야.

My big fish must be somewhere.
내가 잡을 큰 고기는 틀림없이 어딘가에 있어.

The clouds over the land / now rose like mountains / and
육지 위에 있는 구름은 / 이제 산처럼 솟아올랐고 /

the coast was only a long green line / with the gray blue
해안은 단지 기다란 초록색 선일 뿐이었다 / 회청색 언덕이 있는 /

hills / behind it. The water was a dark blue / now, /
해안 뒤에는. 바닷물은 검푸른 색이었다 / 이제 /

so dark / that it was almost purple.
너무나 검어서 / 물은 거의 보라색에 가까웠다.

As he looked down / into it / he saw / the red sifting of the
그가 내려다보았을 때 / 물속으로 / 그는 보았다 / 체로 거른 듯한 붉은 플랑크톤을 /

plankton / in the dark water / and the strange light /
어두운 물속에서 / 그리고 이상한 선을 (보았다) /

the sun made now. He watched his lines / to see / them
이제 햇빛이 만들어내는. 그는 낚싯줄을 살펴보았다 / 보려고 / 낚싯줄이

go straight down / out of sight into the water / and he was
곧게 내려가는지 / 보이지 않는 물속으로 / 그리고 그는 기분이

happy / to see so much plankton / because it meant fish.
좋았다 / 그렇게 많은 플랑크톤을 보아서 / 그 이유(플랑크톤이 많은 것)는 고기를 의미했기 때문이다.

burst out 갑자기 튀어나오다 ineffectual 효과 없는(부질없는) stray 길 잃은 동물(가축), 뒤쳐진 고기
sift 체로 거르다

The strange light / the sun made in the water, /
이상한 빛은 / 태양이 물속에 만든 /

now that the sun was higher, / meant good weather /
해가 더 높이 떠 있기 때문에 / 화창한 날씨를 의미했다 /

and so did / the shape of the clouds / over the land.
그리고 마찬가지였다 / 구름의 모양도 / 육지 위에 떠 있는

But the bird was almost out of sight / now / and nothing
그러나 새는 거의 보이지 않았다 / 이제 / 그리고

showed / on the surface of the water / but some patches
아무것도 보이지 않았다 / 수면에서 / 그러나 몇몇 조각의 노랗게,

of yellow, sun-bleached Sargasso weed and the purple,
햇볕에 바랜 모자반류의 해조와 보라색,

formalized, iridescent, gelatinous bladder / of a Portuguese
형체를 갖춘, 무지갯빛, 아교질 공기주머니가 / (무엇의?) 고깔 해파리의 /

man-of-war / floating / close beside the boat.
(해조와 공기주머니가) 떠있었다 / 배 옆 가까이에서

It turned on its side / and then righted itself.
해파리는 옆으로 몸체를 돌렸다 / 그리고 나서 몸체를 바로 잡았다.

It floated cheerfully / as a bubble / with its long deadly
해파리는 유쾌하게 떠다녔다 / 거품처럼 / 길고 치명적인 보라색 촉수를 1야드

purple filaments trailing a yard / behind it in the water.
(90cm)정도 질질 끌면서 / 물속에서 자신의 몸체 뒤에

"Agua mala," the man said. "You whore."
"아과 말라(해파리)" 노인은 말했다. "매춘부 같은 것"

From where he swung lightly / against his oars /
그가 가볍게 움직인 곳에서 / 그의 노를 /

he looked down / into the water / and saw / the tiny fish /
그는 내려다보았다 / 물속을 / 그리고 보았다 / 작은 물고기들을 /

that were colored / like the trailing filaments / and swam /
그들은 색깔이 있고 / 늘어뜨린 촉수와 같은 / 그리고 헤엄치고 있었다 /

between them and under the small shade / the bubble
촉수 사이와 작은 그늘 밑에서 / 물거품 때문에 생긴 /

made / as it drifted. They were immune / to its poison.
해파리가 떠다닐 때. 고기들은 영향을 받지 않았다 / 해파리의 독에.

But men were not / and when some of the filaments would
그러나 사람은 그렇지 않았고 / 해파리 촉수의 일부가 걸려서 /

catch on / a line / and rest there / slimy and purple /
낚싯줄에 / 낚싯줄에 있으면 / 끈적끈적하고 보랏빛으로 /

while the old man was working a fish, / he would have /
노인이 고기를 잡는 동안에 /   그에게는 있을 것이다 /

welts and sores / on his arms and hands / of the sort /
부은 자국과 건드리면 아픈 곳이 / 팔과 손에 /   같은 종류로 /

that poison ivy or poison oak can give.
독 담장이나 독 떡갈나무가 옮길 수 있는 것과.

But these poisonings / from the agua mala / came quickly /
그렇지만 이러한 중독은 /   아과 말라(해파리)에서 생긴 /   빨리 퍼져서 /

and struck like a whiplash.
채찍 자국처럼 (부은 자국이) 생겼다

"to see"(to 부정사구)는 앞에 나온 "happy"를 구체적으로 설명한다.
즉 노인이 왜 기분이 좋았는지 설명해준다.

예) He was happy / to see so much plankton.
그는 기분이 좋았다 / (왜?) 그렇게 많은 플랑크톤을 보고서

bleach 하얘지다, 탈색시키다 sun-bleached 햇볕에 바랜 Sargasso weed 모자반류 해조
formalized 형태를 갖춘 iridescent 무지갯빛의 gelatinous 아교질의 bladder (물고기의) 부레, 공기주머니
Portuguese man-of-war 고깔 해파리 filament 촉수 whore 매춘부 immune 영양을 받지 않는, 면역을 갖춘
slimy 끈적끈적한 welt 매 자국, 부은 자국 sore 건드리면 아픈 곳, 상처 agua mala 아과 말라(해파리)
whiplash 채찍 자국

Scene 3

The iridescent bubbles were beautiful.
무지개 빛깔로 반짝이는 거품은 아름다웠다.

But they were the falsest thing / in the sea / and the old
하지만 그들은 (바다에서) 가장 잘 속이는 것이었다 / 바다에서 /   그래서 노인은 보는 것이

man loved to see / the big sea turtles eating them.
좋았다 /   큰 바다거북들이 해파리를 잡아먹는 것을

The turtles saw them, / approached them / from the front, /
거북이들이 그들을 보았고 /   그들에게 다가갔다 /   정면에서 /

then shut their eyes / so they were completely carapaced /
그리고 눈을 감았다 /   그래서 그들은 완전히 등껍질 속으로 머리를 움직이고 /

and ate / them filaments and all. The old man loved to see /
먹었다 /   해파리의 촉수와 모든 것을.   노인은 보는 것을 좋아했다 /

the turtles eat them / and he loved to walk on them /
거북이들이 그것들을 먹는 것을 / 그리고 그는 그들을 밟는 것을 좋아했다 /

on the beach / after a storm / and hear them pop /
해변에서 /   폭풍우가 있은 후 / 그리고 그들이 펑 하고 터지는 소리를 듣기를 (좋아했다) /

when he stepped on them / with the horny soles of his feet.
노인이 그들을 밟으면 /   단단한(굳은살이 박인) 발바닥으로

He loved / green turtles and hawk-bills / with their
노인은 좋아했다 / 녹색 거북이와 매부리 거북이를 /   우아하고

elegance and speed and their great value / and he had a
속력이 빠르고 값이 비싼 /   그러나 그는 애정은 있었지만

friendly contempt / for the huge, stupid loggerheads, /
경멸감을 품고 있었다 /   덩치만 크고 우둔한 붉은 거북이에게 /

yellow in their armor-plating, strange in their love-making,
등껍질은 노랗고,   교미하는 것이 이상야릇하고,

and happily eating / the Portuguese men-of-war / with
그리고 즐겁게 잡아먹기 때문에 / 고깔 해파리를 /   눈을 감고서

their eyes shut. He had no mysticism / about turtles /
그에게는 어떤 신비감도 없었다 /   거북이에 대한 /

although he had gone in turtle boats / for many years.
비록 그는 거북이 잡이 배를 다녔지만 /   여러 해 동안

He was sorry / for them all, / even the great trunk backs /
그는 불쌍하게 여겼다 / 모든 종류의 거북이를 / 심지어 커다란 장수 거북이에 대해서도 /

that were as long as the skiff / and weighed a ton.
그들은 배만큼 길었고 / 무게가 1톤이나 나갔다

Most people are heartless / about turtles / because a
대부분의 사람들은 매정하게 대한다 / 거북이에게 / 그 이유는

turtle's heart will beat / for hours / after he has been cut
거북이의 심장은 뛸 것이기 때문이다 / 몇 시간 동안이나 / 거북이의 배를 잘라 도살한 후에도

up and butchered. But the old man thought, / I have /
그러나 노인은 생각했다 / 나에게도 있다 /

such a heart too / and my feet and hands are like theirs.
그런 심장이 / 그리고 나의 발과 손도 그들의 것과 같다.

He ate the white eggs / to give himself strength.
그는 하얀 알을 먹었다 / 기운을 내기 위하여

He ate them all / through May / to be strong /
그는 거북이 알을 모두 다 먹었다 / 5월 동안 계속 / 힘을 키우려고 /

in September and October / for the truly big fish.
9월과 10월에 / 정말로 큰 고기를 잡기 위해

He also drank / a cup of shark liver oil / each day /
그는 또한 마셨다 / 한 잔의 상어 간유를 / 매일 /

from the big drum / in the shack / where many of the
큰 기름통에서 / 오두막 안에 있는 / 그곳에 많은 어부들이 보관했다 /

fishermen kept / their gear.
자신들의 어구를.

It was there / for all fishermen / who wanted it.
그 기름통은 그곳에 있었다 / 모든 어부들을 위해 / 상어 간유를 원하는

Most fishermen hated / the taste.
대부분의 어부들은 싫어했다 / 그 맛을.

But it was no worse / than getting up at the hours /
그러나 그것(불쾌한 맛)은 다를 바가 없었다(마찬가지였다) / (이른) 시간에 일어나는 것과 /

that they rose / and it was very good / against all colds
그들이 일어나는 / 그리고 간유는 매우 좋았다 / 모든 종류의 감기와 독감을

and grippes / and it was good / for the eyes.
예방하는데 / 또한 간유는 좋았다 / 눈에도

Now the old man looked up / and saw / that the bird was
이제 노인은 고개를 들었다 / 그리고 보았다 / 새가 다시 원을 그리며 날고

circling again.
있는 것을

carapace (거북이가) 등껍질 속을 들어가다 horny 단단한 sole 발바닥 elegance 우아함
have a friendly contempt 애정은 있지만 경멸감을 품고 있다 loggerhead 붉은 거북
armor-plating (거북이의) 등껍질 butcher 도살하다, 학살하다 grippe 독감, 유행성 감기

"He's found fish," he said aloud. No flying fish broke the
"그 새가 고기를 찾았구나," 그는 큰소리로 말했다. 어떤 날치도 수면으로 튀어 오르지 않았고 /

surface / and there was no scattering / of bait fish.
흩어진 것도 아니었다 / 미끼 고기들이

But as the old man watched, / a small tuna rose in the air, /
그러나 노인이 지켜보고 있을 때 / 작은 다랑어가 공중으로 뛰어 올라 /

turned and dropped head first / into the water.
몸을 돌면서 머리부터 떨어뜨렸다 / 물속으로

The tuna shone silver / in the sun / and after he had
다랑어는 은색으로 빛났다 / 햇빛을 받아 / 그리고 그 놈이 떨어진 후에 /

dropped back / into the water / another and another rose /
물속으로 / 연달아 다른 놈들이 뛰어 올랐고 /

and they were jumping / in all directions, / churning the
그들은 뛰어 올랐다 / 사방으로 / (그리고 그들은) 물을 휘저었고 /

water / and leaping in long jumps / after the bait.
멀리 뛰어올랐다 / 미끼를 따라(찾아)

They were circling it / and driving it.
그들은 미끼 주위를 맴돌고 / 미끼를 쫓아가고 있었다.

If they don't travel / too fast / I will get into them, /
만일 다랑어들이 이동하지 않으면 / 너무 빠르게 / 나는 놈들의 한복판으로 배를 몰고 들어갈 거야 /

the old man thought, / and he watched / the school
노인은 생각했다 / 그리고 노인은 지켜봤다 / 다랑어 떼가 움직이고 있는 것을 /

working / the water white / and the bird now dropping and
물이 하얀 거품으로 변하도록 / 그리고 이제 새가 급강하하고 부리를 담그는 것을

dipping / into the bait fish / that were forced to the surface /
(봤다) / 미끼 고기를 향해 / (어떤 미끼고기?) 어쩔 수 없이 수면으로 올라왔던 /

in their panic.
겁을 먹고

"The bird is a great help," the old man said.
"저 새는 큰 도움이 되는군" 노인이 말했다.

Just then the stern line / came taut / under his foot, / where
바로 그때 고물에 있던 낚싯줄이 / 팽팽해졌다 / 그의 발 밑에서 / 그곳에

he had kept / a loop of the line, / and he dropped his oars /
그는 보관했었다 / 동그랗게 감은 줄을 / 그리고 그는 노를 내려놓았고 /

and felt the weight / of the small tuna's shivering pull /
육중한 무게감을 느꼈다 /   조그만 다랑어가 떨면서 당기는 /

as he held the line firm / and commenced to haul it in.
(언제?) 그가 낚싯줄을 꽉 잡고 /   다랑어를 끌어당기기 시작할 때

The shivering increased / as he pulled in / and he could
(퍼덕거릴 때) 떨리는 힘은 증가했다 /   그가 끌어 당겼을 때 /   그리고 그는 볼 수 있었

see / the blue back / of the fish in the water / and the gold
다 /   푸른 등을 /   물속에 있는 고기(다랑어)의 /   그리고 황금빛 옆구

of his sides / before he swung him / over the side and into
리를 /   (언제?) 그가 그 고기를 휙 움직이기 전에 / 뱃전 너머

the boat.
배안으로.

He lay / in the stern in the sun, / compact and bullet
그 고기는 누워있었다 / 고물 쪽에 햇볕을 받으며 /   (몸뚱이는) 작지만 야무졌고 탄환

shaped, / his big, unintelligent eyes staring / as he
모양이었고, /   그의 크고 멍청한 눈알은 쳐다보고 있었다 /   그가 죽어라 하고

thumped his life out / against the planking of the boat /
쾅쾅 때리고 있을 때 /   배의 널빤지를 /

with the quick shivering strokes / of his neat, fast-moving
빠르게 떨면서 두들기며 /   말쑥하고 빠르게 움직이는 꼬리를

tail.

The old man hit him / on the head / for kindness / and
노인은 그 놈을 때렸다 /   머리부분을 /   그 놈을 배려하여 /   그리고

kicked him, / his body still shuddering, / under the shade
그를 발로 걷어찼다 /   그의 몸이 아직도 떨고 있을 때 /   고물의 그늘 밑으로

of the stern.

"Albacore," he said aloud.
"날개 다랑어군"   그는 큰소리로 말했다

"He'll make a beautiful bait. He'll weigh ten pounds."
"그는 멋진 미끼가 될 거야.   그는 10파운드는 되겠네."

He did not remember / when he had first started /
노인은 기억하지 못했다 /   언제 그가 처음으로 시작했는지 /

to talk aloud / when he was by himself.
큰소리로 말하길 /   자신이 혼자 있을 때

churn 휘젓다 leap 뛰어 오르다 panic 겁먹음, 당황 taut 팽팽한 commence 시작하다 haul in 끌어당기다
compact (몸집이) 작지만 다부(야무)진 stare 쳐다보다, 응시하다 thump 쾅쾅 때리다 planking 널빤지
stroke 두들기기, 때리기, 일격

He had sung / when he was by himself / in the old days /
그는 노래를 불렀다 /   자신이 혼자 있을 때 /   옛날에는 /

and he had sung / at night sometimes / when he was alone
그리고 그는 노래를 불렀다 / 밤에 가끔씩 /   자신이 홀로 배를 조종하고 있

steering / on his watch / in the smacks or in the turtle
을 때면 /   당번이 되어 /   활어조를 갖춘 어선이나 거북이 잡이 배에서

boats. He had probably started / to talk aloud, /
       그는 아마도 시작했을 것이다 /   큰소리로 말하기를 /

when alone, / when the boy had left.
혼자있으면 /   아이가 없을 때

But he did not remember. When he and the boy fished /
그렇다고 (정확하게) 기억하지 못했다.   그와 아이가 고기잡이를 할 때는 /

together / they usually spoke / only when it was necessary.
함께 /   그들은 보통 말했다 /   단지 필요할 때만

They talked / at night / or when they were storm-bound /
그들은 이야기했다 /   밤에 /   또는 그들이 폭풍 때문에 꼼짝 못하게 되었을 때 /

by bad weather.
모진 날씨에

on one's watch 감독하여, 당번이 되어 smack 활어조를 갖춘 어선 storm-bound 폭풍 때문에 꼼짝 못하는

Scene 5

It was considered a virtue / not to talk unnecessarily /
미덕이라고 생각되었다 /　　　　　　　　필요 없이 말을 하지 않는 것은 /

at sea / and the old man had always considered it so /
바다에서 /　그래서 노인은 늘 그렇게 생각했고 /

and respected it.
그리고 그런 것을 존중했다

But now he said / his thoughts aloud / many times /
그렇지만 이제 그는 말했다 /　자신의 생각을 큰소리로 /　　　여러 번 /

since there was no one / that they could annoy.
아무도 없었기 때문에 /　　　　그들이 귀찮게 할 수도 있는 (사람이)

"If the others heard / me talking out loud / they would
"만일 다른 사람들이 들으면 /　　내가 큰소리로 말하는 것을 /　　그들은 생각할 거야 /

think / that I am crazy," / he said aloud.
　　　내가 미쳤다고" /　　　　그는 큰소리로 말했다.

"But since I am not crazy, / I do not care.
"하지만 나는 미치지 않았으니까 /　　　아무런 상관이 없어.

And the rich have radios / to talk to them in their boats /
그리고 돈 많은 어부들은 라디오가 있어서 / 배 안에 있는 자신들에게 말해주는 /

and to bring them the baseball."
그들에게 야구중계도 해주지."

Now is no time / to think of baseball, / he thought.
지금은 시간이 아니야 /　야구에 대해 생각할 /　　　그는 생각했다.

Now is the time / to think of only one thing.
지금은 시간이야 /　　　단지 한 가지만 생각해야 할.

That which I was born for.
그것(고기잡이)을 위해 나는 태어났으니까

There might be / a big one / around that school, /
있을지도 모르지 /　　　큰 고기가 /　　　저 다랑어 떼 주위에 /

he thought. I picked up / only a straggler / from the
그는 생각했다.　　나는 낚았다 /　　단지 낙오한 고기만 /　　날개다랑어 떼에서 /

albacore / that were feeding.
　　　(어떤 다랑어?) 먹이를 잡아먹고 있던

straggler 낙오자(낙오한 고기)

But they are working / far out and fast.
그러나 날개다랑어 떼들은 움직이고 있어 / 멀리 빠르게.

Everything / that shows on the surface / today / travels /
모든 것은 / 수면에 보이는 / 오늘 / 이동하고 있다 /

very fast and to the north-east.
매우 빠르게 북동쪽으로

Can that be the time of day?
그런 것은 오늘 시간 때문에 그럴까?

Or is it some sign of weather / that I do not know?
아니면 그것은 날씨가 (변할) 징조일까 / (어떤 징조?) 내가 모르는

He could not see / the green of the shore / now / but only
노인은 볼 수 없었다 / 초록색 해안을 / 이제 / 단지 봉우리만

the tops / of the blue hills / that showed white / as though
(볼 수 있었다) / 푸른 산의 / 하얗게 보였던 / 마치 산이

they were snow-capped / and the clouds / that looked like
눈으로 덮인 것처럼 / 그리고 구름만 (볼 수 있었다) / 높이 솟은 설산처럼

high snow mountains / above them. The sea was very
보였던 / 봉우리 위에. 바다는 매우 검은 색이었고 /

dark / and the light made prisms / in the water.
햇빛은 프리즘처럼 반짝였다 / 물속에서

The myriad flecks of the plankton / were annulled now /
많은 반점같은 플랑크톤은 / 이제 무효화됐다(보이지 않았다) /

by the high sun / and it was only the great deep prisms /
높이 뜬 해 때문에 / 그리고 단지 거대하고 진하게 프리즘처럼 반짝이는 빛만을 /

in the blue water / that the old man saw now / with his lines
푸른 물속에서 / 노인은 이제 볼 수 있었다 / 낚싯줄이 곧게

going straight down / into the water / that was a mile deep.
아래로 내려가 있는 상황에서 / 물속으로 / 1마일 깊이의

The tuna, / the fishermen called / all the fish of that species
다랑어 떼는 / (어떤 다랑어?) 어부들이 불렀고 / 이런 종류의 모든 고기를 /

/ tuna / and only distinguished among them / by their
다랑어라고 / 단지 이런 종류의 고기를 구별했다 / 고유한 명칭으로 /

proper names / when they came to sell them / or to trade
(언제?) 어부들이 고기를 팔러 갈 때나 / 또는 이런 종류의

them for baits, / were down again.
고기와 미끼를 교환할 때 / (다랑어 떼는) 다시 사라졌다.

The sun was hot / now / and the old man felt it /
햇볕은 따가워져서 / 이제 / 노인은 뜨거워지는 것을 느꼈다 /

on the back of his neck / and felt / the sweat trickle down /
목 뒤에서 / 　　　　　　　그리고 느꼈다 / 땀이 흘러내리는 것을 /

his back / as he rowed.
등 뒤에서 / 　　그가 노를 젓고 있을 때

snow-capped 눈으로 덮인 myriad 무수한, 헤아릴 수 없이 많은 fleck 반점 annul 무효로 하다

proper name 고유한 명칭 trickle 졸졸 흐르다

Scene 6

I could just drift, / he thought, / and sleep / and put a bight
나는 (배를 물결에 맡겨두고) 떠다니며 / 그는 생각했다 / 잠을 잘 수 있지 / 그리고 발가락둘레에

of line around my toe / to wake me.
고리로 만든 낚싯줄을 놓아야지 / (고기가 걸리면) 나를 깨울 수 있게.

But today is eighty-five days / and I should fish the day
그렇지만 오늘은 85일 되는 날이야 / 그러니까 오늘은 고기잡이를 잘해야지

well. Just then, / watching his lines, / he saw / one of the
바로 그때 / 낚싯줄을 지켜보고 있을 때 / 그는 보았다 / (뱃전 밖으로)

projecting green sticks / dip sharply.
내뻗은 녹색 낚싯대 하나가 / 갑자기 물에 잠기는 것을

"Yes," he said. "Yes," and shipped his oars / without
"옳지" 그는 말했다. "그래" 그리고 노를 배 안에 놓았다 / 배에 부딪치지 않도록

bumping the boat. He reached out for the line / and held
그는 낚싯줄을 향해 손을 뻗어서 / 그것을 부드럽게

it softly / between the thumb and forefinger of his right
잡았다 / 오른손의 엄지손가락과 집게손가락 사이에.

hand. He felt no strain nor weight / and he held the line
그는 아무런 당김이나 무게도 느끼지 않았다 / 그리고 그는 낚싯줄을 가볍게 잡았다.

lightly. Then it came again.
그러자 다시 반응이 왔다.

This time it was a tentative pull, / not solid nor heavy, /
이번에는 시험 삼아 당기는 정도였고, / 강하거나 무겁지 않았다 /

and he knew exactly / what it was.
그래서 노인은 정확히 알았다 / 그것이 무엇인지

One hundred fathoms down / a marlin was eating /
100패덤(180m) 깊이에서 / 청새치 한 놈이 먹고 있었다 /

the sardines / that covered the point and the shank of the
정어리를 / (어떤 정어리?) 낚싯바늘의 끝부분과 곧은(목) 부분을 덮고 있는 /

hook / where the hand-forged hook projected /
그곳에는 손으로 만든 낚싯바늘이 튀어나와 있었다 /

from the head of the small tuna.
조그만 다랑어의 대가리에서

The old man held the line / delicately, and softly, / with his
노인은 낚싯줄을 잡았고 / 섬세하고 부드럽게 / 왼손으로 /

left hand, / unleashed it / from the stick.
낚싯줄을 풀어주었다 / 낚싯대에서.

Now he could let it run / through his fingers /
이제 그는 낚싯줄을 풀수 있었다 /   손가락 사이로 /

without the fish feeling any tension.
고기가 어떤 긴장감도 느끼지 않게

This far out, / he must be huge in this month, / he thought.
이렇게 밀리까지 나왔으니까 / 이 달의 고기로는 큰놈임에 틀림없군 /   그는 생각했다.

Eat them, fish. Eat them. Please eat them.
미끼고기를 먹어라, 고기야. 먹어라.   제발 먹어라.

How fresh / they are / and you down there six hundred
얼마나 싱싱할까 /   미끼들이 /   그리고 너는 600피트 아래에 있잖아 /

feet / in that cold water / in the dark.
        차가운 물속에 /   어두운

Make another turn / in the dark / and come back and eat
한 바퀴 더 돌고 /   어둠 속에서 /   돌아와서 미끼고기를 먹어라

them.

bight 고리로 만든 밧줄 tentative 시험 삼아 shank (낚싯바늘의) 곧은(목) 부분 forge 철을 단련하여 만들다
hand-forged 손으로 만든 projected 튀어나온

Quiz 3

A. 단어

다음 제시된 단어의 설명을 읽고, 어떤 단어의 정의를 설명하는지 아래의 박스에서 찾아 써 보세요.

1. not affected or influenced by something

2. the bottom surface of your foot

3. being attractive and graceful

4. stretched tight

5. to look at something for a long time without moving your eyes

6. to hit something and cause a noise

7. a small mark or spot

8. to state officially that something no longer exists

9. to flow slowly in a thin stream

10. not definite or not certain

fleck immune stare elegance tentative

thump sole annul trickle taut

B. 직독직해

아래에 제시된 문장을 직독직해로 해석해보세요.

1. He rowed / slowly and steadily / toward where the bird was circling.

    →

2. The strange light / the sun made in the water, / now that the sun was higher, / meant good weather.

    →

3. He ate them all / through May / to be strong / in September and October / for the truly big fish.

    →

4. The old man hit him / on the head / for kindness / and kicked him, / his body still shuddering, / under the shade of the stern.

→

5. Everything / that shows on the surface / today / travels / very fast and to the north-east.

→

6. This time it was a tentative pull, / not solid nor heavy, / and he knew exactly / what it was.

→

C. 동시통역

아래에 제시된 직독직해를 보고, 영어로 말해보세요.

1. 그는 노를 배안으로 끌어들였고 / 조그만 낚싯줄을 가져왔다 / 뱃머리에서

→

2. 노인이 고기를 잡는 동안에 / 그에게는 있을 것이다 / 부은 자국과 건드리면 아픈 곳이 / 팔과 손에

→

3. 그에게는 어떤 신비감도 없었다 / 거북이에 대한 / 비록 그는 거북이 잡이 배를 다녔지만 / 여러 해 동안

→

4. 바로 그때 고물에 있던 낚싯줄이 / 팽팽해졌다 / 그의 발밑에서 / 그곳에 그는 보관했었다 / 동그랗게 감은 줄을

→

5. 그것은 미덕이라고 생각되었다 / (그것은?) 필요 없이 말을 하지 않는 것은 / 바다에서

→

4. 노인은 그놈을 때렸다 / 머리부분을 / 그놈을 배려하여 / 그리고 그를 걷어찼다 / 그의 몸이 아직도 떨고 있을 때 / 고물의 그늘 밑으로   5. 모든 것은 / 수면에 보이는 / 오늘 / 이동하고 있다 / 매우 빠르게 북동쪽으로   6. 이번에는 시험 삼아 당기는 정도였고 / 강하거나 무겁지 않았다 / 그래서 노인은 정확히 알았다 / 그것이 무엇인지

D. 1. He shipped his oars / and brought a small line / from under the bow.

2. While the old man was working a fish, / he would have / welts and sores / on his arms and hands.

3. He had no mysticism / about turtles / although he had gone in turtle boats / for many years.

4. Just then the stern line / came taut / under his foot, / where he had kept / a loop of the line.

5. It was considered a virtue / not to talk unnecessarily / at sea.

Chapter 4

Scene 1

He felt / the light delicate pulling / and then a harder pull /
노인은 느꼈다 / 가볍고 섬세하게 당기는 것을 / 그러고 나서 세게 당기는 것을 /

when a sardine's head must have been more difficult /
그때는 정어리의 대가리는 더 어려웠을 것이 분명했다 /

to break from the hook. Then there was nothing.
낚싯바늘에서 뜯어내기에. 그리고 아무런 일도 없었다.

"Come on," the old man said aloud.
"자아" 노인은 큰 소리로 말했다.

"Make another turn. Just smell them. Aren't they lovely?
"한 바퀴 돌아라. 냄새만이라도 맡아보렴. 맛이 무척 좋지?

Eat them good now / and then there is / the tuna.
자 싱싱한 것을 먹어라 / 그러면 있다 / 다랑어가.

Hard and cold and lovely. Don't be shy, fish. Eat them."
탱탱하고 시원하고 최고로 맛좋지. 수줍어하지 마, 고기야. 먹어라"

He waited / with the line between his thumb and his
노인은 기다렸다 / 낚싯줄을 엄지손가락과 집게 손가락 사이에 놓고 /

finger, / watching / it and the other lines / at the same time /
바라보면서 / 그 낚싯줄과 다른 낚싯줄을 / 동시에 /

for the fish might have swum up or down.
왜냐하면 고기가 헤엄칠지도 모르기 때문에 위아래로.

Then came / the same delicate pulling touch / again.
그러자 왔다 / 전처럼 가볍게 끌어당기는 느낌이 / 다시

"He'll take it," the old man said aloud.
"그 놈이 미끼를 먹을 거야" 노인은 큰 소리로 말했다

"God help him to take it."
"제발 미끼를 먹어라"

He did not take it / though. He was gone / and the old man
그 놈은 미끼를 먹지 않았다 / 하지만. 그 놈은 사라졌고 / 노인(손에)은 아무런 느

felt nothing.
낌이 없었다.

"He can't have gone," he said.
"그 놈이 가버렸을 리가 없어" 그는 말했다.

"Christ knows / he can't have gone.
"확실해 / 그 놈이 떠나지 않았다는 것이

He's making a turn. Maybe he has been hooked / before /
그는 한 바퀴 돌고 있어. 아마도 그는 낚싯바늘에 걸린 일이 있을 거야 / 예전에 /

and he remembers something / of it.
그래서 그는 뭔가 생각하고 있을 거야 / 그런 일에 대해

Then he felt / the gentle touch / on the line / and he was
그때 그는 느꼈다 / 부드러운 감촉을 / 낚싯줄에서 / 그래서 그는 기뻤다

happy.

"It was only his turn," he said. "He'll take it."
"단지 그가 한 바퀴 돌았던 것이야" 그는 말했다. "그 놈이 미끼고기를 물 거야"

He was happy / feeling / the gentle pulling / and then he
노인은 기뻤다 / 느끼게 되어서 / 부드럽게 당기는 촉감을 / 그리고 나서 그는 느꼈다 /

felt / something hard and unbelievably heavy.
뭔가 억세고 믿을 수 없을 정도로 무거운 느낌을.

It was the weight of the fish / and he let the line slip /
그것은 고기의 무게였다 / 그래서 그는 낚싯줄을 미끄러지듯이 움직이게 했다 /

down, down, down, / unrolling off the first of the two
아래로, 아래로, 아래로 / 예비로 준비한 두개의 사리 중 첫 번째 것을 풀면서

reserve coils. As it went down, / slipping lightly through
낚싯줄이 내려갈 때 / 노인의 손가락 사이로 가볍게 움직이는

the old man's fingers, / he still could feel the great
동안에 / 그는 여전히 엄청난 무게감을 느낄 수 있었다 /

weight, / though the pressure of his thumb and finger
비록 엄지손가락과 손가락에서 느끼는 압력은

were almost imperceptible.
거의 감지할 수 없었지만

"What a fish," he said.
"굉장한 놈이네" 그는 말했다.

"He has it sideways in his mouth now / and he is moving
"그 놈은 이제 미끼를 옆으로 물고 있군 / 그리고 그 놈은 달아나고 있군 /

off / with it."
미끼를 물고서"

imperceptible 알아차릴 수 없는, 감지 할 수 없는 sideways 옆(쪽)으로

Then he will turn and swallow it, / he thought.
그러다가 그 놈은 돌아서서 삼켜버리겠지 / 그는 생각했다.

He did not say that / because he knew /
그는 이런 말을 입 밖으로 말하지 않았다 / 그 이유는 그가 알았기 때문이었다 /

that if you said a good thing / it might not happen.
만일 좋은 일을 (입 밖으로) 말한다면 / 좋은 일은 일어나지 않을 수도 있다는 것을

He knew / what a huge fish / this was / and he thought /
그는 알았다 / 정말로 큰 고기라는 것을 / 이놈이 / 그리고 그는 생각했다 /

of him moving away / in the darkness / with the tuna
고기가 달아나고 있는 것을 / 어둠 속에서 / 다랑어를 비스듬히 물고서 /

held crosswise / in his mouth.
입으로

At that moment / he felt / him stop moving / but the
바로 그 순간에 / 그는 느꼈다 / 고기가 움직이다가 멈춘 것을 / 그러나 무게감은

weight was still there.
여전했다.

Then the weight increased / and he gave more line.
그때 무게감은 증가했다 / 그래서 노인은 낚싯줄을 더 많이 풀었다.

He tightened / the pressure of his thumb and finger /
그는 손에 힘을 꽉 줬다 / 엄지손가락과 손가락 사이의 압력을 주려고 /

for a moment / and the weight increased / and was going
잠시 동안 / 무게감은 증가했고 / (낚싯줄은) 곧바로 아래로

straight down.
내려가고 있었다.

swallow 삼키다 crosswise 옆으로, 비스듬히

Scene 2

"He's taken it," he said. "Now I'll let / him eat it well."
"그 놈이 미끼를 물었군" 그는 말했다.   "이제 나는 내버려둘 거야 / 그 놈이 미끼를 잘 먹도록"

He let the line slip / through his fingers / while he
그는 낚싯줄이 미끄러져 나가게 했다 / 손가락 사이로 /   한편 그는

reached down / with his left hand / and made fast /
아래로 뻗었다 /   왼손으로 /   단단히 매었다 /

the free end / of the two reserve coils / to the loop /
매어져 있지 않은 끄트머리를 / 예비로 준비한 두 사리의 /   고리에 (매었다) /

of the two reserve coils of the next line.
다음 낚싯줄로 쓰기 위해 예비로 준비한 두 개의 사리의

Now he was ready. He had three forty-fathom coils of
이제 그는 준비가 됐다.   그는 45패덤(72m)짜리 3개의 사리가 있었다 /

line / in reserve now, / as well as the coil he was using.
      이제 예비로 갖춘 /   그가 사용하고 있는 사리뿐만 아니라

"Eat it a little more," he said. "Eat it well."
"조금 더 먹어라"   그는 말했다.   "실컷 먹어라"

Eat it / so that the point of the hook / goes into your heart /
먹어라 /   그래서 낚싯바늘의 끝이 /   심장에 들어가서 /

and kills you, / he thought.
너를 죽일 수 있도록 /   그는 생각했다.

Come up easy / and let me put the harpoon / into you.
얌전히 올라와라 /   그리고 내가 작살을 꽂게 해다오 /   네 몸에

All right. Are you ready?
자.   준비됐니?

Have you been long enough / at table?
충분히 오랜 기간이었지 /   식사하기에

"Now!" he said aloud / and struck hard with both hands, /
"자!"   그는 큰소리로 말했다 / 그리고 양손으로 힘껏 낚아챘고 /

gained a yard of line / and then struck again and again, /
1야드의 낚싯줄을 끌어당기고서 /   당기고 당겼다 /

swinging / with each arm alternately on the cord /
그리고 흔들면서 움직였다 / 양팔로 번갈아 낚싯줄을 잡은 채로 /

with all the strength of his arms / and the pivoted weight
팔의 온갖 힘을 주고 /   그의 몸무게를 중심으로 회전하며

of his body.

Nothing happened. The fish just moved away / slowly /
어떤 일도 일어나지 않았다.　　고기는 멀어져 갔다 /　　　천천히 /

and the old man could not raise him / an inch.
그래서 노인은 그 놈을 들어올릴 수 없었다 /　　　1인치도.

His line was strong / and made for heavy fish / and he
그의 낚싯줄은 튼튼했고 /　　큰 고기용으로 만들어졌다 /　　　그리고 노인은

held it against his back / until it was so taut / that beads
등에 매고 낚싯줄을 잡았다 /　　줄이 매우 팽팽해져서 /　　물방울이 튈 때까지 /

of water were jumping / from it.
　　　줄에서.

Then it began to make a slow hissing sound / in the
그러자 낚싯줄은 천천히 쉿 소리를 내기 시작했다 /　　　물속에서 /

water / and he still held it, / bracing himself against the
　　그리고 그는 여전히 줄을 붙잡고 있었다 / 배의 가로장(좌석)에 몸을 버티면서 /

thwart / and leaning back against the pull.
　　(고기가) 당기는 힘에 지지 않으려고 상체를 뒤로 젖히면서

The boat began to move slowly off / toward the north-west.
배가 서서히 움직이기 시작했다 /　　　북서쪽을 향해

The fish moved steadily / and they travelled slowly /
고기는 꾸준히 움직였고 /　　그들(노인과 고기)도 서서히 이동했다 /

on the calm water. The other baits were still in the water /
잔잔한 수면 위를.　　다른 미끼들은 여전히 물속에 있었다 /

but there was nothing to be done.
그러나 할 수 있는 것은 아무것도 없었다.

"I wish / I had the boy" the old man said aloud.
"좋았을 걸 /　그 아이가 있다면"　　노인은 큰 소리로 말했다.

"I'm being towed / by a fish / and I'm the towing bitt.
"나는 끌려가고 있어 / 고기한테 / 그래서 나는 끌려가고 있는 계주(배에 있는 말뚝)인 셈이군.

I could make the line fast. But then he could break it.
나는 낚싯줄을 단단히 배에 맬 수 있다.　　그러나 그렇게 되면 고기가 줄을 끊어버릴 거야.

I must hold him / all I can / and give him line /
나는 놈을 붙들고 있어야 해 / 가능한 / 그리고 줄을 풀어줘야 해 /

when he must have it. Thank God / he is travelling /
고기가 줄을 필요로 하면.　　다행이야 /　　(뭐가?) 그 놈이 이동하고 있는 것이 /

and not going down."
아래로 내려가지 않고

Scene 3

What I will do / if he decides / to go down, / I don't know.
어떻게 해야 할지 / 만일 그 놈이 마음먹으면 / 밑으로 내려가기로 / 나는 모르겠어.

What I'll do / if he sounds and dies / I don't know.
어떻게 해야 할지 / 그 놈이 깊이 잠수하고 죽으면 / 나는 모르겠어.

But I'll do something.
그러나 나는 뭔가를 해야지.

There are / plenty of things / I can do.
있으니까 / 많은 일이 / 내가 할 수 있는

He held the line / against his back / and watched /
노인은 낚싯줄을 잡고 있었다 / 어깨에 메고 / 그리고 지켜보았다 /

its slant in the water / and the skiff moving steadily / to
물속에서 줄이 기울어진 것을 / 그리고 배가 꾸준히 움직이고 있는 것을 /

the north-west. This will kill him, / the old man thought.
북서쪽으로. 이렇게 하면 고기에게는 힘들 텐데 / 노인은 생각했다.

He can't do / this / forever.
그는 할 수 없을 거야 / 이렇게 하는 것을 / 언제나

But four hours later / the fish was still swimming /
그러나 4시간 후에도 / 고기는 여전히 헤엄쳐가고 있었다 /

steadily out to sea, / towing the skiff, / and the old man
꾸준히 먼 바다로 / 배를 끌고 가면서 / 그리고 노인은 여전히

was still braced solidly / with the line across his back.
흔들림 없이 버티고 있었다 / 줄을 등에 메고

"It was noon / when I hooked him," he said.
"정오였지 / 내가 그 놈을 낚았을 때가" 그는 말했다.

"And I have never seen / him."
"그리고 나는 보지도 못했다 / 그 놈을"

He had pushed his straw hat / hard down on his head /
그는 밀짚모자를 눌렀다(눌러썼다) / 깊숙이 머리에 /

before he hooked the fish / and it was cutting his forehead.
그가 고기를 낚기 전에 / 그래서 모자는 이마를 아프게 했다

He was thirsty / too / and he got down on his knees / and,
그는 갈증이 났다 / 또한 / 그래서 그는 무릎을 꿇었고 /

being careful / not to jerk on the line, / moved as far into
조심하면서 / 줄을 갑자기 움직이지 않으려고 / 뱃머리로 이동했다 /

the bow / as he could get / and reached the water bottle /
최대한 / 그리고 물병을 잡았다 /

with one hand. He opened it / and drank a little.
한 손으로(한 손을 뻗어). 그는 병마개를 열고 / 조금 마셨다.

Then he rested / against the bow.
그러고 나서 그는 쉬었다 / 뱃머리에 기대어.

He rested sitting / on the un-stepped mast and sail /
그는 앉아서 쉬었다 / 빼(눕혀) 놓은 돛대와 돛에 /

and tried not to think / but only to endure.
그리고 생각하려 하지 않고 / 단지 버텨 내려고만 했다

Then he looked / behind him / and saw / that no land was
그리고 그는 보았다 / 자신의 뒤를 / 그리고 알았다 / 육지가 보이지 않는다는 것

visible. That makes no difference, / he thought.
을. 그것은(육지가 안 보이는 것은) 상관없어 / 그는 생각했다.

I can always come in / on the glow from Havana.
나는 언제나 들어갈 수 있어 / 하바나 항구의 불빛을 따라

There are two more hours / before the sun sets /
두 시간이 남아 있다 / 해가 지기 전까지 /

and maybe he will come up / before that.
그리고 아마 그 놈은 올라올 거야 / 그 전에.

If he doesn't / maybe he will come up / with the moon.
만일 그 놈이 올라오지 않으면 / 아마 그 놈이 올라올 거야 / 달이 뜨면

If he does not do that / maybe he will come up / with the
만일 그 놈이 그렇게 하지 않으면 / 그 놈은 올라올 거야 / 해가 뜰 무렵에

sunrise. I have no cramps / and I feel strong.
나는 쥐도 나지 않고 / 기운이 펄펄해.

It is he / that has the hook in his mouth.
바로 그 놈이 / 낚싯바늘을 입에 물고 있어

But what a fish / to pull like that. He must have / his
하지만 대단한 고기야 / 저렇게 끌어당기다니. 그 놈은 틀림없이 /

mouth shut tight / on the wire. I wish / I could see him.
입을 꽉 물고 있어 / 철사에. 좋겠어 / 내가 그 놈을 볼 수 있다면.

I wish / I could see him / only once / to know /
좋겠어 / 내가 그 놈을 볼 수 있다면 / 한 번만이라도 / 알아보기 위해 /

what I have against me.
어떤 놈하고 맞붙었는지

sound (고래가) 깊이 잠수하다 slant 경사, 기울기 skiff 작은 배, 소형 범선 brace 버티다, 떠받치다
solidly 흔들림 없이 jerk 홱(갑자기) 움직이다 un-stepped (돛대를) 빼놓은 endure 참다, 버티다 cramp 쥐, 경련

The fish never changed / his course nor his direction /
고기는 바꾸지 않았다 /   진로나 방향을 /

all that night / as far as the man could tell / from watching
밤새도록 /   노인이 알고 있는 한 /   별의 위치를 보고서

the stars. It was cold / after the sun went down /
날이 추워졌다 /   해가 진후에 /

and the old man's sweat / dried cold / on his back and his
그러자 노인의 땀은 /   싸늘하게 말랐다 / 등 뒤에서 그리고

arms and his old legs.
팔과 늙은 다리에서

"out"이라는 전치사에는 어떤 장소, 건물, 용기 "안에서 밖으로" 이동하는 의미가 있다. 아래 문장을 보면, 고기가 육지와 가까운 해역에서 먼 바다를 향하여 헤엄쳐가고 있다. 그래서 "out"에는 "먼 바다로 나가는"라는 동작을 표현한다.

예) The fish was still swimming / steadily out to sea.
고기는 여전히 헤엄쳐가고 있었다 / 꾸준히 먼 바다로.

Scene 4

During the day / he had taken the sack / that covered the
낮에 /　　　　노인은 부대를 꺼냈다 /　　　　(어떤 부대?) 미끼 상자를

bait box / and spread it / in the sun to dry.
덮고 있었던 /　그리고 부대를 펼쳤다 /　햇볕에 말리려고

After the sun went down / he tied it around his neck /
해가 저문 후에 /　　　　　　그는 부대를 목둘레에 묶었다 /

so that it hung down / over his back / and he cautiously
그래서 부대는 늘어져 있었다 /　　등 뒤로 /　　　　그리고 그는 조심스럽게 부대를

worked it down / under the line / that was across his
움직였다 /　　　낚싯줄 밑으로 /　　(어떤 낚싯줄?) 이제 그의 어깨에 걸쳐

shoulders now. The sack cushioned / the line / and he
있던.　　　　　부대는 충격을 완화했다 /　　낚싯줄의 /　　그리고 방법을 알

had found a way / of leaning forward / against the bow /
아냈다 /　　　　　몸을 앞으로 굽히는 /　　　뱃머리에 기대어 /

so that he was almost comfortable.
그래서 그는 거의 편한 상태에 가까웠다.

The position actually was only somewhat less
이런 자세는 사실 단지 약간 덜 견딜 수 없는 상태였다(약간 좋아졌다) /

intolerable; / but he thought of / it as almost comfortable.
　　　　그러나 노인은 생각했다 /　　그런 상태를 거의 편한 상태라고

I can do nothing / with him / and he can do nothing /
나는 어찌할 수 없다 /　그 놈을 /　　그리고 그 놈은 어찌할 수 없다 /

with me, / he thought. Not / as long as he keeps / this up.
나를 /　　노인은 생각했다.　어찌할 수 없다 / 그 놈이 유지하는 한 / 이런 상황을 계속

Once he stood up / and urinated / over the side of the
한 번 노인은 일어서서 /　　　소변을 보았다 /　　뱃전 너머로 /

skiff / and looked at the stars / and checked his course.
　　　그리고 별을 쳐다봤고 /　　　자신의 항로를 살펴봤다.

The line showed / like a phosphorescent streak / in the
낚싯줄은 보였다 /　　　야광 줄처럼 /　　　　　　물속에서 /

water / straight out from his shoulders.
　　　어깨에서 곧게 뻗어나간 (낚싯줄은)

cautiously 조심스럽게 intolerable 견딜 수 없는, 참을 수 없는 urinate 소변을 보다
phosphorescent 인광을 내는, 야광의 streak 줄, 선

They were moving / more slowly now / and the glow of
그들(노인과 고기)은 움직이고 있었다 / 이제는 더 느리게 / 하바나 항구의 불빛은 그다

Havana was not so strong, / so that he knew / the current
지 강렬하지 않았다 / 그래서 그는 알았다 / 분명히 조류가

must be carrying them / to the eastward.
그들을 몰고 가고 있다는 것을 / 동쪽으로

If I lose / the glare of Havana / we must be going /
만일 내가 전혀 볼 수 없다면 / 하바나의 불빛을 / 우리는 가고 있는 것이 분명하다 /

more to the eastward, / he thought.
더 동쪽으로 / 그는 생각했다

For if the fish's course held true / I must see it /
왜냐하면 고기의 방향이 제대로 유지되면 / 나는 불빛을 볼 수 있어야 할테니까 /

for many more hours.
몇 시간 더

I wonder / how the baseball came out / in the grand
나는 궁금해 / 어떻게 야구 시합 결과가 나왔는지 / 오늘 그랜드 리그에서 /

leagues today, / he thought.
그는 생각했다

It would be wonderful / to do this / with a radio.
신날 텐데 / 고기잡이를 하는 것은 / 라디오를 들으면서.

Then he thought, / think of it / always.
그러고 나서 그는 생각했다 / 일에 대해 생각해라 / 언제나

Think / of what you are doing. You must do nothing
생각해라 / 네가 하고 있는 일에 대해. 너는 어리석을 짓을 하면 안돼

stupid. Then he said aloud, / "I wish / I had the boy.
그리고 그는 큰소리로 말했다 / "좋을 텐데 / 그 아이가 있다면.

To help me and to see this."
나를 도와주고 이런 것도 구경하면."

No one should be alone / in their old age, / he thought.
누구도 혼자 있으면 안돼 / 늙으면 / 그는 생각했다

But it is unavoidable. I must remember / to eat the tuna /
하지만 피할 수 없지. 나는 잊지 말아야 해 / 다랑어를 먹는 것을 /

before he spoils / in order to keep strong.
상하기 전에 / 기운을 내려면.

Remember, / no matter how little / you want to, /
기억해라 / 아무리 조금이라도 / 먹고 싶을지라도 /

that you must eat him / in the morning.
다랑어를 먹어야 한다는 것을 / 아침에.

Remember, he said to himself.
잊지 말아,   그는 혼자 말로 말했다

During the night / two porpoises came around the boat /
밤중에 /   두 마리의 돌고래가 배 주위로 와서 /

and he could hear / them rolling and blowing.
그는 들을 수 있었다 /   그들이 뒹굴고 물을 내뿜는 소리를.

He could tell / the difference / between the blowing noise /
그는 구분할 수 있다 /   차이점을 /   물을 내뿜는 소리를 /

the male made / and the sighing blow of the female.
수놈이 내는 /   그리고 암놈의 한숨 쉬는 듯이 물을 내뿜는 소리를

"They are good," he said.
"그들은 좋은 녀석들이야" 그는 말했다

"They play and make jokes / and love / one another.
"그들은 놀고 장난치고 /   사랑하지 /   서로

They are our brothers / like the flying fish."
그들은 우리의 형제들이야 /   날치와 마찬가지로

"wonder"다음에 "의문사 + 주어 + 동사"가 오면, "의문사 + 주어 + 동사"를 알고 싶어 궁금해한다는 의미다. 또한 "wonder" 다음에 "if(whether) 주어 + 동사"가 오면, "~인지 아닌지" 궁금해한다는 의미다.

예) I wonder / how the baseball came out / in the grand leagues today.
    나는 궁금해 / 어떻게 야구 시합결과가 나왔는지 / 오늘 그랜드 리그에서

glare 불빛, 눈부신 빛 unavoidable 피할 수 없는 porpoise 돌고래 blow (물, 바람을) 내뿜다

Scene 5

Then he began to pity / the great fish / that he had hooked.
그리고 노인은 동정하기 시작했다 / 큰 고기를 / (어떤 큰 고기?) 자기가 낚은

He is wonderful and strange / and who knows / how old
그 놈은 멋지고도 기이해 / 그리고 아무도 모르지 / 몇 살인지

he is, / he thought. Never have I had / such a strong fish /
그 놈이 / 노인은 생각했다. 결코 낚아보지 못했지 / 저렇게 강한 고기를 /

nor one who acted so strangely. Perhaps he is too wise /
또한 그렇게 이상하게 행동하는 고기를. 아마 그는 너무나 영리하여 /

to jump. He could ruin me / by jumping or by a wild rush.
뛰어 오르지 않나 봐. 그는 나를 엉망으로 만들 수 있지 / 뛰어 오르거나 미친 듯이 이동하면

But perhaps he has been hooked / many times before / and
하지만 아마 그 놈은 낚시에 걸렸어 / 전에도 여러 번 /

he knows / that this is how / he should make his fight.
그래서 그 놈은 알고 있을 거야 / 이런 식으로 / 자신이 싸워야 한다는 것을.

He cannot know / that it is only one man against him, /
그 놈은 알 리가 없다 / 한 사람만이 그를 상대하고 있다는 것을 /

nor that it is an old man. But what a great fish he is / and
또한 (알 리가 없다) 그 사람이 노인이라는 것을. 하지만 정말로 큰 고기야 /

what will he bring / in the market / if the flesh is good.
그리고 어떤 이익을 가져올까 / 시장에서 / 고기 맛이 좋다면

He took the bait / like a male / and he pulls like a male /
그 놈은 미끼를 물었고 / 수놈처럼 / 그 놈은 수놈처럼 끌어당겼다 /

and his fight has no panic in it. I wonder / if he has any
그 놈의 싸움에는 겁먹은 기색이 없지. 나는 궁금해 / 그 놈에게는 어떤

plans / or if he is just as desperate / as I am?
계획이 있는지 / 또는 그 놈도 필사적인지 / 나처럼

He remembered / the time he had hooked / one of a pair
그는 생각했다 / (무엇을?) 자신이 낚았던 때를 / 청새치 한 쌍 중

of marlin. The male fish always let / the female fish feed
한 마리를. 수놈 고기는 항상 하게 했다 / 암놈 고기가 먼저 먹게 /

first / and the hooked fish, the female, / made a wild,
그래서 낚싯바늘에 걸린 고기인 암놈은 / 거칠고,

panic-stricken, despairing fight / that soon exhausted her, /
겁에 질려서, 절망적인 싸움을 벌였다 / 그 싸움은 곧 암놈을 지치게 만들었다 /

and all the time the male had stayed / with her, /
그리고 늘 수놈이 있었다 /　　　　　　　　　　암놈과 함께 /

crossing the line / and circling / with her on the surface.
낚싯줄을 넘어 다니고 /　　　빙빙 맴돌면서 /　　　암놈과 함께 수면에서

He had stayed so close / that the old man was afraid /
그 놈이 너무 가까이 있어서 /　　　　노인은 걱정했다 /

he would cut / the line with his tail / which was sharp as
그 놈이 끊어 버릴까 봐 / 꼬리로 낚싯줄을 /　　　그 꼬리는 낫처럼 예리하고 /

a scythe / and almost of that size and shape.
　　　　　거의 낫과 같은 크기와 모양이었다.

When the old man had gaffed her and clubbed her, /
노인이 갈고리로 찍어 끌어 올리고 몽둥이로 쳤을 때 /

holding the rapier bill / with its sandpaper edge / and
검처럼 가늘고 긴 주둥이를 잡고서 /　사포처럼 예리한 끝이 있는 /

clubbing her / across the top of her head / until her color
몽둥이로 때렸을 때 / 머리 윗부분을 /　　　　그 암놈의 빛깔이 변할

turned / to a color almost like the backing of mirrors, /
때까지 /　　거울의 뒷면과 거의 비슷한 빛깔로 /

and then, with the boy's aid, / hoisted her aboard,
그리고 나서 아이의 도움을 받아 /　　　암놈을 배로 끌어 올렸을 때도

the male fish had stayed / by the side of the boat.
그 수놈은 계속 있었나 /　　　　배 옆에 그리고 노인이

Then, while the old man was clearing the lines / and
그 다음에, 낚싯줄을 정리하고 /

preparing the harpoon, / the male fish jumped high /
작살을 준비하고 있는 동안에 /　　수놈은 높이 뛰어올랐다 /

into the air beside the boat / to see / where the female
공중으로 배 옆에서 /　　　　　보려고 /　어디에 암놈이 있는지

was and then went down deep, / his lavender wings, /
　그리고 나서 물속 깊이 들어갔다 /　자신의 연보라 날개를 /

that were his pectoral fins, / spread wide / and all his
가슴지느러미인 /　　　　넓게 펴고 /　　　모든 그의

wide lavender stripes showing. He was beautiful, / the
넓은 연보라색 줄무늬를 보이면서.　　　그 놈은 멋졌다고 /

old man remembered, / and he had stayed.
노인은 회상했다 /　　　그리고 그 놈은 (암놈 옆에) 머물러 있었다고

Scene 6

That was the saddest thing / I ever saw with them, /
그것은 가장 슬픈 일이었다 / 내가 지금까지 본 것 중에서 /

the old man thought. The boy was sad too / and we
노인은 생각했다. 그 아이도 또한 슬펐다 /

begged her pardon / and butchered her promptly.
그리고 우리는 암놈에게 용서를 빌었고 / 재빨리 암놈을 죽였다

"I wish / the boy was here," he said aloud / and settled
"좋을 텐데 / 그 아이가 여기 있다면" 그는 큰소리로 말하고 / 기대었다 /

himself / against the rounded planks of the bow /
뱃머리의 둥근 판자에 /

and felt the strength of the great fish / through the line /
그리고 큰 고기의 힘을 느꼈다 / 줄을 통해 /

he held across his shoulders / moving steadily /
(어떤 줄?) 자신이 어깨를 가로질러 잡고 있던 / 꾸준히 이동하고 있는 /

toward whatever he had chosen.
어떤 방향이든 자신이 선택한 곳으로

When once, / through my treachery, / it had been
한 번이라도 걸려들면 / 내 계략으로 / 그 놈에겐 필요가 있어 /

necessary to him / to make a choice, / the old man
선택할 / 노인은 생각했다

thought. His choice had been to stay / in the deep
그 고기의 선택은 머무는 것이었다 / 깊고 어두운 물속에 /

dark water / far out / beyond all snares and traps and
먼 곳에 있는 / 모든 올가미와 함정 그리고 계략이 미치지 못하는

treacheries. My choice was to go there / to find him /
나의 선택은 그곳으로 가는 것이었다 / 그 고기를 찾으려고 /

beyond all people.
모든 사람들의 손이 미치지 않는 곳까지

Beyond all people in the world.
세상의 모든 사람들의 손이 미치지 않는 곳까지.

Now we are joined together / and have been since noon.
이제 우리는 함께 연결되어 있고 / 정오부터 (함께 연결되어) 있다.

And no one to help / either one of us.
그리고 아무도 도와줄 사람이 없다 / 우리 둘 중 에 누구도

Perhaps I should not have been a fisherman, / he thought.
어쩌면 나는 어부가 되지 말았어야 했는데 / 그는 생각했다.

But that was the thing / that I was born for.
하지만 그것이 일이야 / 내가 태어난(천직이야).

I must surely remember / to eat the tuna / after it gets light.
나는 분명히 잊지 말아야 해 / 다랑어를 먹는 것을 / 날이 밝으면

Some time before daylight / something took one of the
날이 밝기 얼마 전에 / 어떤 고기가 미끼 중 하나를 물었다 /

baits / that were behind him. He heard / the stick break /
(어떤 미끼?) 그의 뒤쪽에 있던. 그는 들었다 / 낚싯대가 부러지는 소리를 /

and the line begin to rush out / over the gunwale of the
낚싯줄이 빠르게 풀려나가기 시작했다 / 배의 가장자리 너머로.

skiff. In the darkness / he loosened / his sheath knife /
어둠속에서 / 그는 풀었다 / 칼집에 들어 있는 단검을 /

and taking all the strain of the fish / on his left shoulder /
그리고 고기가 당기는 힘을 모두 받으면서 / 왼쪽 어깨로 /

he leaned back / and cut the line / against the wood of the
그는 몸을 뒤로 젖히고 / 낚싯줄을 끊었다 / 목재로 된 배의 가장자리에 몸을

gunwale.
기대고서.

Then he cut the other line / closest to him / and in the dark
그리고 그는 다른 낚싯줄을 끊었다 / 자신에게 가장 가까이 있던 / 그리고 어둠속에서

made / the loose ends of the reserve coils / fast.
만들었다 / 예비로 준비된 사리의 느슨한 (두) 끝을 / 단단하게(묶었다)

He worked skillfully / with the one hand / and put his foot
그는 능숙하게 일했다 / 한손으로 / 그리고 사리를 발로 밟았다 /

on the coils / to hold them / as he drew his knots / tight.
사리를 고정시키려고 / 그가 매듭을 당길(조일) 때 / 단단히

Now he had / six reserve coils of line. There were two /
이제 그에게는 있었다 / 여섯 개의 예비 사리가. 두 개의 사리가 생겼다 /

from each bait / he had severed / and the two / from the
각각(두 개)의 미끼에서 / 그가 끊었던 / 그리고 두개의 사리가 (생겼다) /

bait / the fish had taken / and they were all connected.
미끼에서 / 고기가 물고 있는 / 그리고 그것들 모두가 연결되었다

pardon 용서 butcher 도살하다, 학살하다 promptly 즉시 plank 두꺼운 판자 treachery 배반, 계략
gunwale 배의 가장자리 sheath knife 단검 strain 당기는 힘 sever 끊다, 절단하다

After it is light, / he thought, / I will work back /
날이 밝아지면 /　　　　　그는 생각했다 /　　　나는 다시 (손질하러) 돌아갈 거야 /

to the forty-fathom bait / and cut it away too / and link up /
40패덤(72m)짜리 미끼를 /　　　　　그리고 그 줄도 끊고 /　　　연결할거야 /

the reserve coils.
예비로 준비된 사리와

I will have lost / two hundred fathoms of good Catalan
나는 잃게 되겠지 /　　　20패덤(360m)의 질 좋은 카달란산 낚싯줄과 낚싯바늘 /

cardel(line) and the hooks / and leaders.
　　　　　　　　　　　그리고 (낚싯바늘을 매는) 목줄을.

That can be replaced. But who replaces this fish /
그건 교체할 수 있어.　　　하지만 누가 이 고기를 대신할 수 있어 /

if I hook some fish / and it cuts him off?
만일 내가 어떤 고기를 낚으려다가 / 그 놈의 줄을 끊어버리면

I don't know / what that fish was / that took the bait just
나는 모르겠다 /　　그 고기가 어떤 고기였는지 /　　(그 고기란?) 방금 미끼를 물었던

now. It could have been / a marlin or a broadbill or a shark.
　　그것은 일수도 있다 /　　　청새치나 황새치 아니면 상어

I never felt him.
나는 그 놈이 어떤 고기인지 느껴보지도 못했다.

I had to get rid of him / too fast.
나는 그 고기를 놓아줘야만 했으니까 / 너무 서둘러

Aloud he said, / "I wish / I had the boy."
큰 소리로 그는 말했다 /　　"좋을 걸 /　　그 아이가 있다면"

"I wish + 주어 + 과거동사"는 현재 상황에서 실현 불가능한 소망을 표현한다.
그래서 "~하면 좋을 텐데"라고 해석한다.
예) I wish / the boy was here.
　　좋을 텐데 / 그 아이가 여기 있다면

leader (낚시의) 목줄 replace 대체하다 marlin 청새치 broadbill 황새치

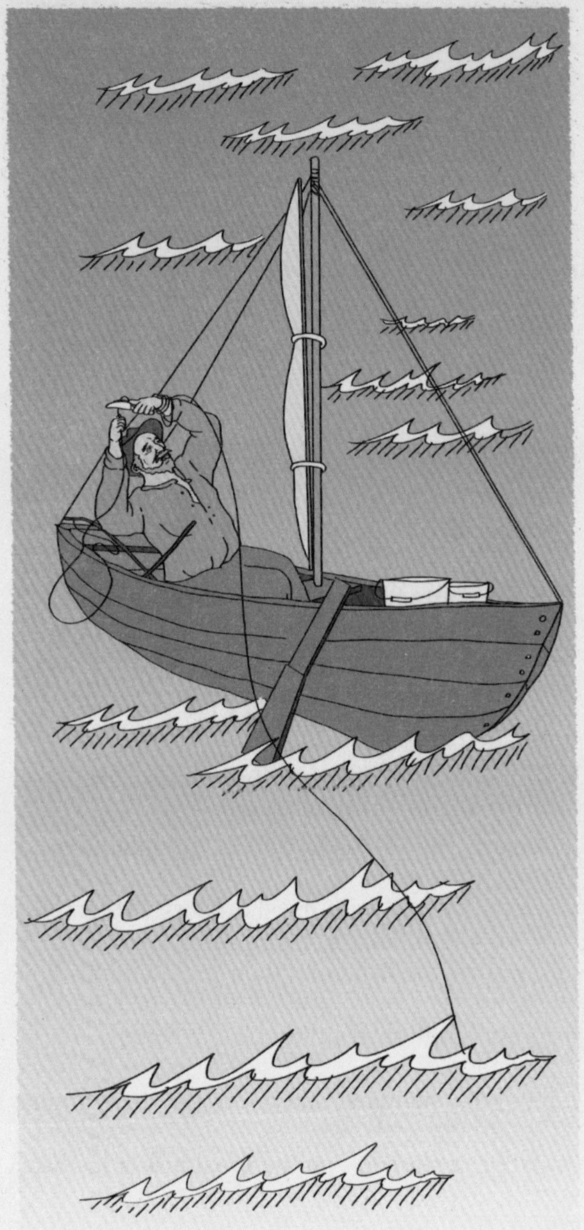

Scene 7

But you haven't got / the boy, / he thought.
하지만 너에겐 없어 / 그 아이가 / 그는 생각했다.

You have only yourself / and you had better work back /
너는 혼자야 / 그러니까 너는 다시 (손질하러) 돌아가야 해 /

to the last line now, / in the dark or not in the dark, /
이제 마지막 남을 낚싯줄을 / 어둡든지 어둡지 않던 간에 /

and cut it away and hook up / the two reserve coils.
그리고 줄을 잘라서 연결해야 해 / 예비로 준비된 두 개의 사리와

So he did it. It was difficult / in the dark / and once the
그렇게 노인은 했다. 그런 일을 하는 것은 힘들었다 / 어둠 속에서는 / 그리고 한번 고기는

fish made a surge / that pulled him down / on his face /
요동을 쳤다 / (그 요동은?) 노인을 넘어지게 했다 / 얼굴을 처박고 /

and made a cut / below his eye. The blood ran / down his
그래서 상처를 냈다 / 눈 밑에. 피가 흘렀다 / 뺨 아래로 조금

cheek a little way. But it coagulated and dried / before it
그러나 피는 굳어서 말랐다 / 피가 턱까지 오

reached his chin / and he worked his way back / to the
기 전에 / 그리고 그는 다시 돌아가서 / 뱃머리로 /

bow / and rested / against the wood.
쉬었다 / (뱃전의) 목재부분에 기대어.

He adjusted the sack / and carefully worked the line /
그는 부대를 가다듬었고 / 조심스럽게 낚싯줄을 조절했다 /

so that it came across a new part of his shoulders / and,
그래서 줄이 어깨의 새로운 부분에 닿았다 /

holding it / anchored with his shoulders, / he carefully
그리고 낚싯줄을 잡고 있는 동안에 / 양쪽 어깨에 고정되도록 / 그는 조심스럽게 느꼈다 /

felt / the pull of the fish / and then felt / with his hand /
고기가 당기는 힘을 / 그리고 나서 느꼈다 / 손으로 /

the progress of the skiff / through the water.
배가 앞으로 나아가는 것을 / 바닷물을 가르고

I wonder / what he made that lurch for, / he thought. The
나는 궁금하다 / 왜 그 놈이 그렇게 요동쳤는지 / 그는 생각했다.

wire must have slipped / on the great hill of his back.
철사가 틀림없이 미끄러지면서 스쳤을 것이다 / 큰 산 같은 등을.

Certainly his back cannot feel / as badly as mine does.
분명히 그의 등은 느낄 리가 없다 / 내 등처럼 심하게

But he cannot pull / this skiff forever, / no matter
그러나 그 놈은 끌 수가 없다 / 이 배를 영원히 / 아무리

how great he is. Now everything is cleared away /
큰 놈이라도 그가. 이제 모든 것이 정리되었다 /

that might make trouble / and I have / a big reserve of
(어떤 모든 것?) 말썽을 일으킬 수 있는 / 그리고 나에게는 있다 / 예비로 준비된 낚싯줄이 /

line; / all that a man can ask.
어부에게 필요한 모든 것이야

"Fish," he said / softly, aloud,
"고기야" 그는 말했다 / 부드럽게 큰소리로

"I'll stay with you / until I am dead."
"내가 너와 함께 있을게 / 죽을 때까지"

He'll stay with me too, / I suppose, / the old man thought /
그 놈도 나와 함께 있을 거야 / 내가 생각하기엔 / 노인은 생각했다 /

and he waited / for it to be light. It was cold / now / in the
그리고 그는 기다렸다 / 날이 밝기를. 날씨가 추웠다 / 지금은 / 동이 트기

time before daylight / and he pushed against the wood /
전 새벽에는 / 그리고 그는 뱃전 목재부분에 밀었다(비볐다) /

to be warm. I can do it / as long as he can, / he thought.
따듯하게 하려고. 나는 할 수 있어 / 그가 할 수 있는 것만큼 / 그는 생각했다.

And in the first light / the line extended out / and down
그리고 처음으로 날이 밝아졌을 때 / 낚싯줄은 뻗어나가서 / 물속 아래로 내려갔다.

into the water. The boat moved steadily / and when the first
배는 꾸준히 움직였다 / 그리고 해의 윗부분이 솟아

edge of the sun rose / it was on the old man's right shoulder.
올랐을 때 / 해는 노인의 오른쪽 어깨 쪽에 있었다.

"He's headed / north," the old man said.
"그 놈이 가고 있군 / 북쪽으로" 노인은 말했다.

The current will have set us / far to the eastward, /
조류가 우리를 놓게 할 거야 (우리를 이동시킬 거야) / 멀리 동쪽으로 /

he thought. I wish / he would turn / with the current.
그는 생각했다. 좋을 텐데 / 그 놈이 방향을 바꾸면 / 조류에 따라

That would show / that he was tiring.
그것은 보여주는 것이니까 / 그놈이 지치고 있다는 것을

Scene 8

When the sun had risen / further / the old man realized /
해가 떠올랐을 때 / 더 높이 / 노인은 깨달았다 /

that the fish was not tiring. There was / only one
고기가 지치지 않았다는 것을. 있었다 / 단지 한가지의

favorable sign. The slant of the line showed / he was
유리한 징조가. 낚싯줄의 경사도는 보여주었다 / 고기가 헤엄치고

swimming / at a lesser depth. That did not necessarily
있다는 것을 / 덜 깊은 곳에서. 그것은 반드시 의미하는 것은 아니었다 /

mean / that he would jump. But he might.
고기가 뛰어 오른다는 것을. 하지만 놈은 그럴 수도 있다.

"God let / him jump," the old man said.
"해주세요 / 고기가 뛰어 오르도록" 노인은 말했다.

"I have enough line / to handle him."
"나에게는 충분한 줄이 있습니다 / 그 놈을 다룰 수 있는

Maybe if I can increase the tension / just a little / it will
아마 만일 내가 줄을 잡아당기면 / 조금만 더 / 그것은 놈을

hurt him / and he will jump, / he thought.
아프게 할 것이며 / 그는 뛰어 오를 수도 있어 / 그는 생각했다.

Now that it is daylight / let him jump / so that he'll fill
날이 밝았으니까 / 그가 물 위로 뛰어 오르게 하자 / 그러면 그는 (공기)주

the sacks / along his backbone / with air / and then he
머니를 가득 채울 것이다 / 등뼈에 있는 / 공기로 / 그러면 그는 깊은 곳까지

cannot go deep / to die.
갈 수 없다 / 죽으려고

He tried to increase the tension, / but the line had been
그는 줄을 더 팽팽히 당기려 했다 / 그러나 줄은 (이미) 팽팽해져 있었다 /

taut / up to the very edge of the breaking point / since he
거의 끊어질 지경이 되도록 / 그가 고기를

had hooked the fish / and he felt the harshness /
낚았을 때부터 / 그리고 그는 거친 느낌을 느꼈다 /

as he leaned back to pull / and knew / he could put no
그가 당겨보려고 몸을 뒤로 젖혔을 때 / 그래서 알았다 / 자신이 더 당길 수 없다는 것

more strain / on it. I must not jerk it ever, / he thought.
을 / 줄을. 내가 갑자기 잡아당기면 안 되지 / 그는 생각했다

Each jerk widens / the cut / the hook makes / and then /
잡아당길 때마다 커지게 하지 / 상처를 / 낚싯바늘 때문에 생긴 / 그러면 /

when he does jump / he might throw it.
놈이 뛰어 오를 때 / 놈은 낚싯바늘에서 빠져나갈 수도 있다.

Anyway I feel better / with the sun / and for once /
어쨌든 나는 기분이 더 좋다 / 해가 뜨니 / 그리고 이번 만은 /

I do not have to look / into it.
나는 쳐다볼 필요가 없다 / 해가 있는 쪽을.

There was yellow weed / on the line / but the old man
누런 해초가 있었다 / 낚싯줄에는 / 그러나 노인은 알았다 /

knew / that only made an added drag / and he was
그 해초는 단지 더 많은 방해물이 된다는 것을 / 그래서 그는 기뻤다

pleased. It was the yellow Gulf weed / that had made so
바로 누런 모자반류가 / 많은 인광을 내뿜었다 /

much phosphorescence / in the night.
밤에

slant 경사(도), 기울기 tension 팽팽함, 긴장 taut 팽팽한 edge ~의 갈림길, ~하기 직전 strain 당기는 힘

jerk 홱(갑자기) 당기다

Quiz 4

A. 단어

다음 제시된 단어의 설명을 읽고, 어떤 단어의 정의를 설명하는지 아래의 박스에서 찾아 써 보세요.

1. almost impossible to be noticed or felt because of being very slight

2. to make food or drink move from your mouth into your stomach

3. to pull a boat using a rope

4. to lean in a position that is not vertical

5. to make a quick sudden movement

6. to suffer something that is difficult, painful or unpleasant

7. a severe pain that you get when the muscles in a part of your body become tight

8. too bad or difficult for you to accept

9. to get rid of urine from your body

10. a sudden strong feeling of fear that makes you unable to think clearly or behave sensibly

> jerk urinate imperceptible crampslant
>
> intolerable swallow panic tow endure

B. 직독직해

아래에 제시된 문장을 직독직해로 해석해보세요.

1. He still could feel the great weight, / though the pressure of his thumb and finger were almost imperceptible.

2. The fish never changed / his course nor his direction / all that night / as far as the man could tell / from watching the stars.

---

3. Perhaps he has been hooked / many times before / and he knows / that this is how / he should make his fight.

    →

4. He heard / the stick break / and the line begin to rush out / over the gunwale of the skiff.

    →

5. He cannot pull / this skiff forever, / no matter how great he is.

    →

6. It was the yellow Gulf weed / that had made so much phosphorescence / in the night.

    →

C. 동시통역

아래에 제시된 직독직해를 보고, 영어로 말해보세요.

1. 고기는 꾸준히 움직였고 / 그들(노인과 고기)은 서서히 이동했다 / 잔잔한 수면 위를

    →

2. 그놈은 틀림없이 / 입을 꽉 물고 있어 / 철사에

    →

3. 그놈은 알 리가 없다 / 한 사람만이 그를 상대하고 있다는 것을 / 또한 (알 리가 없다) 그 사람이 노인이라는 것을

    →

4. 어쩌면 나는 어부가 되지 말았어야 했는데 / 그는 생각했다

    →

5. 나는 할 수 있어 / 그가 할 수 있는 것만큼 / 그는 생각했다

    →

3. 아마 그놈은 낚시에 걸렸어 / 전에도 여러 번 / 그래서 그 놈은 알고 있을 거야 / 이런 식으로 / 자신이 싸워야 한다는 것을 4. 그는 들었다 / 낚싯대가 부러지는 소리를 / 낚싯줄이 빠르게 풀려나가기 시작했다 / 배의 가장자리 너머로 5. 그놈은 끌 수가 없다 / 이배를 영원히 / 아무리 큰 놈이라도 그가 6. 바로 모자반류의 해초가 / 많은 인광을 내뿜었다 / 밤새

D. 1. The fish moved steadily / and they travelled slowly / on the calm water. 2. He must have / his mouth shut tight / on the wire. 3. He cannot know / that it is only one man against him, / nor that it is an old man. 4. Perhaps I should not have been a fisherman, he thought. 5. I can do it / as long as he can, / he thought.

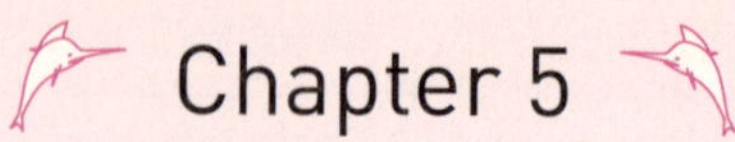

Chapter 5

Scene 1

"Fish," he said, "I love you / and respect you very much.
"고기야" 노인은 말했다 "난 너를 좋아하고 / 너를 매우 존경한다.

But I will kill you dead / before this day ends."
그러나 나는 너를 죽일 거야 / 오늘이 가기 전에"

Let us hope / so, / he thought.
바라자 / 그렇게 되길 / 그는 생각했다.

A small bird came / toward the skiff / from the north.
조그만 새가 왔다 / 배가 있는 곳으로 / 북쪽에서

He was a warbler / and flying very low / over the water.
그는 휘파람새였고 / 매우 낮게 날고 있었다 / 물 위에서

The old man could see / that he was very tired.
노인은 알 수 있었다 / 그 새가 매우 지쳤다는 것을

The bird made / the stern of the boat / and rested there.
그 새는 날아왔다 / 배의 고물 쪽으로 / 그리고 그곳에서 쉬었다

Then he flew / around the old man's head / and rested on
그리고 나서 그는 날아다녔고 / 노인의 머리 주위를 / 낚싯줄에 앉았다 /

the line / where he was more comfortable.
자신이 더 편안해하는

"How old are you?" the old man asked the bird.
"몇 살이니?" 노인은 새에게 물었다.

"Is this your first trip?"
"이번이 첫 여행이니?"

The bird looked / at him / when he spoke.
새는 쳐다보았다 / 노인을 / 노인이 말을 걸었을 때.

He was too tired / even to examine the line / and he
새는 너무나 지쳐서 / 줄을 살펴보지도 못했다 / 그리고 새는

teetered on it / as his delicate feet gripped / it fast.
줄 위에서 흔들거렸다 / 그의 연약한 발이 잡고 있을 때 / 줄을 단단히

"It's steady," the old man told him. "It's too steady.
"그 줄은 튼튼해" 노인은 새에게 말했다 "그 줄은 매우 튼튼하지.

You shouldn't be that tired / after a windless night.
너는 그렇게 지치면 안 되지 /   바람이 없는 밤을 보내고서.

What are birds coming to?"
새들은 결국 어떻게 되는 거니?"

The hawks, / he thought, / that come out to sea / to meet
매들이 /   노인은 생각했다 /   바다로 오지 /   새들을 맞이하

them. But he said nothing / of this to the bird / who could
러   그러나 노인은 어떤 말도 하지 않았다 / 이런 것에 대해 새에게 /   (어떤 새?) 아무튼 그

not understand him anyway / and who would learn /
를 이해하지 못하고 /   그리고 알게 될 (새에게) /

about the hawks / soon enough.
매에 대해 /   곧

"Take a good rest, / small bird," he said.
  "푹 쉬어라 /   작은 새야"   그는 말했다

"Then go in / and take your chance / like any man or bird
  "그리고 가서 /   네 운에 맡겨보렴 /   사람이나 새 또는 고기처럼"

or fish."

It encouraged him / to talk / because his back had
그에게 용기를 북돋워주었다 /   이야기하는 것은 / 왜냐하면 그의 등이 뻣뻣해져서 /

stiffened / in the night / and it hurt / truly now.
          간밤에 /   등이 아팠기 때문이었다 / 이제는 정말로

"Stay / at my house / if you like, bird," he said.
  "있어라 /   내 집에 /   네가 좋다면, 새야"   노인은 말했다.

"I am sorry / I cannot hoist the sail and take you in / with
  "미안해 /   내가 돛을 올려서 너를 해안으로 데리고 갈 수 없어서 /

the small breeze / that is rising. But I am / with a friend."
미풍을 타고 /   지금 일고 있는. 정말로 나는 있기 때문이야 / 친구(고기)와 함께"

Just then the fish / gave a sudden lurch / that pulled the
바로 그때 고기가 /   갑자기 요동을 쳤다 /   (어떤 요동?) 노인을 쓰러지게

old man down / onto the bow / and would have pulled him
했던 /   뱃머리 쪽으로 /   그리고 노인을 배 밖으로 넘어지게 했을 것이다 /

overboard / if he had not braced himself and given some
          만일 그가 마음의 준비를 하고 줄을 풀어주지 않았다면

line.

The bird had flown up / when the line jerked / and the
새는 날아올랐다 / 줄이 갑자기 움직였을 때 / 그래서 노인은

old man had not even seen / him go.
보지도 못했다 / 새가 날아가는 것을.

He felt the line / carefully / with his right hand /
노인은 줄을 만져보았다 / 조심스럽게 / 오른손으로 /

and noticed / his hand was bleeding.
그리고 알아차렸다 / 자신의 손에서 피가 흐르는 것을

관계대명사 "who"는 관계대명사 앞에 오는 명사(선행사)가 사람인 경우에 주로 사용한다. 그러나 아래 예문처럼 사람이 아닌 동물에게 사용할 수 있다. 말하는 사람이 동물을 사람처럼 대하면, "which" 대신 "who"를 사용해도 전혀 문법적으로 틀린 문장이 아니기 때문이다.

예) He said nothing / of this to the bird / who could not understand him.

노인은 어떤 말도 하지 않았다 / 이런 것에 대해 새에게 / (어떤 새?) 그를 이해하지 못하는

Scene 2

"Something hurt him then," he said aloud / and pulled
"뭔가 고기를 아프게 했군"　　　　그는 큰소리로 말하고 / 줄을 다시 당겼다 /

back on the line / to see / if he could turn / the fish.
알아보려고 / 그가 방향을 바꿀 수 있는지 / 고기의.

But when he was touching the breaking point / he held
그러나 그가 줄이 끊어질 것 같은 순간에 이르렀을 때 /　　　그는 침착하게

steady / and settled back / against the strain of the line.
잡고서 /　　다시 자리를 잡았다 /　　줄의 당기는 힘과 반대방향에서

"You're feeling it now, fish," he said.
"너도 이제 느끼고 있구나, 고기야"　　그는 말했다.

"And so, God knows, am I." He looked around / for
"사실 나도 그렇게 느끼고 있어"　　노인은 주변을 둘러봤다 /　　새를 찾아 /

the bird / now because he would have liked / him for
이제 그는 바랐기 때문에 /　　　　새가 길동무가

company. The bird was gone.
되는 것을.　　새는 사라지고 없었다.

You did not stay / long, / the man thought.
너는 머물지도 않았구나 /　　오랫동안 / 노인은 생각했다.

But it is rougher / where you are going / until you make
하지만 더 험난하다 /　　네가 가는 곳은 /　　　네가 육지에 도착할 때까지.

the shore.

How did I let / the fish cut me / with that one quick pull /
어떻게 내가 하게 했지 / 고기가 나에게 상처를 입히게 / 이렇게 한번 잡아당겨서 /

he made? I must be getting very stupid.
고기가?　　나는 틀림없이 멍청해지고 있어

Or perhaps I was looking at the small bird / and thinking
아니면 아마 나는 작은 새를 보고서 /　　　　그를 생각하고 있었

of him. Now I will pay attention / to my work / and then
나 봐.　　이제 나는 집중할거야 /　　　내 일에 /　　그리고 나는 다

I must eat the tuna / so that I will not have a failure of
랑어를 먹어야 해 /　　　그러면 내게 기력이 없어지지 않을 거야

strength.

shore 육지, 해안

"I wish / the boy were here / and that I had some salt,"
"좋을 턴데 / 그 아이가 여기 있고 / 내게 소금이 있으면"

he said aloud.
노인은 큰소리로 말했다

Shifting the weight of the line / to his left shoulder / and
낚싯줄의 무게를 옮기고 / 왼쪽 어깨로 /

kneeling carefully / he washed his hand / in the ocean /
그리고 조심스럽게 무릎을 꿇고 / 그는 손을 씻었다 / 바닷물에 /

and held it there, / submerged, / for more than a minute
그리고 그곳(바닷물)에 손을 넣었다 / 손을 담근 채로 / 1분 이상 동안 /

watching / the blood trail away / and the steady movement
바라보면서 / 핏줄기가 길게 꼬리를 그리며 사라지는 것을 / 그리고 (바라보면서)

of the water against his hand / as the boat moved.
물이 연달아 손에 부딪치는 것을 / 배가 움직였을 때

"He has slowed much," he said.
"그 놈이 많이 느려졌군" 그는 말했다

The old man would have liked / to keep his hand in the
노인은 바랬다 / 손을 소금물에 담그고 있기를 /

salt water / longer / but he was afraid / of another sudden
더 오랫동안 / 그러나 그는 두려워했다 / 또다시 갑자기 요동치는 것을 /

lurch / by the fish / and he stood up / and braced himself /
고기가 / 그래서 그는 일어서서 / 힘을 내어 버티면서 /

and held his hand up / against the sun.
손을 쳐들었다 / 햇볕을 가리려고

It was only a line burn / that had cut his flesh. But it was /
그것은 단지 낚싯줄에 스치면서 생긴 상처였다 / 살갗에 베인. 그러나 상처가 있

in the working part of his hand. He knew / he would need
었다(났다) / 그의 손에서 가장 많이 쓰는 부분에. 그는 알고 있었다 / 자신은 양손이 필요하

his hands / before this was over / and he did not like /
다는 것을 / 이 일이 끝나기 전까지는 / 그래서 그는 마음에 들지 않았다 /

to be cut / before it started. "Now," he said, / when his
상처가 난 것이 / 일을 시작하기도 전에. "자" 노인은 말했다 / 손이 말랐을 때 /

hand had dried, / "I must eat the small tuna. I can reach
"나는 조그만 다랑어를 먹어야 해. 나는 다랑어를 집을

him / with the gaff / and eat him / here in comfort."
수 있어 / 갈고리로 / 그리고 그 다랑어를 먹을 수 있어 / 여기서 편안히"

He knelt down / and found the tuna / under the stem with
노인은 무릎을 꿇고 / 다랑어를 찾았다 / 고물 밑에서 갈고리로 /

the gaff / and drew it / toward him / keeping it clear of
그리고 다랑어를 끌어왔다 / 자신 쪽으로 / 사려 놓은 낚싯줄에 닿지 않도록

the coiled lines.
조심하면서

Holding the line / with his left shoulder again,/ and
줄을 잡고 /   왼쪽 어깨로 다시 /

bracing on his left hand and arm, / he took the tuna off /
그리고 왼손과 팔로 버티면서 /   그는 다랑어를 빼고 /

the gaff hook / and put the gaff / back in place.
갈고리 끝에서 /   갈고리를 놓았다 /   다시 제자리에

submerge 물에 담그다 trail away 길게 꼬리를 그리며 사라지다

Scene 3

He put one knee / on the fish / and cut strips of dark red
그는 한쪽 무릎을 놓았다 /　고기에 (무릎으로 짓눌렀다) / 그리고 검붉은 살코기를 가늘고 긴

meat / longitudinally / from the back of the head to the
조각으로 잘랐다 / 세로로 /　대가리 뒤에서부터 꼬리까지.

tail. They were wedge-shaped strips / and he cut them /
그들은 쐐기 모양의 긴 조각이었고 /　　　　그는 조각으로 잘랐다 /

from next to the back bone / down to the edge of the belly.
등뼈 옆에서 부터 /　　　　　　　배 가장자리까지.

When he had cut six strips / he spread them out / on the
그가 여섯 조각을 잘랐을 때 /　　　그는 그들을 펴놓았고 /

wood of the bow, / wiped his knife on his trousers, / and
뱃머리의 목재부분 위에 /　칼을 바지 위에 닦았다 /

lifted the carcass of the bonito / by the tail / and dropped
그리고 다랑어의 잔해를 집었고 /　　　꼬리를 잡고 /　그것을 떨어뜨렸다 /

it / overboard.
배 밖으로

"I don't think / I can eat an entire one," he said / and drew
"내가 생각하기엔 아닌 것 같아 / 내가 한 마리 전체를 먹을 수 있다고" / 그는 말하고서 /

his knife / across one of the strips.
칼을 끌어 당겼다 / 한 조각의 고기 위를 가로질러(고기 조각을 잘랐다)

He could feel / the steady hard pull of the line / and his
그는 느낄 수 있었다 /　지속적으로 줄을 세게 당기는 느낌을 /　　　그리고 그의

left hand was cramped. It drew up tight / on the heavy
왼손에서 쥐가 났다.　　　그것(왼손)은 굳어졌다 /　무거운 낚싯줄을 들고

cord / and he looked at it / in disgust.
있을 때 / 그래서 그는 왼손을 바라보았다 / 불쾌한 표정으로

"What kind of a hand is that?" he said.
"무슨 놈의 손이 이래"　　　　　　그는 말했다

"Cramp then / if you want. Make yourself into a claw.
"쥐가 나라 /　　　　원한다면　　　새의 발톱처럼 만들어 봐.

It will do you no good."
그건(그래 봤자) 아무런 소용이 없어"

Come on, / he thought / and looked down into the dark
자 어서 먹으라고 / 그는 생각했고 /　어두운 물속을 들여다봤다 /

water / at the slant of the line.
(무엇을?)비스듬히 내려간 낚싯줄을.

Eat it now / and it will strengthen the hand.
지금 다랑어를 먹자 / 그래야 손에 힘이 날 거야

It is not the hand's fault / and you have been many hours /
이건 손의 잘못(탓)이 아니야 /   너(손)는 여러 시간 동안 보냈잖아 /

with the fish. But you can stay / with him forever.
고기와(고기와 오랫동안 싸웠잖아). 하지만 너는 있을 수 있어 / 고기와 영원히(고기와 싸움에서

Eat the bonito / now.
끝까지 버틸 수 있어) 다랑어를 먹어야지 / 지금.

He picked up a piece / and put it in his mouth / and
그는 한 조각을 집어서 /   그것을 입 속에 넣었다 /   그리고

chewed it slowly. It was not unpleasant.
천천히 씹었다.   그것(고기조각)은 나쁘지 않았다.

Chew it well, he thought, / and get all the juices.
잘 씹어야지,   그는 생각했다 /   모든 즙을 먹어야지

It would not be bad / to eat / with a little lime / or with
나쁘지 않을 거야 /   먹으면 /   라임 조각을 곁들여 /   또는 레몬이나

lemon or with salt.
소금을 곁들여

"How do you feel, hand?" he asked / the cramped hand /
"어떠니, 손이"   그는 물었다 /   쥐가 난 손에게 /

that was almost as stiff / as rigor mortis.
(어떤 손?)거의 뻣뻣했던 /   사후 경직된 시체처럼.

"I'll eat some more / for you."
"나는 좀 더 먹을게 /   너를 위해"

He ate / the other part of the piece / that he had cut in two.
그는 먹었다 / 고기조각의 다른 부분도 /   (어떤 조각?) 그가 둘로 잘랐던

He chewed it / carefully / and then spat out the skin.
그는 고기를 씹었다 /   조심스럽게 /   그리고 나서 껍데기를 뱉었다

"How does it go, hand? Or is it too early / to know?"
"어떠니, 손이,   아니면 너무 이르니 / 알기에는" (더 있어야 알겠니)

He took / another full piece / and chewed it.
그는 집었다 /   또 다른 큰 토막을 /   그리고 그것을 씹었다

"It is a strong full-blooded fish," he thought.
"튼튼하고 혈기 왕성한 고기로군"   그는 생각했다.

---

strip 가늘고 긴 조각 longitudinally 세로로 wedge-shaped 쐐기 모양의 carcass (짐승의) 시체, 잔해
bonito 다랑어 in disgust 불쾌한 표정으로 rigor mortis 사후 경직 full-blooded 혈기 왕성한

"I was lucky / to get him / instead of dolphin.
"나는 운이 좋았던 거야 / 이놈을 낚아서 / 만새기 대신에.

Dolphin is too sweet. This is hardly sweet at all / and all
만새기는 너무 달거든.　　　　　이 고기는 전혀 달지 않고 /　　　　모든 힘이

the strength is still / in it."
아직도 남아 있어 /　　　　고기 안에(싱싱하군)"

There is no sense / in being anything but practical /
아무런 의미가 없지 /　　　실용적인 것이 아니라면 /

though, / he thought. I wish / I had some salt.
그래도 /　　　그는 생각했다.　좋을 텐데 /　소금이 있다면.

And I do not know / whether the sun will rot or dry /
그리고 나는 알 수 없어 /　　　햇볕이 썩게 할지 아니면 마르게 할지 /

what is left, / so I had better eat / it all / although I am
남은 것(고기)을 /　　　그러니까 나는 먹어야겠군 /　　고기를 모두다 / 배가 고프지 않지만

not hungry. The fish is calm and steady.
　　　　놈은 조용하고 변함이 없어.

I will eat it all / and then I will be ready.
나는 모든 것을 다 먹을 거야 / 그러면 나는 준비가 될 거야.

"If" 없는 가정법

조동사 과거(would)가 갑자기 등장하고 "if"절이 없을 지라도, 가정법으로 쓰이는 경우가 있다. 아래 문장도 가정법 과거로 현재에 반대되는 상황을 표현한 것이다.

예) It would not be bad / to eat / with a little lime.
　　나쁘지 않을 거야 / 먹으면 / 라임 조각을 곁들여

Scene 4

"Be patient, hand," he said. "I do this / for you."
"참아라, 손아"　　　　　　그는 말했다　"나는 이렇게 하는 거야 / 너를 위해"

I wish / I could feed / the fish, / he thought.
좋을 텐데 / 내가 먹일 수 있다면 / 놈에게 / 그는 생각했다.

He is my brother. But I must kill him / and keep strong /
놈은 내 형제나 마찬 가지야.　그러나 나는 그를 죽여야 해 / 그리고 기운을 내야 해 /

to do it. Slowly and conscientiously / he ate / all of the
그렇게 하려면. 천천히 그리고 정성을 들여서 / 그는 먹었다 / 쐐기 모양의

wedge-shaped strips of fish.
모든 고기 조각을

He straightened up, / wiping his hand / on his trousers.
그는 허리를 폈다(일어섰다) / 그리고 손을 닦았다 / 바지에

"Now," he said. "You can let the cord go, hand, /
"자"　　그는 말했다　"너는 줄을 놓아도 돼, 손아 /

and I will handle / him / with the right arm alone /
그리고 내가 다룰게 / 고기를 / 오른 손으로만 /

until you stop / that nonsense."
네가 멈출 때까지 / 그렇게 어리석을 짓을(쥐가 가실 때까지)"

He put his left foot / on the heavy line / that the left hand
그는 왼발을 놓았다(왼발로 밟았다) / 무거운 낚싯줄 위에 / 왼손이 쥐고 있던 /

had held / and lay back / against the pull / against his back.
그리고 누웠다 / (고기가) 당기는 힘과 반대 방향으로 / 등에 낚싯줄을 놓고서

"God help me / to have the cramp go," he said.
"도와주세요 / 쥐가 사라지도록"　　　그는 말했다

"Because I do not know / what the fish is going to do."
"나는 모르니까 / 고기가 무엇을 할지

But he seems calm, / he thought, / and following his plan.
그러나 그 놈은 침착해 보였다고 / 그는 생각했다 / 그리고 자신의 계획을 따르고 있다고

But what is his plan, / he thought. And what is mine?
그런데 저놈의 계획은 무엇일까 / 그는 생각했다.　그리고 나의 계획은 무엇일까?

Mine / I must improvise / to his / because of his great size.
내 계획을 / 즉흥적으로 만들어야 해 / 저놈의 계획에 따라 / 저놈이 아주 크기 때문에.

If he will jump / I can kill him. But he stays down / forever.
놈이 뛰어오른다면 / 나는 놈을 죽일 수 있지. 그러나 저놈은 수면 밑에 가만히 있지 / 끝까지

Then I will stay down / with him forever.
그렇다면 나도 저자세를 유지할거야 / 저놈과 함께 끝까지

He rubbed / the cramped hand against his trousers /
그는 비볐다 / 쥐가 난 손을 바지에 /

and tried to gentle the fingers. But it would not open.
그리고 손가락을 풀어보려고 했다. 그러나 손은 펴지지 않았다.

Maybe it will open / with the sun, / he thought.
아마 손은 펴질 거야 / 햇볕에 쬐면 / 그는 생각했다.

Maybe it will open / when the strong raw tuna is digested.
아마 손은 펴질 거야 / 싱싱한 다랑어 날고기가 소화되면

If I have to have it, / I will open it, / cost whatever it costs.
내가 손을 펴야 한다면 / 손을 펴고 말 거야 / 어떻게 해서라도

But I do not want to open / it now by force.
그러나 나는 펴고 싶지 않다 / 손을 지금 억지로.

Let it open / by itself / and come back / of its own accord.
손이 펴지게 해야지 / 저절로 / 그러면 원래 상태로 돌아올 거야 / 저절로.

After all / I abused it much / in the night / when it was
어쨌든 / 나는 손을 너무 혹사했지 / 밤에 / (어떤 밤?) 풀어줄 필요가

necessary to free and untie / the various lines. He looked /
있던 / 여러 가지 낚싯줄을. 그는 쳐다보았다 /

across the sea / and knew / how alone / he was now.
먼 바다를 / 그리고 깨달았다 / 얼마나 외로운지 / 자신이 지금

But he could see / the prisms in the deep dark water /
하지만 그는 볼 수 있었다 / 깊고 검푸른 물속의 무지개 빛을 /

and the line stretching ahead / and the strange undulation
그리고 앞으로 펼쳐져 있는 낚싯줄과 / 잔잔한 바다가 이상하게 물결치는 것을

of the calm. The clouds were building up now / for the
구름의 양이 이제 점점 증가하고 있었고 / 무역풍 때문에 /

trade wind / and he looked ahead / and saw / a flight of
그리고 그는 앞쪽을 쳐다보자 / 눈에 들어왔다 / 한 떼의 야생오리들이

wild ducks etching themselves / against the sky over
또렷이 나타나는 것이 / 바닷물 위의 하늘에 /

the water, / then blurring, then etching again /
그 다음에 (야생오리 떼가) 희미해지고, 다시 또렷이 나타냈다 /

and he knew / no man was ever alone / on the sea.
그러자 그는 깨달았다 / 누구도 혼자가 아니라는 것을 / 바다에서

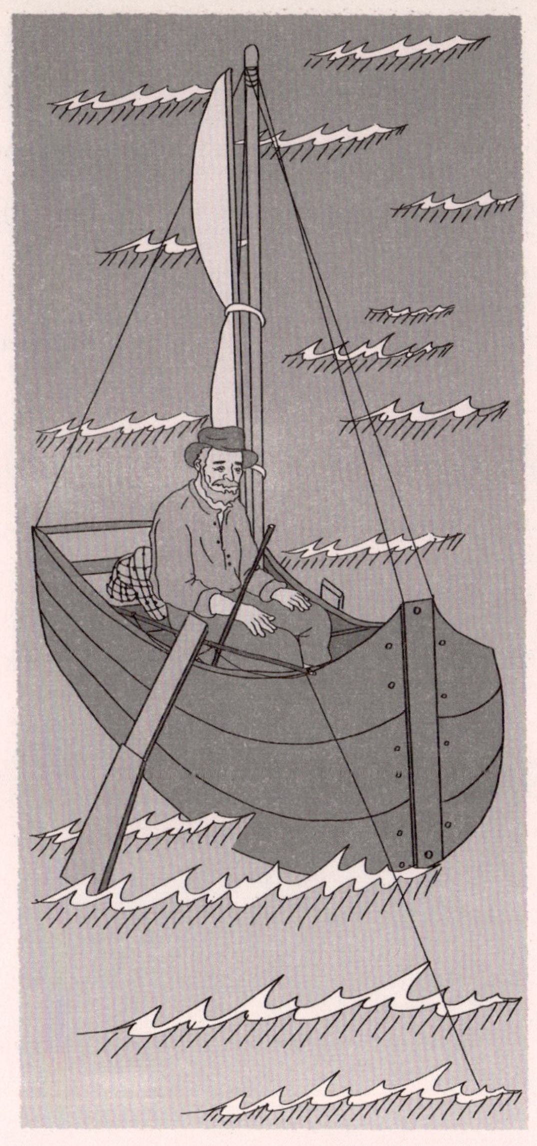

stay down 수면 밑에 있다, 저자세를 유지하다 gentle 가라앉히다, 달래다 raw 날것의 digest 소화시키다
cost whatever it costs 어떻게 해서라도 of one's own accord 저절로 various 여러 가지의, 다양한
undulation 파동, 굽이침 the calm 잔잔한 바다 etch 선명하게(또렷이) 나타나다 blur 희미해지다

Scene 5

He thought / of how some men feared / being out of sight
그는 생각했다 / 어찌나 일부 사람들은 두려워하는지 / 육지를 볼 수 없는 곳에 있는

of land / in a small boat / and knew / they were right /
것을 / 작은 배를 타고 / 그리고 깨달았다 / 그들이 옳다는 것을 /

in the months of sudden bad weather.
갑자기 날씨가 나빠지는 계절에.

But now they were in hurricane months / and, when
그러나 이제 그들은 태풍의 계절이었고 / 태풍이 없을 때 /

there are no hurricanes, / the weather of hurricane
태풍 계절의 날씨가 최고다 /

months is the best / of all the year.
일년 중에

If there is a hurricane / you always see / the signs of it /
태풍이 있을 거라면 / 당신은 항상 볼 것이다 / 태풍의 징조를 /

in the sky / for days ahead, / if you are at sea.
하늘에서 / 며칠 전에 / 바다로 나와 있을 경우에.

They do not see / it ashore / because they do not know /
사람들은 볼 수 없다 / 태풍의 징조를 / 해안에서 / 그들은 모르기 때문에 /

what to look for, / he thought. The land must make
무엇을 봐야 할지 / 그는 생각했다. 육지는 틀림없이 다르게 할 거야 /

a difference / too, / in the shape of the clouds.
또한 / 구름의 모양을

But we have no hurricane / coming now.
하지만 태풍이 없다 / 지금 다가오고 있는

He looked at the sky / and saw / the white cumulus
그는 하늘을 쳐다보고서 / 보았다 / 하얀 뭉게구름이 쌓여 있는 것을 /

built / like friendly piles of ice cream / and high above
친숙한 아이스크림 덩어리처럼 / 그리고 하늘 높이 있었다 /

were / the thin feathers of the cirrus / against the high
가는 깃털 같은 새털구름이 / 높은 9월 하늘을 배경으로

September sky.

"Light brisa(breeze)," he said.
"가벼운 미풍이네" 그는 말했다.

"Better weather / for me / than for you, fish."
"더 유리한 날씨네 / 나에게 / 너보다, 고기야"

His left hand was still cramped, / but he was unknotting /
그의 왼손은 여전히 쥐가 났다 / 그렇지만 그는 풀고 있었다 /

it / slowly. I hate a cramp, / he thought.
손을 / 천천히. 나는 쥐가 나는 건 정말로 싫어 / 그는 생각했다.

It is a treachery of one's own body.
그건 자신이 몸이 (자신을) 배반하는 행위야.

It is humiliating / before others to have a diarrhea /
굴욕적인 일이지 / 남들 앞에서 설사를 하는 것은 /

from ptomaine poisoning / or to vomit from it.
포토메인 중독(식중독)에 걸려서 / 또는 식중독으로 토하는 것도.

But a cramp, / he thought / of it as a calambre, /
하지만 쥐(근육경련)는 / 노인은 생각했다 / 쥐를 칼람브레라는 스페인어로 /

humiliates oneself / especially when one is alone.
(쥐는) 사람의 자존심을 상하게 하지 / 특히 사람이 혼자 있을 때

If the boy were here / he could rub it / for me /
아이가 여기 있다면 / 그는 손을 문질러 줄 수 있고 / 나를 위해 /

and loosen it / down from the forearm, / he thought.
풀어 줄 수 있지 / 팔꿈치 아래를 / 그는 생각했다.

But it will loosen up.
그렇지만 (곧) 손은 풀릴 거야.

ashore 해안에서 cumulus 뭉게구름 cirrus 새털구름 unknot (매듭을) 풀다 treachery 배반(행위)
humiliating 굴욕적인 diarrhea 설사 forearm 팔꿈치

Quiz 5

A. 단어

1. carefully

2. to do something without preparing it first, because you are forced to do this by unexpected events

3. not cooked

4. different and more than a few

5. to appear very clearly

6. to become difficult to see a thing clearly

7. behavior that is not loyal to someone who trusts you

8. making someone feel ashamed or embarrassed and lose the respect of other people

9. an illness in which waste matter is emptied from your bowels in liquid form and you have to go the toilet very often

10. the lower part of your arm between the elbow and the wrist

> blur   various   conscientiously   etch   diarrhea
> treachery   raw   forearm   improvise   humiliating

B. 직독직해

1. He flew / around the old man's head / and rested on the line / where he was more comfortable.

   →

2. He was too tired / even to examine the line / and he teetered on it.

   →

Answer   A. 1. conscientiously 2. improvise 3. raw 4. various 5. etch 6. blur 7. treachery
8. humiliating 9. diarrhea 10. forearm
B. 1. 그(새)는 날아다녔고 / 노인의 머리 주위를 / 낚싯줄에 앉았다 / 그곳에서 그는 더 편안했다
2. 그(새)는 너무나 지쳐서 / 줄을 살펴보지도 못했다 / 그리고 그는 줄 위에서 흔들거렸다

3. The bird had flown up / when the line jerked / and the old man had not even seen / him go.

   →

4. He looked around for the bird / now because he would have liked / him for company.

   →

5. He spread them out / on the wood of the bow, / wiped his knife on his trousers, / and lifted the carcass of the bonito / by the tail.

   →

6. He rubbed / the cramped hand against his trousers / and tried to gentle the fingers.

   →

C. 동시통역

아래에 제시된 직독직해를 보고, 영어로 말해보세요.

1. 그 새는 날아왔다 / 배의 고물 쪽으로 / 그리고 그곳에서 쉬었다

   →

2. 너는 그렇게 지치면 안 되지 / 바람이 없는 밤을 보내고서

   →

3. 그(노인)는 줄을 만져보았디 / 조심스럽게 / 우른손으로 / 그리고 알아차렸다 / 자신의 손에서 피가 흐르는 것을

   →

4. 더 험난하다 / 네가 가는 곳은 / 네가 육지에 도착할 때까지

   →

5. 그는 한 조각을 집어서 / 그것을 입속에 넣었다 / 그리고 천천히 씹었다

   →

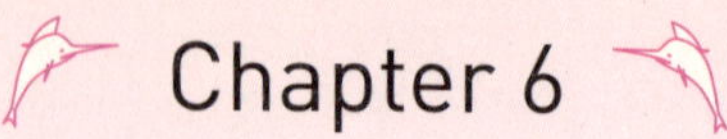

Chapter 6

Scene 1

Then, / with his right hand / he felt the difference /
그때 / 오른 손으로 / 그는 달라졌다는 것을 느꼈다 /

in the pull of the line / before he saw / the slant change /
낚싯줄의 당기는 힘이 / 자신이 보기 전에 / 줄의 경사도가 바뀌는 것을 /

in the water. Then, / as he leaned / against the line /
물속에서. 그러자 / 그가 몸을 굽히고 / 낚싯줄과 반대 방향으로 /

and slapped his left hand / hard and fast against his thigh /
왼손을 철썩 때렸을 때 / 세고 빠르게 넓적다리에 /

he saw / the line slanting / slowly upward.
그는 보았다 / 낚싯줄이 기울고 있는 것을 / 서서히 위로

"He's coming up," he said.
"고기가 올라오고 있다" 그는 말했다.

"Come on hand. Please come on."
"손아, 제발 풀려다오"

The line rose / slowly and steadily / and then the surface
낚싯줄은 올라왔다 / 천천히 계속 / 그리고 나서 해수면이 부풀어 올랐

of the ocean bulged / ahead of the boat / and the fish came
다 / 배 앞쪽에서 / 그 다음에 고기가 나왔다.

out. He came out / unendingly / and water poured /
그는 밖으로 올라왔고 / 끊임없이 / 물이 쏟아져 내렸다 /

from his sides. He was bright / in the sun / and his head
고기의 양 옆구리에서. 그는 반짝거렸고 / 햇볕을 받아 / 머리와 등은 짙은 보라

and back were dark purple / and in the sun / the stripes on
색이었고 / 햇빛에 보니 / 양 옆구리에 있는 줄

his sides showed / wide and a light lavender.
무늬는 보였다 / 넓고 연한 자주 빛으로.

His sword was as long / as a baseball bat / and tapered like
그의 주둥이는 길었고 / 야구방망이만큼 / 쌍날 검처럼 (끝 쪽으로

a rapier / and he rose his full length / from the water /
갈수록) 점점 가늘어졌다 / 고기는 자신의 전신을 떠올렸다 / 물속에서 /

and then re-entered it, / smoothly, / like a diver /
그러고 나서 다시 물속으로 들어갔다 / 매끄럽게 / 잠수부처럼 /

and the old man saw / the great scythe-blade of his tail /
그 다음에 노인은 보았다 / 커다란 낫 날개 같은 꼬리가 /

go under / and the line commenced to race out.
물속으로 들어가는 것을 / 그리고 낚싯줄은 풀려나가기 시작했다.

"He is two feet longer / than the skiff," the old man said.
"그 놈은 2피트 더 길다 / 이 배보다" 노인은 말했다.

The line was going out / fast but steadily / and the fish
낚싯줄은 풀려나가고 있었고 / 빠르지만 꾸준히 / 그리고 고기는 당황하지

was not panicked.
않았다.

The old man was trying / with both hands / to keep the
노인은 애를 쓰고 있었다 / 양손으로 / 낚싯줄을 유지하려고 /

line / just inside of breaking strength. He knew / that if
끊어지지 않을 정도로. 그는 알았다 / 만일 그가

he could not slow the fish / with a steady pressure /
고기의 속도를 늦추지 않으면 / 계속 힘을 주어 /

the fish could take out / all the line / and break it.
고기가 끌고 나갈 수 있다는 것을 / 모든 줄을 / 그 다음에 줄을 끊어 버릴 거라는 것을 (알았다).

He is a great fish / and I must convince him, / he thought.
그 놈은 큰 고기이니까 / (나도 만만치 않다는 것을) 그에게 납득시켜야 한다고 / 그는 생각했다.

I must never let him learn / his strength / nor what he
나는 그 놈이 알게 하면 안돼 / 자신의 (엄청난) 힘을 / 또한 그가 무엇을

could do / if he made his run. If I were him / I would put
할 수 있는지도 / 만일 그가 도망치면. 만일 내가 고기라면 / 나는 온갖 힘을

in everything now / and go / until something broke.
다 쓰며 / 움직일 거야 / 뭔가 일이 생길 때까지

But, thank God, / they are not as intelligent / as we / who
그러나 다행히도 / 고기들은 영리하지 않지 / 우리처럼 / 누가

kill them; / although they are more noble and more able.
그들을 죽이는 / 비록 그들이 더 고상하고 능력도 더 많지만

The old man had seen / many great fish.
노인은 본적이 있었다 / 많은 큰 고기를.

slap 철썩 때리다 bulge 부풀다, 부풀어 오르다 unendingly 끊임없이 purple 보라색의 lavender 옅은 자주색
taper 점점 가늘어지다 rapier 가늘고 긴 쌍날 검 commence 시작하다

He had seen / many / that weighed more than a thousand
그는 봤다 / 많은 고기를 / (어떤 고기?) 무게가 천 파운드 이상 나가는 /

pounds / and he had caught / two of that size / in his life, /
그리고 그는 잡았다 / 그런 크기의 고기를 두 마리나 / 평생동안 /

but never alone. Now alone, / and out of sight of land, /
하지만 결코 혼자서는 아니었다. 지금은 홀로 / 육지가 안 보이는 곳에서 /

he was fast to the biggest fish / that he had ever seen /
그는 가장 큰 고기에 매달려 있고 / 자신이 지금까지 본 것 중에서 /

and bigger / than he had ever heard of, / and his left hand
더 컸다 / 자신이 지금까지 소문을 들어본 것보다 / 그리고 그의 왼손은 아직도

was still as tight / as the gripped claws of an eagle.
꽉 죄고 있었다 / 독수리의 꽉 오므린 발톱처럼

gripped 꽉 오므린

Scene 2

It will uncramp though, / he thought. Surely it will
하지만 쥐가 풀릴 거야 /　　　　　　그는 생각했다.　　분명히 쥐가 풀려서 /

uncramp / to help my right hand. There are three things /
오른 손을 도와줄 거야.　　　　세 가지가 있다 /

that are brothers: / the fish and my two hands.
형제가 되는 것은 /　　　　고기와 나의 양손이야.

It must uncramp. It is unworthy of it / to be cramped.
틀림없이 쥐가 풀릴 거야.　손답지 않아 /　　　　쥐가 나는 것은

The fish had slowed again / and was going / at his usual
고기는 다시 속도를 줄였고 /　　　　움직이고 있었다 /　　평상시 속도로

pace. I wonder / why he jumped, / the old man thought.
나는 궁금해 /　왜 그 고기가 뛰어올랐는지 / 노인은 생각했다.

He jumped / almost as though to show me / how big he
그 놈은 뛰어 올랐다 / 나에게 보여주기라도 하듯이 /　　얼마나 큰지 자신이.

was. I know now, anyway, / he thought.
이제 알겠군, 아무튼 /　　　그는 생각했다.

I wish / I could show him / what sort of man I am.
좋을 텐데 /　내가 그에게 보여줄 수 있다면 / 어떤 종류의 사람인지 내가.

But then he would see / the cramped hand.
하지만 그러면 고기는 볼 거야 /　　쥐가 난 내 손을.

Let him think / I am more man / than I am / and I will be
그가 생각하게 해야지 /　내가 더 남자답다고 /　　지금보다 /　　그리고 나는 그렇게 될

so. I wish / I was the fish, / he thought, / with everything
거야. 좋을 텐데 /　내가 고기라면 /　　그는 생각했다 /　(어떤 고기?) 그가 가진

he has / against only my will and my intelligence.
모든 힘을 다해 / 나의 의지와 지능에 맞설 수 있는 (고기라면).

He settled comfortably / against the wood / and took his
그는 편안하게 등을 의지했고 /　　뱃전 목재부분에 /　　자신의 고통을

suffering / as it came / and the fish swam steadily /
받아들였다 /　　고통이 다가오는 대로 / 그리고 고기는 꾸준히 헤엄쳤고 /

and the boat moved slowly / through the dark water.
배는 천천히 움직였다 /　　　검은 물결을 헤치고.

uncramp 쥐가 풀리다 unworthy ~답지 않은, ~에 어울리지 않는

There was a small sea rising / with the wind coming up /
조그만 파도가 일었고 /　　　　　　　　　바람이 불어오자 /

from the east / and at noon the old man's left hand / was
동쪽에서 /　　　　　　정오에 노인의 왼손에서 /　　　　　　　　쥐가

uncramped.
풀렸다.

"Bad news / for you, fish," he said / and shifted the line /
"나쁜 소식이다 /　너에게, 고기야"　　그는 말하면서 / 낚싯줄의 위치를 바꾸었다 /

over the sacks / that covered his shoulders.
부대에서 /　　　　(어떤 부대?) 어깨를 덮고 있던.

He was comfortable / but suffering, / although he did not
그의 자세는 편안했다 /　　　　그러나 몸은 고통스러웠다 / 비록 그는 인정하지 않았지만 /

admit / the suffering at all.
　　　그런 고통을 전혀

"I am not religious," he said. "But I will say / ten Our
"나는 신앙심이 깊지 않아"　　그는 말했다.　"그러나 나는 외울 것입니다 / 열 번의

Fathers and ten Hail Marys / that I should catch this fish, /
주기도문과 열 번의 성모송을 /　　　　내가 이 고기를 잡을 수 있도록 /

and I promise / to make a pilgrimage / to the Virgin of
그리고 약속합니다 /　　　순례여행을 하기로 /　　　　　코브레 대성당의 성모님을 뵈러 /

Cobre / if I catch him. That is a promise."
　　　내가 그 고기를 잡으면.　이건 약속입니다"

He commenced to say / his prayers mechanically.
그는 외우기 시작했다 /　　　　주기도문을 기계적으로.

Sometimes he would be so tired / that he could not
가끔씩 그가 매우 피곤해져 /　　　　　　　그는 생각해낼 수 없었다 /

remember / the prayer / and then he would say them fast /
　　　주기도문을 /　　그러면 그는 빠르게 암송하곤 했다 /

so that they would come automatically. Hail Marys are
그러자 무의식적으로(저절로) 나오곤 했다.　　　　성모송이 더 쉽다고 /

easier / to say than Our Fathers, / he thought.
　　　주기도문을 외우는 것보다 /　　　　그는 생각했다.

"Hail Mary / full of Grace / the Lord is with thee.
"마리아시여 /　　은총으로 가득 찬 /　주께서 그대와 함께 계시니.

Blessed art thou / among women / and blessed is /
그대는 복되시며 /　　여인 중에 /　　복되시다 /

the fruit of thy womb, Jesus. Holy Mary, Mother of God,
태중의 아이인 예수님도.　　　　성모마라아님이여 /

/ pray for us sinners / now and at the hour of our death.
우리 죄인을 위해 빌어주세요 /   이제와 우리가 죽을 때

Amen." Then he added, / "Blessed Virgin, / pray for the
아멘"   그리고 그는 (이렇게) 덧붙였다 /   "성모 마리아시여 /   이 고기의

death of this fish. Wonderful though he is."
죽음을 위해 빌어주세요.   훌륭한 놈이긴 합니다만"

With his prayers said, / and feeling much better, / but
주기도문을 외우고 /   훨씬 기분이 좋아졌다 /

suffering exactly as much, and perhaps a little more, /
하지만 고통도 그만큼 심해졌다,   어쩌면 전보다 좀더 고통을 느끼면서 /

he leaned / against the wood of the bow / and began,
그는 기댔다 /   뱃머리의 목재 부분에 /   그리고 기계적으로

mechanically, to work / the fingers of his left hand.
움직이기 시작했다 /   왼손의 손가락을

sea 파도 admit 인정하다 Our Fathers 주기도문 Hail Marys 성모송 pilgrimage 순례여행 Virgin 성모님
prayer 기도문 automatically 저절로, 무의식적으로 Grace 은총 art = are thou = you
fruit 자녀, 자손 womb 자궁, 배 Mother of God 성모마리아

Scene 3

The sun was hot / now / although the breeze was rising /
햇볕은 따가웠다 / 이제 / 비록 산들바람이 일고 있었지만 /

gently. "I had better re-bait / that little line / out over the
부드럽게. "미끼를 다시 달아야겠군 / 저 가는 줄에 / 고물 너머에 있는"

stern," he said.
그는 말했다.

"If the fish decides / to stay another night / I will need to
"고기가 결정한다면 / 하룻밤 더 버티기로 / 나도 먹어야 하고 /

eat / again / and the water is low / in the bottle.
다시 / 물은 충분하지 않아 / 병 속에 있는.

I don't think I can get / anything but a dolphin / here.
내가 생각하기엔 잡을 수 없을 것 같아 / 만새기 밖에 어떤 것도 / 이 근처에서는.

But if I eat him / fresh enough / he won't be bad.
하지만 내가 만새기를 먹으면 / 매우 싱싱할 때 / 만새기도 괜찮을 거야.

I wish / a flying fish would come on board / tonight.
좋을 텐데 / 날치가 배로 뛰어 들면 / 오늘밤에.

But I have no light / to attract them. A flying fish is
하지만 나는 등불이 없어 / 날치를 유인할. 날치는 아주 좋아 /

excellent / to eat raw / and I would not have to cut him up.
날것으로 먹기에 / 그리고 나는 칼질할 필요도 없을 거야.

I must save / all my strength / now.
나는 아껴야 해 / 모든 힘을 / 이제는

Christ, I did not know / he was so big."
빌어먹을, 나는 몰랐어 / 그 놈이 그렇게 클 줄은"

"I'll kill him / though," he said.
"나는 그 놈을 죽일 거야 / 그래도" 그는 말했다.

"In all his greatness and his glory."
"그가 위대하고 눈부시게 아름다울 때"

Although it is unjust, / he thought. But I will show him /
그것은 옳지 않지만 / 그는 생각했다. 하지만 나는 그 놈에게 보여줄 거야 /

what a man can do / and what a man endures.
인간이 무엇을 할 수 있고 / 인간 어떤 것을 견딜 수 있는지

"I told the boy / I was a strange old man," he said.
"나는 아이에게 말했지 / 나는 이상한 늙은이라고" 그는 말했다.

"Now is when / I must prove / it."
"지금이야 말로 /   나는 증명해야 해 /   그것을"

The thousand times that he had proved it / meant nothing.
천 번 그가 그것을 증명했다는 것은 /   아무런 의미가 없다

Now he was proving it / again. Each time was a new time /
지금 그는 그것을 증명하려 하고 있다 / 다시.   매번 증명할 때마다 새로웠고 /

and he never thought / about the past / when he was doing
그는 절대로 생각하지 않았다 /   지나간 일에 대해서는 /   자신이 증명할 때는.

it. I wish / he'd sleep / and I could sleep / and dream about
좋을 텐데 /   고기가 잠을 자면 / 그러면 나도 잠을 잘 수 있고 /   사자에 대해 꿈을 꿀 수 있다

the lions, / he thought. Why are the lions the main thing /
면 /   그는 생각했다.   왜 사자는 중요한 존재일까 /

that is left? Don't think, old man, he said to himself.
나에게 남겨진   그만 생각해,   영감,   그는 자신에게 말했다.

Rest gently / now / against the wood / and think of nothing.
편히 쉬어라 /   이제 /   (뱃머리의) 목재 부분에 기대어 / 그리고 아무 생각도 하지 마.

He is working. Work as little as / you can.
고기는 애를 쓰며 움직이고 있어. 적게 움직여 /   가능한

It was getting into the afternoon / and the boat still
오후로 접어들고 있었고 /   배는 여전히 움직였다 /

moved / slowly and steadily. But there was an added drag /
천천히 한결같이.   그러나 (배는) 더 느리게 끌려갔고 /

now from the easterly breeze / and the old man rode
이제 동쪽에서 불어오는 산들바람 때문에 /   노인은 조용히 나아갔다 /

gently / with the small sea / and the hurt of the cord across
조그만 파도를 타고 /   그리고 그의 등에서 낚싯줄 때문에 느꼈던 통증이 /

his back / came to him / easily and smoothly.
그에게 느껴졌다 /   수월하고 쉽게

Once in the afternoon / the line started to rise again.
오후에 한번 /   낚싯줄이 다시 올라오기 시작했다.

But the fish only continued to swim / at a slightly higher
그러나 고기는 그저 계속 헤엄칠 뿐이었다 /   전보다 약간 더 위로 올라와서.

level. The sun was / on the old man's left arm and shoulder
햇살이 비쳤다 /   노인의 왼쪽 팔과 어깨에 /

/ and on his back. So he knew / the fish had turned / east of
/ 그리고 그의 등에   그래서 그는 알았다 / 고기가 방향을 바꿨다는 것을 /   북동쪽으로

north.

attract ~을 유인하다, 끌어들이다 endure 견디다 easterly 동쪽으로부터의

Scene 4

Now that he had seen / him once, / he could picture /
노인이 보았기 때문에 / 고기를 한번 / 그는 상상할 수 있었다 /

the fish swimming / in the water / with his purple
고기가 헤엄치고 있는 모습을 / 물속에서 / 보랏빛 가슴지느러미를 넓게 펴고 /

pectoral fins set wide / as wings / and the great erect tail /
날개처럼 / 그리고 거대하고 꼿꼿이 세운 꼬리가 /

slicing through the dark. I wonder / how much he sees /
캄캄한 바닷물을 가르듯이 나가는 모습을. 나는 궁금해 / 얼마나 많이 고기가 볼 수 있는지 /

at that depth, / the old man thought. His eye is huge /
그런 깊이에서 / 노인은 생각했다. 그 고기의 눈은 크던데 /

and a horse, / with much less eye, / can see in the dark.
말은 / 훨씬 작은 눈이 있는 / 어둠 속에서도 볼 수 있다.

Once I could see quite well / in the dark. Not in the
한때 나도 아주 잘 볼 수 있었지 / 어둠 속에서도. 아주 캄캄한 데서는 아니

absolute dark. But almost as a cat sees. The sun and his
지만. 그래도 거의 고양이처럼 잘 봤거든. 햇볕과 꾸준히 손가락을 움직

steady movement of his fingers / had uncramped /
여서 / 쥐가 풀렸다 /

his left hand / now completely / and he began to shift /
왼손에서 / 이제 완전히 / 그래서 그는 옮기기 시작했다 /

more of the strain / to it / and he shrugged / the muscles of
낚싯줄을 당기는 더 많은 힘을 / 왼손으로 / 그는 움츠렸다 / 등의 근육을 /

his back / to shift the hurt of the cord / a little.
낚싯줄 때문에 아픈 곳을 바꿔보려고 / 약간이나마.

"If you're not tired, / fish," he said aloud, "you must be
"만일 네가 지치지 않았다면 / 고기야" 그는 큰소리로 말했다. "너는 틀림없이 매우 이

very strange."
상한 놈이야"

He felt / very tired now / and he knew / the night would
그는 느꼈다 / 매우 피곤하게 이제 / 그리고 그는 알았다 / 밤이 오리라는 것을 곧 /

come soon / and he tried to think / of other things.
그래서 그는 생각하려고 애썼다 / 다른 일을.

He thought / of the Big Leagues, / to him they were the
그는 생각했다 / 빅 리그에 대해 / 그에게 빅 리그는 (스페인어로)

Gran Ligas, / and he knew / that the Yankees of New
그란 리가스였고 /   그리고 그는 알았다 /   뉴욕의 양키즈팀은 경기를 하고 있다는 것을 /

York were playing / the Tigres of Detroit.
디트로이트의 티그레스팀과

This is the second day now / that I do not know /
오늘이 이틀째 대전일이다 /   내가 모르는 /

the result of the juegos(games), / he thought.
시합 결과를 /   그는 생각했다.

But I must have confidence / and I must be worthy /
하지만 나는 자신감을 가져야 해 /   나는 어울리는 사람이 되어야 해 /

of the great DiMaggio / who does all things perfectly /
유명한 디마지오 선수에게 /   (어떤 선수?) 모든 일을 완벽하게 하는 /

even with the pain / of the bone spur in his heel.
통증이 있어도 /   발뒤꿈치에 뼈 돌기로 인해

What is / a bone spur? he asked himself.
무엇이지 /   뼈 돌기가?   그는 자신에게 물었다.

Un espuela de hueso. We do not have them.
'운 에스푸얼라 데 우에소' 라고 하지. 우리 어부는 그런 병이 없지.

Can it be as painful / as the spur of a fighting cock in
그건 고통스러울까 /   싸움닭의 쇠 발톱을 사람의 발뒤꿈치에 다는 것처럼.

one's heel? I do not think / I could endure / that or the
생각하지 않아 /   내가 견딜 수 있다고 /   그런 것이나

loss of the eye and of both eyes / and continue to fight /
한쪽 눈이나 양쪽 눈을 잃는 깃을 /   그러면서도 계속 싸울 수 있다고 /

as the fighting cocks do.
싸움닭이 하는 것처럼.

Man is not much / beside the great birds and beasts.
인간은 보잘것없는 존재다 /   큰 새나 짐승과 비교해보면.

Still I would rather be / that beast / down there / in the
여전히 나는 되고 싶다 /   저 짐승(고기)처럼 / 저 아래 있는 /

darkness of the sea.
캄캄한 바닷속의

"Unless sharks come," he said aloud.
"상어 떼만 나타나지 않는다면"   그는 큰소리로 말했다.

"If sharks come, / God pity him and me."
"상어 떼가 오면 /   그 놈과 나를 불쌍히 여기세요(우리는 끝장이다)"

---

pectoral fin 가슴지느러미 erect 똑바로 선 slice 가르듯이 나아가다 the dark 검은 바다 absolute 비할 바 없는
shrug (어깨를) 으쓱하다 worthy ~에 어울리는 spur (싸움닭의) 쇠 발톱 beside ~와 비교하면

Quiz 6 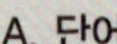

A. 단어

다음 제시된 단어의 설명을 읽고, 어떤 단어의 정의를 설명하는지 아래의 박스에서 찾아 써 보세요.

1. to stick out in a curved shape

2. to become gradually narrower toward one end

3. to begin something

4. to hit something quickly with the flat part of your hand

5. to agree that something is true

6. a trip to a holy place for religious reasons

7. without conscious thought because of habit

8. the organ in women in which babies grow before they are born

9. to make something move towards another thing

10. to raise your shoulders and then let them drop

> womb taper pilgrimage shrug admit
> automatically slap bulge attract commence

B. 직독직해

아래에 제시된 문장을 직독직해로 해석해보세요.

1. I must never let him learn / his strength / nor what he could do / if he made his run.

   →

2. He jumped / almost as though to show me / how big he was.

   →

3. If the fish decides / to stay another night / I will need to eat / again / and the water is low / in the bottle.

   →

4. The hurt of the cord across his back / came to him / easily and smoothly.

   →

5. Now that he had seen / him once, / he could picture / the fish swimming / in the water / with his purple pectoral fins set wide / as wings.

   →

6. I must be worthy / of the great DiMaggio / who does all things perfectly.

   →

C. 동시통역

아래에 제시된 직독직해를 보고, 영어로 말해보세요.

1. 낚싯줄은 올라왔다 / 천천히 계속 / 그러고 나서 해수면이 부풀어 올랐다 / 배 앞쪽에서 / 그 다음에 고기가 나왔다

   →

2. 가끔씩 그가 매우 피곤해져 / 그는 생각해낼 수 없었다 / 주기도문을

   →

3. 좋을 텐데 / 날치가 배로 뛰어 들면 / 오늘밤에

   →

4. 오후로 접어들고 있었고 / 배는 여전히 움직였다 / 천천히 한결같이

   →

5. 나는 궁금해 / 얼마나 많이 고기가 볼 수 있는지 / 그런 깊이에서 / 노인은 생각했다

   →

4. 그의 등에서 낚싯줄 때문에 느꼈던 통증이 / 그에게 느껴졌다 / 수월하고 쉽게
5. 노인이 보았기 때문에 / 고기를 한번 / 그는 상상할 수 있었다 / 고기가 헤엄치고 있는 모습을 / 물속에서 / 보랏빛 가슴지느러미를 넓게 펴고 / 날개처럼
6. 나는 어울리는 사람이 되어야 해 / 유명한 디마지오 선수에게 / (어떤 선수?) 모든 일을 완벽하게 하는
D. 1. The line rose / slowly and steadily / and then the surface of the ocean bulged / ahead of the boat / and the fish came out. 2. Sometimes he would be so tired / that he could not remember / the prayer. 3. I wish / a flying fish would come on board / tonight. 4. It was getting into the afternoon / and the boat still moved / slowly and steadily. 5. I wonder / how much he sees / at that depth, / the old man thought.

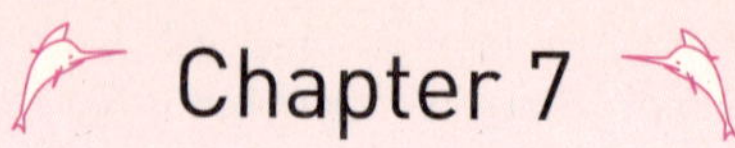

Chapter 7

Scene 1

Do you believe / the great DiMaggio would stay with a
너는 생각하니 / 유명한 디마지오 선수가 고기하고 (겨루며) 있을 것이라고 /

fish / as long as I will stay / with this one? he thought.
내가 (겨루며) 있는 것만큼 / 이놈과 함께 / 그는 생각했다.

I am sure / he would / and more / since he is young and
나는 확신해 / 그 선수는 고기와 겨룰 것이라고 / 또는 더 할 수도 있다고 / 왜냐하면 그는

strong. Also his father was a fisherman.
젊고 튼튼하니까. 게다가 그의 아버지도 어부였어.

But would the bone spur hurt / him too much?
하지만 뼈 돌기가 고통을 줄까 / 그에게 너무나

"I do not know," he said aloud.
"내가 알 수 없지" 그는 큰소리로 말했다.

"I never had a bone spur."
"나는 뼈 돌기라는 질병이 없었으니까"

As the sun set / he remembered, / to give himself more
해가 저물자 / 그는 떠올렸다 / 더 많은 자신감을 불러일으키려고 /

confidence, / the time in the tavern at Casablanca / when
카사블랑카 선술집에서 보냈던 시절을 (떠올렸다) /

he had played the hand game / with the great negro from
그 당시에 그는 팔씨름을 했다 / 시엔푸에고스 출신의 덩치 큰 흑인과 /

Cienfuegos / who was the strongest man / on the docks.
그는 제일 힘센 인부였다 / 부두에서

They had gone one day and one night / with their elbows
두 사람은 꼬박 하루를 보냈다 / (어떻게?) 팔꿈치를

on a chalk line / on the table / and their forearms straight
분필로 그어 놓은 선 위에 놓고 / 식탁 위에 있는 / 팔뚝을 똑바로 세우고 /

up / and their hands gripped tight. Each one was trying /
그리고 손을 꽉 잡고서. 각자는 애쓰고 있었다 /

to force the other's hand down / onto the table.
상대방의 손을 눕히려고 / 식탁 위에.

There was much betting / and people went in and out / of
많은 판돈이 있었고 /　　　　　　사람들이 들락날락했다 /

the room / under the kerosene lights / and he had looked
방에서 /　　　석유 등잔을 켜 놓은 /　　　　　그리고 노인은 쳐다보았다 /

/ at the arm and hand of the negro and at the negro's
흑인의 팔과 손 그리고 흑인의 얼굴을.

face. They changed the referees / every four hours /
　　　그들은 심판을 교체했다 /　　　　　4시간 마다 /

after the first eight / so that the referees could sleep.
처음 여덟 시간이 지나자 /　　　그래서 심판들은 잠을 잘 수 있었다.

Blood came out / from under the fingernails / of both his
피가 흘러나왔다 /　　　　손톱 밑에서 /　　　　　그와 흑인의 양쪽

and the negro's hands / and they looked each other /
손에서 /　　　　　그리고 두 사람은 서로 쳐다보았다 /

in the eye and at their hands and forearms / and the
(상대방의) 눈과 손을 그리고 팔뚝을 /

bettors went in and out / of the room / and sat on high
돈을 건 사람들은 들락날락했고 /　　방에서 /　　　높은 의자에 앉아서

chairs / against the wall / and watched.
　　　벽에 기대에 놓은 /　　　구경했다.

The walls were painted / bright blue / and were of wood /
벽은 페인트칠해져 있었고 /　　선명한 파란색으로 /　나무재질이었다 /

and the lamps threw their shadows / against them.
그리고 등불은 두 사람의 그림자를 비추었다 /　　벽에

The negro's shadow was huge / and it moved / on the
흑인의 그림자는 컸으며 /　　　　그것은 움직였다 /　　벽에서 /

wall / as the breeze moved / the lamps.
　　　산들바람이 움직일 때 /　　　등불을

The odds would change / back and forth / all night /
시합에서 이길 승산은 바뀌곤 했다 /　엎치락뒤치락 /　　밤새도록 /

and they fed / the negro rum / and lighted cigarettes /
사람들은 먹였다 /　흑인에게 럼주를 /　　담배에 불을 붙여줬다 /

for him.
그를 위해

Then the negro, / after the rum, / would try for a
그리고 흑인은 /　　럼주를 마시고 나더니 /　엄청나게 힘을 쓰려고 했고 /

tremendous effort / and once he had the old man, /
　　　한 번에 그는 노인을 (균형을 잃게) 했다 /

tavern 선술집 kerosene 등유 kerosene light 석유 등잔

who was not an old man then / but was Santiago El
(어떤 노인?) 그때는 노인이 아니었지만 /   챔피언 산티아고였던 /

Campeon(champion), / nearly three inches off balance.
                     거의 3인치 가량 균형을 잃게

But the old man had raised his hand up / to dead even
하지만 노인은 손을 들어올렸다 /   다시 완전히 비기도록

again. He was sure then / that he had the negro, / who
그는 그 당시에 확신했다 /   그가 흑인을 (패배하게) 했다고 /

was a fine man and a great athlete, / beaten.
(어떤 흑인?) 멋진 사나이였고 운동에 자신이 있던 사람이었던 / 패배하게

to dead even 완전히 비기도록 athlete 운동에 자신이 있는 사람

BOOM

Scene 2

And at daylight / when the bettors were asking / that it be
그리고 날이 밝아지자 / 돈을 건 사람들은 요구했고 / 경기를 무승

called a draw / and the referee was shaking his head, /
부로 하자고 / 심판은 (시합결과를 결정할 수 없다고) 고개를 흔들고 있었을 때 /

he had unleashed his effort / and forced / the hand of the
그는 온갖 힘을 다하며 / 힘을 주었다 / 흑인의 손이 아래로 내려

negro down and down / until it rested / on the wood.
가도록 / (흑인의) 손이 놓일 때까지 / 식탁 위에.

The match had started / on a Sunday morning / and ended /
시합은 시작했고 / 일요일 아침에 / 끝났다 /

on a Monday morning. Many of the bettors had asked for /
월요일 아침에. / 돈을 건 사람들 중에 많은 자들이 요청했다 /

a draw / because they had to go to work / on the docks
무승부를 / 그 이유는 그들은 일하러 가야 했기 때문이었다 / 부두에서 설탕 부대를 선

loading sacks of sugar / or at the Havana Coal Company.
적하는 일을 하거나 / 하바나 석탄회사에서 일하러.

Otherwise everyone would have wanted / it to go to a
그렇지 않다면 모든 사람들은 바랬을 것이다 / 시합이 끝까지 진행되길.

finish. But he had finished it / anyway / and before anyone
그러나 노인은 시합을 끝냈다 / 어쨌든 / 그리고 모두가 일하러 가야

had to go to work.
하기 전에

For a long time after that / everyone had called / him The
오랫동안 그 사건이 있은 후에도 / 모든 사람들이 불렀다 / 그를 챔피언이

Champion / and there had been a return match / in the
라고 / 그리고 설욕전이 있었다 / 봄에.

spring. But not much money was bet / and he had won it
그러나 많은 돈을 걸지 않았고 / 그는 시합을 이겼다 /

/ quite easily / since he had broken the confidence / of the
아주 쉽게 / 그가 자신감을 꺾어 놓았기에 /

negro from Cienfuegos / in the first match.
시엔푸에고스 출신인 흑인의 / 첫 시합에서

After that / he had a few matches / and then no more.
그 후에도 / 그는 몇 차례 시합을 했다 / 그리고 더 이상 시합을 하지 않았다

He decided / that he could beat anyone / if he wanted to /
그는 생각했다 / 자신이 누구라도 이길 수 있다고 / 만일 자신이 이기길 원한다면 /

badly enough / and he decided / that it was bad / for his
아주 간절히 / 그리고 생각했다 / 시합은 나쁘다고 / 자신의

right hand / for fishing. He had tried / a few practice
오른손에 / 고기잡이에 사용하는. 그는 시도했다 / 연습 삼아 몇 차례의 시합을 /

matches / with his left hand. But his left hand had always
왼손으로. / 그러나 왼손은 언제나 배신자였고(기대에

been a traitor / and would not do / what he called on it /
어긋났고) / 하려 하지 않았다 / 그가 왼손에게 요구한 일을 /

to do / and he did not trust / it.
하라고 (뜻대로 되지 않았다) / 그래서 그는 믿지 않았다 / 왼손을

The sun will bake it out / well now, / he thought.
햇볕은 왼손을 덥게 했다고 / 이제 충분히 / 그는 생각했다.

It should not cramp / on me again / unless it gets too cold /
쥐가 나지 않을 거야 / 나에게 다시는 / 손이 너무 차가워지지 않으면 /

in the night. I wonder / what this night will bring.
밤에. / 나는 궁금해 / 어떤 일을 오늘 밤이 생기게 할지(오늘 밤에 어떤 일이 생길지)

An airplane passed overhead / on its course to Miami /
비행기 한 대가 머리 위로 지나갔다 / 마이애미로 향하고 있던 /

and he watched / its shadow scaring up / the schools of
그리고 그는 지켜봤다 / 비행기 그림자가 놀라게 하는 것을 / 날치 떼를

flying fish. "With so much flying fish / there should be
날치가 그렇게 많으니까 / 만새기가 있구나" /

dolphin," / he said, / and leaned back on the line / to see /
그는 말했다 / 그리고 몸을 뒤로 젖혀 낚싯줄에 기대었다 / 알아보려고 /

if it was possible / to gain any / on his fish.
가능한지 / 조금이라도 당기는 것이 / 고기를.

But he could not / and it stayed / at the hardness and
그러나 그는 당길 수 없었고 / 줄은 있었다 / 팽팽하고 부르르 떨면서 물방울이 튕기는

water-drop shivering / that preceded breaking.
상태로 / 줄이 끊어지기 전에.

The boat moved / ahead slowly / and he watched /
배는 움직였다 / 앞으로 천천히 / 그리고 그는 지켜봤다 /

the airplane / until he could no longer see it.
비행기를 / 그가 더 이상 볼 수 없을 때까지

draw 무승부 unleash ~을 발산시키다 return match 설욕전 traitor 배신자 precede ~에 앞서다

Scene 3

It must be very strange / in an airplane, / he thought.
분명히 매우 이상할거야 / 비행기를 타면 / 노인은 생각했다.

I wonder / what the sea looks like / from that height?
나는 궁금해 / 바다가 어떤 모습일지 / 저렇게 높은 곳에서 보면.

They should be able to see / the fish well / if they do not
그들은 볼 수 있을 거야 / 저 고기를 잘 / 그들이 날지 않는다면 /

fly / too high. I would like to fly / very slowly / at two
너무 높아서. 나는 비행하고 싶어 / 매우 느리게 / 200패덤(360m)

hundred fathoms high / and see the fish / from above.
높이로 / 그리고 고기를 보고 싶어 / 위에서

In the turtle boats / I was in the cross-trees / of the mast-
거북이 잡이 배에서 / 나는 가로대에 있었는데 / 돛대 꼭대기의 /

head / and even at that height / I saw much.
심지어 그 높이에서도 / 나는 많은 것을 보았지.

The dolphin look greener / from there / and you can see /
만새기는 더 진한 초록빛으로 보이고 / 그곳에서 보면 / 볼 수 있지 /

their stripes and their purple spots / and you can see /
그들의 줄무늬와 보랏빛 반점을 / 그리고 볼 수 있지 /

all of the school / as they swim.
모든 고기 떼를 / 그들이 헤엄칠 때.

Why is it / that all the fast-moving fish / of the dark
어째서 왜 / 빠르게 이동하는 고기는 모두에게는 / 어두운 물결 속에서 /

current / have / purple backs and usually purple stripes
있을 까 / 보랏빛 등과 대개 보랏빛 줄무늬나 반점이

or spots? The dolphin looks / green of course /
만새기는 보이지 / 초록빛으로 당연히 /

because he is really golden.
실제로는 황금빛이기 때문에

But / when he comes to feed, / truly hungry, /
하지만 / 만새기가 먹으러 올 때면 / 정말로 배가 고파서 /

purple stripes show / on his sides / as on a marlin.
보랏빛 줄무늬가 나타나지 / 옆구리에 / 청새치처럼

Can it be anger, / or the greater speed / he makes /
분노 때문일까 / 아니면 더 대단한 속도 때문일까 / 청새치가 내는 /

that brings them out?
줄무늬를 밖으로 드러내는 것이

Just before it was dark, / as they passed / a great island of
어두워지기 바로 직전에 /   그들(노인과 고기)이 지나갈 때 / 거대한 섬 같은

Sargasso weed / that heaved and swung / in the light sea /
모자반 더미를 /   오르내리고 흔들리는 /   잔잔한 바다에서 /

as though the ocean were making love / with something /
마치 바다가 사랑을 나누듯이 /   무언가와 /

under a yellow blanket, / his small line was taken / by a
노란 담요를 덮고 /   그의 작은 낚싯줄에 걸렸다 /   만새기가.

dolphin. He saw it first / when it jumped in the air, /
그는 만새기를 처음 봤다 / 그 놈이 공중으로 뛰어 올랐을 때 /

true gold / in the last of the sun / and bending and flapping
황금빛으로 빛나며 / 노을 속에서 /   그리고 몸통을 뒤틀고 맹렬히 퍼덕거리고 있던 /

wildly / in the air.
공중에서

It jumped / again and again / in the acrobatics of its fear /
그 놈은 뛰어 올랐고 / 몇 번이고 /   겁에 질려 곡예를 하듯이 /

and he worked his way back / to the stern / and crouching
노인은 돌아갔다 /   고물로 /   그 다음에 웅크리고 앉아서

and holding / the big line / with his right hand and arm, /
잡고서 /   큰 낚싯줄을 /   오른 손과 팔로 /

he pulled the dolphin in / with his left hand, / stepping on
노인은 만새기를 잡아당겼다 /   왼손으로 /   그 다음에 끌어들인

the gained line / each time / with his bare left foot.
낚싯줄을 밟았다 /   매번 /   왼쪽 맨발로

When the fish was at the stern, / plunging and cutting /
고기가 고물에 있었을 때 /   격렬하게 상하로 움직이고 방향을 바꾸면서 /

from side to side / in desperation, / the old man leaned /
이리저리 /   필사적으로 /   노인은 몸을 숙였고 /

over the stern / and lifted / the burnished gold fish /
고물 너머로 /   들어 올렸다 /   빛나는 황금색 물고기를 /

with its purple spots / over the stem.
보랏빛 반점이 있는 /   고물 위로

cross-tree (돛대 꼭대기의) 가로대 heave 오르내리다 flap 퍼덕거리다 crouch 웅크리고 앉다 plunge 격렬하게
상하로 움직이다 cut 갑자기 방향을 바꾸다 in desperation 필사적으로 burnish 빛나게 하다, 빛나다

Its jaws were working / convulsively / in quick bites /
만새기의 아가리는 움직이고 있었다 / 발작을 일으키듯이 / 아가리를 빠르게 부딪치며 /

against the hook / and it pounded / the bottom of the skiff /
낚싯바늘을 빼내려고 / 그리고 만새기는 마구 때렸다 / 뱃바닥을 /

with its long flat body, its tail and its head / until he clubbed
길고 넓은 몸, 꼬리와 머리로 / 노인이 몽둥이로 후려칠 때

it / across the shining golden head, / and it shivered and
까지 / 황금빛으로 반짝이는 머리를 / 그러자 만새기는 몸을 바르르 떨다가

was still.
잠잠해졌다.

The old man unhooked the fish, / re-baited the line /
노인은 고기에서 낚싯바늘을 빼고나서 / 낚싯줄에 미끼를 다시 달고 /

with another sardine / and tossed it over.
또 다른 정어리로 / (배 밖으로) 낚싯줄을 던졌다.

Then he worked his way slowly back / to the bow.
그리고 나서 그는 천천히 돌아갔다 / 뱃머리로

He washed his left hand / and wiped it / on his trousers.
그는 왼손을 씻고 / 그 손을 닦았다 / 바지에.

Then he shifted / the heavy line / from his right hand to
그 다음에 그는 옮겼다 / 무거운 낚싯줄을 / 오른손에서 왼손으로 /

his left / and washed his right hand / in the sea /
그리고 오른손을 씻었다 / 바닷물에 /

while he watched / the sun go into the ocean /
바라보면서 / 해가 바닷속으로 떨어지는 것과 /

and the slant of the big cord.
굵은 낚싯줄의 경사도를

의문사(why)를 강조하는 문장패턴(의문부사(why) + is it that~?)

평서문인 경우에는 "It is 강조어구 that"을 사용한다. 강조어구로 주어, 목적어, 부사를 사용할 수 있다. 아래 예문처럼 의문부사(why)를 강조하려면 "의문부사(why) + is it that"을 사용하고 "어째서 왜, 도대체 왜"라고 해석한다.

예) Why is it / that all the fast-moving fish / of the dark current / have / purple backs?
어째서 왜 / 빠르게 이동하는 고기는 모두가 / 어두운 물결 속에서 / 있을까 / 보랏빛 등이

convulsively 발작을 일으키듯이 shiver 후들후들 떨다

Scene 4

"He hasn't changed / at all," he said.
"놈은 변하지 않았구나 / 조금도" 노인은 말했다.

But watching the movement of the water / against his
그러나 바닷물의 움직임을 살펴보는 동안에 / 손에 부딪치는 /

hand / he noted / that it was perceptibly slower.
그는 알아차렸다 / (배의) 속도가 눈에 띄게(상당히) 느려졌다는 것을

"I'll lash the two oars together / across the stern / and
"나는 노 두 개를 함께 묶어 놓을 거야 / 고물 쪽에 /

that will slow him / in the night," he said.
그러면 그것은 고기의 속도를 느리게 할 거야 / 밤에" 그는 말했다.

"He's good / for the night / and so am I."
"놈은 얌전해질 거야 / 밤이 되면 / 나도 그래"

It would be better / to gut the dolphin / a little later /
더 나을 거야 / 만새기의 내장을 제거하는 것이 / 조금 더 있다가 /

to save the blood / in the meat, / he thought.
피가 남아 있게 하려면 / 살에 / 그는 생각했다.

I can do that / a little later / and lash the oars / to make a
배를 가르는 일을 할 수 있지 / 조금 있다가 / 그리고 노를 묶어 놓을 수 있지 / 제동 장치를 만

drag / at the same time. I had better keep / the fish quiet
들려고 / 동시에. 내버려 두는 게 좋아 / 고기를 조용히

now / and not disturb him / too much at sunset.
지금은 / 그리고 그를 귀찮게 하지 않는 것이 (좋아) / 너무나 해질 무렵에

The setting of the sun is a difficult time / for all fish.
해질 무렵은 힘든 시기니까 / 모든 고기를 다루기에

He let his hand dry / in the air / then grasped the line /
그는 손이 마르게 했다 / 공기 중에서(바람에) / 그 다음에 낚싯줄을 잡고 /

with it / and eased himself / as much as he could /
그 손으로 / 자신의 자세를 편안하게 했고 / 가능한 많이 /

and allowed himself to be pulled forward / against the
자신이 앞으로 끌려가게 했다 / 뱃머리의 목재 부분에

wood / so that the boat took the strain / as much, /
부딪칠 때까지 / 그래서 배의 속도에 부담이 전해졌다 / 자신이 받는 부담만큼이나 /

or more, / than he did.
또 더 많이 / 자신이 받는 부담보다.

note 알아차리다 perceptibly 눈에 띄게, 상당히 lash 밧줄을 묶다

I'm learning / how to do it, / he thought. This part of it
나는 터득하고 있어 / 이놈을 다루는 요령을 / 그는 생각했다.　어쨌든 앉는 자세의 요령이지만.

anyway. Then too, remember / he hasn't eaten / since he
그리고 또한 기억하자 /　놈이 아무것도 먹지 않았다는 것을 /

took the bait / and he is huge / and needs much food.
놈이 미끼를 문 이후로 / 또한 놈은 덩치가 크지 / 그래서 많은 먹이가 필요할 거야.

I have eaten the whole bonito.
나는 다랑어 한 마리를 모두 먹었지.

Tomorrow I will eat / the dolphin. He called / it dorado.
내일 나는 먹을 거야 /　만새기를.　그는 불렀다 / 그것(만새기)을 도라도라고

Perhaps I should eat / some of it / when I clean it.
아마도 나는 먹을 거야 /　만새기를 조금 / 내장을 도려낼 때

It will be harder / to eat / than the bonito.
더 힘들 거야 /　먹기가 / 다랑어보다.

But, then, / nothing is easy.
하지만 그렇게 생각하면 / (세상에) 어떤 일도 쉽지 않아.

"How do you feel, / fish?" he asked aloud.
"기분이 좀 어때 /　고기야"　그는 큰소리로 물었다

"I feel good / and my left hand is better / and I have food /
"난 기분이 좋고 / 내 손은 더 좋아졌고 /　먹을 것도 있어 /

for a night and a day. Pull the boat, fish."
하루 밤낮을 지낼.　배를 끌어라,　고기야"

He did not truly feel good / because the pain from the
노인은 실제로 기분이 좋은 것은 아니었다 / 왜냐하면 낚싯줄 때문에 느끼는 고통이 /

cord / across his back / had almost passed pain / and gone
등에 멘 /　거의 고통의 단계를 넘어서 /　무감각한 상태로

into a dullness / that he mistrusted. But I have had / worse
변했기 때문이었다 /　자신도 믿을 수 없을 정도의.　하지만 나는 경험해봤어 / 이보다

things than that, / he thought. My hand is only cut a little /
더 나쁜 상황을 /　그는 생각했다.　내 손에 약간 상처만 났고 /

and the cramp is gone / from the other.
쥐는 사라졌어 /　다른 손에서

My legs are all right. Also now / I have gained on him /
두 다리는 성하지.　또한 지금 /　나는 그 놈보다 유리하지 /

in the question of sustenance.
음식(먹을 것) 문제에서는

bonito 다랑어 clean 내장을 제거하다 mistrust 의심하다, 믿을 수 없다 gain on 유리하다
sustenance 먹을 것, 음식

Scene 5

It was dark now / as it becomes dark / quickly / after the
이제 날이 어두워졌다 / 어두워지기 때문에 / 빠르게 / 해가 지고 나면 /

sun sets / in September. He lay / against the worn wood
9월에는. 그는 누웠고 / 뱃머리의 낡은 목재부분에 기대어 /

of the bow / and rested / all that he could.
휴식을 취했다 / 가능한 최대한.

The first stars were out. He did not know / the name of
첫 별들이 나왔다. 그는 몰랐다 / 리겔이라는 이름을 /

Rigel / but he saw it / and knew / soon they would all be
그러나 그는 그 별을 보았고 / 알았다 / 곧 모든 별들이 나올 것이라는 것을 /

out / and he would have / all his distant friends.
그리고 (알았다) 그는 갖게 될 것이라는 것을 / 먼 하늘의 모든 친구들을

"The fish is my friend too," he said aloud.
"저 고기도 내 친구지" 그는 큰 소리로 말했다

"I have never seen or heard / of such a fish.
"나는 이제껏 보거나 들어 보지 못했지 / 저런 고기를.

But I must kill him. I am glad / we do not have to try /
그러나 나는 그 놈을 죽여야 해. 다행이야 / 애쓸 필요가 없으니까 /

to kill the stars."
별을 죽이려고"

Imagine / if each day a man must try to kill / the moon,
상상해봐 / 매일 사람이 죽여야만 한는 상황을 / 달을 /

he thought. The moon runs away. But imagine /
그는 생각했다. 달은 달아날 거야. 하지만 상상해봐 /

if a man each day should have to try to kill / the sun?
사람이 매일 죽여야만 하는 상황을 / 태양을.

We were born lucky, / he thought. Then he was sorry /
우리는 운 좋게 태어난 거야 / 그는 생각했다. 그리고 그는 불쌍하게 생각했다 /

for the great fish / that had nothing to eat / and his
큰 고기를 / (어떤 고기?) 먹을 것이 없는 /

determination to kill him / never relaxed / in his sorrow
그렇지만 고기를 죽이겠다는 그의 결심은 / 약해지지 않았다 / 고기에 대한 슬픔(연민)

for him.
때문에.

distant (거리가) 먼, 떨어진 sorrow 슬픔, 비애

How many people will he feed, / he thought.
얼마나 많은 사람들을 그 놈이 먹일까 / 그는 생각했다.

But are they worthy / to eat him?
하지만 사람들은 가치가 있을까 / 그 놈을 먹을 수 있을 정도로.

No, of course not. There is no one / worthy of eating him /
없지, 물론 없지. 아무도 없지 / 그 놈을 먹을 만큼 가치 있는 (자는) /

from the manner of his behavior and his great dignity.
그 놈의 행동 방식과 매우 위엄 있는 모습으로 판단하면.

I do not understand / these things, / he thought.
나는 이해할 수 없어 / 이런 것들을 / 그는 생각했다

But it is good / that we do not have to try to kill / the sun
그러나 유쾌한 일이지 / (무엇이?) 우리가 죽일 필요가 없다는 것은 / 해나

or the moon or the stars. It is enough / to live on the sea /
달이나 별을. 충분하지 / (무엇이?) 바다에 의지해 살고 /

and kill our true brothers.
진정한 형제를 죽이는 것으로도

Now, / he thought, / I must think about the drag.
이제 / 그는 생각했다 / 난 제동장치(고기의 속도를 늦추는 방법)에 대해 생각해야 돼.

It has its perils and its merits. I may lose so much line /
그것에는 위험성과 장점이 있어. 나는 너무 많은 줄을 잃을 수도 있지 /

that I will lose him, / if he makes his effort / and the drag
그러면 그 놈을 놓칠 거야 / 만일 그 놈이 힘을 쓰고 / 노로 만든 제동장치가 /

made by the oars / is in place / and the boat loses all her
제대로 역할을 하여 / 배가 무거워진다면.

lightness. Her lightness prolongs / both our suffering /
배가 가벼우면 연장하지 / 우리의 고통을 /

but it is my safety / since he has great speed / that he has
그러나 안전하지 / 왜냐하면 그 놈이 굉장한 속력을 내니까 / 그에게는 여태까지

never yet employed. No matter what passes / I must gut
없었던. 비록 무슨 일이 일어날지라도 / 난 만새기의 내장을 빼

the dolphin / so he does not spoil / and eat some of him /
내야 해 / 만새기가 상하지 않도록 / 그리고 만새기 좀 먹어야 해 /

to be strong.
기운을 내려면

Now I will rest / an hour more / and feel / that he is solid
이제 나는 쉴 거야 / 한 시간쯤 더 / 그리고 생각해볼 거야 / 그 놈이 흔들림 없고

and steady / before I move back to the stern /
꾸준한지(꾸준히 이동하는지) / (언제?) 내가 고물로 돌아가기 전에 /

to do the work and make the decision.
일을 하고 결정을 하려고

In the meantime / I can see / how he acts /
그러는 사이에 /   나는 볼 수 있을 거야 / 어떻게 놈이 행동하고 /

and if he shows any changes.
놈이 어떤 변화를 보이는지

The oars are a good trick; / but it has reached the time /
노를 달아 두는 것은 멋진 방법이지 /   하지만 때가 됐어 /

to play for safety. He is much fish / still / and I saw /
신중하게 행동할.   그 놈은 대단한 고기야 /   여전히 /   그리고 나는 보았지 /

that the hook was in the corner of his mouth /
낚싯바늘이 그 놈의 입가에 꽂혀 있는 것을 /

and he has kept his mouth tight shut.
그리고 그 놈은 입을 꽉 다물고 있어.

The punishment of the hook is nothing.
낚싯바늘의 형벌은 아무것도 아니야.

The punishment of hunger, / and that he is against
굶주림의 형벌과 /   그리고 그 놈이 무엇인가와 맞서고

something / that he does not comprehend, / is everything.
있다는 것이 /   자신이 이해하지 못하는 /   중요한 것이야.

Rest now, old man, / and let him work /
이제 쉬어라,   늙은이 /   그리고 놈이 애쓰며 움직이게 해라 /

until your next duty comes.
네가 다음에 할 일이 생길 때까지

"no matter what(who, when, where, how)"은 "비록 무슨 일이 ~할지라도"라는 의미고,
아래 예문에 있는 "pass"는 "어떤 사건이 일어나다"라는 뜻으로 사용되었다.

예) No matter what passes / I must gut the dolphin.
    비록 무슨 일이 일어날지라도 / 난 만새기의 내장을 빼내야 해

behavior 행동 dignity 위엄, 품위 drag 제동장치, 장애물 peril 위험(성) merit 장점 prolong 연장하다
pass (사건이) 일어나다 gut 내장을 빼내다 spoil 상하다 solid 흔들림 없는 trick 능숙한 방법, 비결
play for safety 신중하게 굴다(행동하다), 요행수를 노리지 않다 comprehend 이해하다

Quiz 7 

A. 단어

다음 제시된 단어의 설명을 읽고, 어떤 단어의 정의를 설명하는지 아래의 박스에서 찾아 써 보세요.

1. a place where alcohol is sold and drunk

2. a game that ends in a tie

3. a person who is not loyal to their friends, family, or employer

4. to happen before another thing

5. to lift a heavy object with a lot of effort

6. to move noisily up and down or from side to side

7. to put your body close to the ground by bending your knees under you

8. to realize or notice something

9. to fasten something tightly with ropes

10. the food and drink that people or animals need in order to live

> note sustenance precede crouch tavern
>
> flap traitor lash heave draw

B. 직독직해

아래에 제시된 문장을 직독직해로 해석해보세요.

1. Do you believe / the great DiMaggio would stay with a fish / as long as I will stay / with this one?

   →

2. They changed the referees / every four hours / after the first eight / so that the referees could sleep.

   →

3. The old man leaned / over the stern / and lifted / the burnished gold fish / with its purple spots / over the stem.

→

4. He was sorry / for the great fish / that had nothing to eat.

→

5. In the meantime / I can see / how he acts / and if he shows any changes.

→

C. 동시통역

아래에 제시된 직독직해를 보고, 영어로 말해보세요.

1. 노인은 손을 들어올렸다 / 다시 완전히 비기도록

→

2. 시합은 시작했고 / 일요일 아침에 / 끝났다 / 월요일 아침에

→

3. 돈을 건 사람들 중에 많은 자들이 요청했다 / 무승부를 / 왜냐하면 그들은 일하러 가야 했기 때문이었다 / 부두에서

→

4. 그는 시도했다 / 연습 삼아 몇 차례의 시합을 / 왼손으로

→

5. 당신은 볼 수 있다 / 그들의 줄무늬와 보랏빛 반점을 / 그리고 볼 수 있다 / 모든 고기 떼를 / 그들이 헤엄칠 때

→

3. 노인은 몸을 숙였고 / 고물 너머로 / 들어 올렸다 / 빛나는 황금색 물고기를 / 보랏빛 반점이 있는 / 고물 위로
4. 그는 불쌍하게 생각했다 / 큰 고기를 / (어떤 고기?) 먹을 것이 없는
5. 그러는 사이에 / 나는 볼 수 있을 거야 / 어떻게 놈이 행동하고 / 놈이 어떤 변화를 보이는지
D. 1. The old man had raised his hand up / to dead even again.
2. The match had started / on a Sunday morning / and ended / on a Monday morning.
3. Many of the bettors had asked for / a draw / because they had to go to work / on the docks.
4. He had tried / a few practice matches / with his left hand.
5. You can see / their stripes and their purple spots / and you can see / all of the school / as they swim.

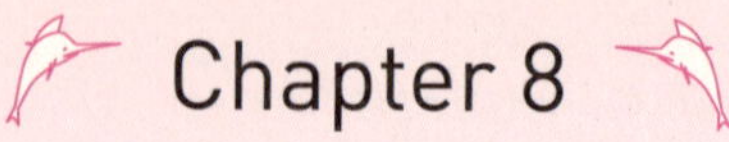

Chapter 8

Scene 1

He rested / for what he believed to be two hours.
그는 쉬었다 / 자신이 생각하기에 두 시간 정도.

The moon did not rise now / until late / and he had no
달은 뜨지 않았다 / 늦도록 / 그래서 그는 방법이 없었다 /

way / of judging the time.
시간을 짐작할 수 있는

Nor was he really resting / except comparatively.
실제로 노인은 쉰 것이 아니었다 / 고기에 비해 쉰 것을 제외하면(고기에 비해서 쉰 것이지만)

He was still bearing the pull of the fish / across his
그는 여전히 고기가 당기는 힘을 견디고 있었지만 / 양 어깨로 /

shoulders / but he placed his left hand / on the gunwale
그는 왼손을 놓고서 / 배전의 가장자리에 /

of the bow / and confided / more and more of the
맡겼다 / 더욱더 더 많은 고기에게 저항하는 힘을 /

resistance to the fish / to the skiff itself.
배 자체에.

How simple it would be / if I could make the line fast, /
얼마나 간단할까 / 만일 내가 낚싯줄을 단단히 고정할 수 있다면 /

he thought. But with one small lurch / he could break it.
그는 생각했다. 그러나 조금이라도 (고기가) 요동치면 / 그 놈은 낚싯줄을 끊을 수 있다.

I must cushion / the pull of the line / with my body /
나는 완화시켜야 하고 / (고기가) 줄을 당기는 힘을 / 몸으로 /

and at all times be ready / to give line / with both hands.
항상 준비해야 해 / 줄을 풀어줄 / 양손으로

"But you have not slept yet, old man," he said aloud.
"하지만 아직 잠을 못 자지 않았나, 영감" 그는 큰 소리로 말했다.

"It is half a day and a night and now another day /
"반나절과 하룻밤 그리고 이제는 또 하루가 지났다 /

and you have not slept. You must devise a way /
그런데 잠을 못 잤어. 방법을 궁리해야 해 /

so that you sleep a little / if he is quiet and steady. If you
조금이라도 잘 수 있도록 / 고기가 조용해지고 안정되면. 네가 잠을

do not sleep / you might become unclear / in the head."
자지 못하면 / 너는 흐려질 거야 / 머리가"

I'm clear enough / in the head, / he thought. Too clear.
나는 충분히 맑아 / 머리가 / 그는 생각했다. 아주 맑다고.

I am as clear / as the stars / that are my brothers.
나는 맑은 상태야 / 별들처럼 / 내 형제인

Still I must sleep. They sleep / and the moon and the sun
그래도 나는 잠을 자야지. 별들은 잠을 자고 / 해와 달도 잠을 자고 /

sleep / and even the ocean sleeps / sometimes /
심지어 바다도 잠을 자지 / 가끔 /

on certain days / when there is no current and a flat calm.
어떤 날에는 / 파도가 없고 물결이 잔잔한

But remember to sleep, / he thought. Make yourself do it /
아무튼 잊지 말고 자야지 / 그는 생각했다. 억지로라도 자야 하고 /

and devise / some simple and sure way / about the lines.
궁리해야지 / 뭔가 간단하고 확실한 방법을 / 낚싯줄에 대한.

Now go back / and prepare / the dolphin.
이제 돌아가서 / 손질해야지 / 만새기를.

It is too dangerous / to rig the oars as a drag / if you must
너무나 위험해 / 노를 제동장치로 만드는 것은 / 잠을 자야 한다면

sleep. I could go / without sleeping, / he told himself.
나는 견딜 수 있어 / 잠을 자지 않고서도 / 그는 혼자서 중얼거렸다

But it would be too dangerous.
하지만 그것은 너무나 위험할거야.

He started to work his way back / to the stern / on his
그는 돌아가기 시작했다 / 고물로 / 기어서 /

hands and knees, / being careful / not to jerk against the
조심하면서 / 고기를 움직이지 않으려고.

fish. He may be half asleep himself, / he thought.
그 놈은 반쯤 잠들어 있을 거야 / 그는 생각했다.

But I do not want / him to rest.
하지만 나는 바라지 않아 / 그 놈이 쉬기를.

comparatively 비교해보면 gunwale 배의 가장자리 confide ～을 맡기다 lurch 요동
devise 궁리하다, 발명하다 rig (장비를) 갖추다, 준비하다

He must pull / until he dies.
그는 배를 끌어야 해 / 죽을 때까지

Back in the stern / he turned / so that his left hand held /
고물에 돌아가서 / 노인은 몸을 돌렸다 / 그래서 왼손은 잡았고 /

the strain of the line / across his shoulders / and drew his
압박하는 줄을 / 어깨에 가로질러 있던 / 칼을 뽑았다 /

knife / from its sheath with his right hand.
칼집에서 왼손으로

The stars were bright / now / and he saw the dolphin /
별들은 밝게 빛났고 / 이제 / 그는 만새기를 봤다 /

clearly / and he pushed the blade of his knife / into his
명확하게 / 그리고 그는 칼날을 찍고 / 고기의 대가리에 /

head / and drew him out / from under the stern.
고기를 끌어냈다 / 고물에서.

He put one of his feet / on the fish / and slit him quickly /
그는 한쪽 발로 밟았고 / 고기를 / 고기를 빠르게 갈랐다 /

from the vent up to the tip of his lower jaw.
항문에서 아래턱 끝까지

Then he put his knife down / and gutted him /
그 다음에 그는 칼을 내려놓고 / 고기의 내장을 빼냈다 /

with his right hand, / scooping him clean /
오른 손으로 / (그 다음에 그는) 고기의 속을 깨끗하게 도려내고 /

and pulling the gills clear.
아가미를 말끔히 도려냈다.

"with+명사구"(~이 있다면) or "without+명사구"(~이 없다면)가 "if"의 뜻이 있으면,
주절에 "주어+조동사+동사"의 문장패턴이 올수 있다. 이 때 "without+명사구"는 "but
for+명사구"와 바꿔 쓸 수 있다.
예) With one small lurch / he could break it.
그러나 조금이라도 (고기가) 요동치면 / 그놈은 낚싯줄을 끊을 수 있다.

sheath 칼집 slit (세로로) 자르다, 베다 vent (어류, 곤충의) 항문 gut 내장을 빼내다 scoop 도려내다 gills 아가미

Scene 2

He felt / the maw heavy and slippery / in his hands / and
그는 느꼈다 / 위가 묵직하고 미끈거리는 것을 / 손에서 /

he slit it open.
그리고 그는 잘라서 열어 보았다.

There were / two flying fish / inside.
있었다 / 두 마리의 날치가 / 위 안에.

They were fresh and hard / and he laid them / side by
날치들은 싱싱하고 살이 단단해서 / 그는 그들을 놓았고 / 나란히 /

side / and dropped the guts and the gills / over the stern.
내장과 아가미를 던졌다 / 고물 너머로

They sank / leaving a trail of phosphorescence / in the
그들은 가라앉았다 / 인광의 흔적을 남기면서 / 물속에

water. The dolphin was cold / and a leprous gray-white
만새기는 차가웠고 / 이제 문둥병에 걸린 것처럼 희뿌옇게 빛났다 /

now / in the starlight / and the old man skinned one side
달빛을 받아 / 그리고 노인은 고기의 한쪽 껍질을 벗겼다 /

of him / while he held his right foot / on the fish's head.
오른발로 밟고 있는 동안에 / 고기의 대가리를.

Then he turned him over / and skinned the other side /
그리고 나서 노인은 고기를 뒤집어서 / 반대편 껍질을 벗기고 /

and cut each side off / from the head down to the tail.
양쪽의 껍질을 잘라냈다 / 머리에서 꼬리까지

He slid the carcass overboard / and looked to see /
노인은 잔해(고기의 뼈)를 뱃전 너머로 던지고 / 알아보려고 지켜보았다 /

if there was any swirl / in the water.
소용돌이가 있는지 / 물속에.

But there was only the light / of its slow descent.
그러나 빛만 냈다 / 잔해가 천천히 가라앉으며

He turned then / and placed the two flying fish / inside
그리고 그는 몸을 돌리고 / 두 마리의 날치를 놓았다 / 두 쪽의

the two fillets of fish / and putting his knife back / in its
만새기 살 속에 / 그리고 칼을 다시 놓은 후에 / 칼집에 /

---

maw (육식동물의) 위 gut 내장 phosphorescence 인광 leprous 나병(문둥병)에 걸린 carcass 잔해(고기의 뼈)

overboard 뱃전 너머로 swirl 소용돌이 descent 내려가기, 하강 fillet 뼈 없이 잘라낸 살

sheath, / he worked his way slowly back / to the bow.
그는 천천히 돌아갔다 / 뱃머리로.

His back was bent / with the weight of the line / across it /
그의 등은 굽었고 / 낚싯줄의 무게 때문에 / 등에 가로 멘 /

and he carried the fish / in his right hand.
살코기를 들고 있었다 / 오른손에

Back in the bow / he laid / the two fillets of fish /
뱃머리로 돌아와서 / 노인은 놓았다 / 두 쪽의 만새기 살을 /

out on the wood / with the flying fish beside them.
목재부분 위에 / 그 옆에 만새기를 놓고

After that / he settled the line / across his shoulders in a
그 후에 / 그는 낚싯줄을 놓았고 / 양쪽 어깨의 새로운 곳에 /

new place / and held it again / with his left hand /
줄을 다시 잡았다 / 왼손으로 /

resting on the gunwale. Then he leaned over the side /
배 가장자리에 기대어 쉬고 있던. / 그 다음에 그는 뱃전 너머로 몸을 기대고 /

and washed / the flying fish in the water, / noting the speed
씻었다 / 날치를 물에 / 물의 속력에 주의하면서 /

of the water / against his hand.
손에 부딪치는

His hand was phosphorescent / from skinning the fish /
그의 손은 인으로 반짝였고 / 고기의 껍질을 벗겨서 /

and he watched / the flow of the water / against it.
그는 지켜봤다 / 물의 흐름을 / 손에 부딪치는.

The flow was less strong / and as he rubbed / the side of
물의 흐름은 약간 약해졌다 / 그리고 그가 문질렀을 때 / 손의 한쪽을 /

his hand / against the planking of the skiff, / particles of
배(뱃전)의 널빤지에 / 인광체의 작은 조각이

phosphorus floated off / and drifted / slowly astern.
물에 떠오르고 / 흘러갔다 / 천천히 고물 쪽으로

"He is tiring or he is resting," the old man said.
"고기가 지쳤거나 쉬고 있군" 노인은 말했다

"Now let me get through / the eating of this dolphin /
"자 끝내자 / 만새기를 먹는 일을 /

and get some rest / and a little sleep."
그리고 쉬면서 / 잠 좀 자야지"

Under the stars / and with the night colder all the time /
별빛 아래서 / 밤은 계속 더 추워지는 가운데 /

he ate / half of one of the dolphin fillets / and one of the
노인은 먹었다 / 만새기 고기의 한쪽의 반쯤을 /   그리고 날치 한 마리를 /

flying fish, / gutted and with its head cut off.
(어떤 날치?) 창자를 도려내고 머리를 자른

"What an excellent fish / dolphin is / to eat cooked,"
"정말로 맛있는 고기인데 /   만새기는 /   요리해서 먹으면"

he said.
그는 말했다.

"And what a miserable fish / raw.
"그리고 정말로 볼품없는 고기지 /   날것으로 먹으면.

I will never go in a boat again / without salt or limes."
다시는 배를 타지 않을 거야 /   소금이나 라임 없이는"

If I had brains / I would have splashed water / on the
내게 지적 능력이 있었다면 / 나는 물을 뿌렸을 텐데 /   뱃머리에 /

bow / all day / and drying, / it would have made salt, /
낮에 /   그러면 물이 마르기 때문에 / 물은 소금이 됐을 것이라고 /

he thought.
그는 생각했다.

But then / I did not hook the dolphin / until almost
하지만 그때는 / 나는 만새기를 낚지 못했잖아 /   해가 거의 질 때까지

sunset. Still it was a lack of preparation.
그래도 준비가 부족했어.

But I have chewed it all well / and I am not nauseated.
그렇지만 나는 고기를 잘 씹어서 /   구역질이 나지 않군.

원인, 이유를 의미하는 "with"

예) His back was bent / with the weight of the line / across it.
그의 등은 굽었고 / 낚싯줄의 무게 때문에 / 등에 가로 멘.

note 주의하다 planking 널빤지 particle 미립자, 작은 조각 phosphorus 인, 인광체 astern 고물 쪽으로
miserable 시시한, 볼품없는 brains 지적 능력 nauseated 구역질이 나는

Scene 3

The sky was clouding over / to the east / and one after
하늘이 흐려지고 있었고 / 동쪽으로(동쪽의 하늘이) / 잇따라서 /

another / the stars he knew / were gone. It looked now /
자신이 알던 별들이 / 사라졌다. 이제는 보였다 /

as though he were moving / into a great canyon of clouds /
마치 그가 움직이고 있는 것처럼 / 거대한 구름의 계곡으로 /

and the wind had dropped.
그리고 바람이 잠잠해졌다.

"There will be bad weather / in three or four days,"
"날씨가 나빠질 거야 / 3~4일 후에는"

he said.
그는 말했다.

"But not tonight and not tomorrow. Rig now / to get some
"하지만 오늘밤이나 내일은 괜찮아. 이제 준비해라 / 잠 좀 자려고 /

sleep, / old man, / while the fish is calm and steady."
영감 / 고기가 차분하고 변함이 없는(차분한) 동안에"

He held the line tight / in his right hand / and then pushed
노인은 낚싯줄을 꽉 잡고 / 오른 손으로 / 그리고 넓적다리를 밀었다 /

his thigh / against his right hand / as he leaned all his
오른손에 / 그는 자신의 모든 체중을 기대면서 /

weight / against the wood of the bow.
뱃머리의 목재부분에.

Then he passed the line / a little lower on his shoulders /
그리고 나서 그는 줄을 움직이고 / 어깨에서 조금 밑으로 /

and braced his left hand on it. My right hand can hold it /
줄 위에 왼손을 얹어 팽팽하게 죄었다. 나의 오른손은 줄을 잡고 있을 수 있지 /

as long as it is braced, / he thought.
줄이 팽팽하게 죄여 있으면 / 그는 생각했다.

If it relaxes / in sleep / my left hand will wake me /
줄이 느슨해지면 / 자는 동안에 / 왼손은 나를 깨워줄 거야 /

as the line goes out. It is hard / on the right hand.
줄이 풀려나가기 때문에. 줄은 가혹하게 대했지 / 오른 손에.

But he is used to punishment.
하지만 오른 손은 그런 학대에 익숙하지.

Even if I sleep / twenty minutes or a half an hour /
비록 내가 잠을 잘지라도 / 20분이나 30분이라도 /

it is good. He lay forward / cramping himself against the
그것으로도 충분하지. 그는 전방을 향해 누웠다 / 줄을 죄면서 /

line / with all of his body, / putting all his weight onto his
온몸으로 / 모든 체중을 오른 손에 실으면서 /

right hand, / and he was asleep.
그리고 그는 잠들었다

He did not dream of the lions / but instead of a vast school
그는 사자에 대한 꿈을 꾸지 않았다 / 하지만 그 대신에 거대한 돌고래 떼에 대한

of porpoises / that stretched for eight or ten miles /
(꿈을 꿨다) (어떤 돌고래 떼?) 8마일이나 10마일 뻗어 있는 /

and it was in the time of their mating / and they would leap
그리고 돌고래 떼는 짝짓기 철이었고 / 돌고래들은 높이 뛰어 오르고 /

high / into the air / and return into the same hole /
공중으로 / 같은 구멍으로 돌아갔다 /

they had made in the water / when they leaped.
(어떤 구멍?) 자신들이 수면에 만든 / 뛰어 오를 때

Then he dreamed / that he was in the village on his bed /
그리고 그는 꿈을 꿨다 / 자신이 마을의 침대에 누워있는 /

and there was a norther / and he was very cold /
그리고 북풍이 불고 있어서 / 그는 매우 추웠고 /

and his right arm was asleep / because his head had rested /
오른 팔이 저렸다 / 왜냐하면 머리가 놓여 있어서 /

on it / instead of a pillow.
오른 팔을 / 베개 대신

After that / he began to dream / of the long yellow beach /
그 후에 / 그는 꿈을 꾸기 시작했고 / 긴 황금빛 해변에 대한 /

and he saw / the first of the lions come down onto it /
그는 보았다 / 첫 번째 사자가 해변으로 오는 것을 /

in the early dark / and then the other lions came /
초저녁에 / 그 다음에 다른 사자들이 오는 것을 /

and he rested his chin / on the wood of the bows / where
그리고 노인은 턱을 괴었다 / 뱃머리의 목재 부분에 /

the ship lay anchored / with the evening off-shore breeze /
그곳에서 보니 배는 정박해 있었다 / 저녁에 육지에서 부는 산들바람을 받으며 /

one after another 잇따라 cramp 단단히 죄다 porpoise 돌고래 leap 뛰어오르다 norther 북풍
anchor 닻을 내리다, 정박하다

and he waited to see / if there would be more lions /
그리고 그는 알아보려고 기다리고 있었다 / 더 많은 사자가 나올지 /

and he was happy. The moon had been up / for a long time /
그래서 그는 행복했다.　　　달은 떠 있었다 /　　　오랫동안 /

but he slept on / and the fish pulled on steadily / and the
하지만 노인은 잠을 계속 잤고 / 고기는 (배를) 꾸준히 끌어서 /　　　배는 이동했다 /

boat moved / into the tunnel of clouds.
구름 터널 속으로

Scene 4

He woke / with the jerk of his right fist / coming up
노인은 눈을 떴다 / 갑자기 오른 주먹이 당겨지면서 / 얼굴을 때렸기 때문에 /

against his face / and the line burning out / through his
그리고 줄은 타는 듯했다 / 오른 손을 통과하면서.

right hand. He had no feeling / of his left hand /
그는 아무런 느낌이 없었다 / 왼손에는 /

but he braked / all he could / with his right / and the line
하지만 그는 브레이크를 걸었다 / 있는 힘을 다해 / 오른 손으로 / 그런데도 줄은 빠르게

rushed out.
풀려나갔다.

Finally his left hand / found the line / and he leaned back
마침내 그의 왼손은 / 줄을 잡았고 / 그는 상체를 뒤로 젖혔다 /

/ against the line / and now it burned / his back and his
줄에 몸을 기대고 / 이제 줄은 타는 듯이 아프게 했다 / 그의 등과 왼손을 /

left hand, / and his left hand was taking all the strain /
그리고 그의 왼손은 (고기가 당기는) 모든 힘을 받고 있어서 /

and cutting badly. He looked back / at the coils of line /
심하게 베었다. 그는 돌아다 봤다 / 낚싯줄 사리를 /

and they were feeding smoothly.
그들은 매끄럽게 풀려나가고 있었다.

Just then the fish jumped / making a great bursting of the
바로 그때 고기는 뛰어올랐다 / 바닷물에서 갑자기 튀어 나오면서 /

ocean / and then a heavy fall.
그리고 나서 육중한 소리를 내며 떨어졌다.

Then he jumped / again and again / and the boat was
그 다음에 고기는 뛰어올랐고 / 계속 / 배는 빠른 속도로 끌려가고 있었다 /

going fast / although line was still racing out / and the
비록 줄은 여전히 빠르게 풀려나가고 있었지만 / 그래서 노인은

old man was raising the strain / to breaking point / and
줄을 잡아당기는 힘을 더 세게 늘리고 있었다 / 끊어질 정도까지 / 그리고

raising it / to breaking point / again and again.
줄을 들어 올리고 있었다 / 끊어질 정도까지 / 계속

---

jerk 갑자기 당김 bursting 튀어 나옴, 터져 나옴 raise (압력을) 증가시키다, (물건을) 들어 올리다

He had been pulled down tight / onto the bow /
그는 끌려가서 / 뱃머리까지 /

and his face was in the cut slice of dolphin / and he could
그의 얼굴을 잘라 놓은 만새기 고기 조각에 처박았고 / 꼼짝도 할 수 없었다.

not move.

This is / what we waited for, / he thought.
이것이야 / 우리가 기다려온 것이 / 그는 생각했다.

So now let us take it.
그러니 이제는 받아들이자.

Make him pay / for the line, / he thought.
고기가 대가를 치르게 해야지 / (풀려나간) 낚싯줄에 대한 / 그는 생각했다.

Make him pay / for it.
그 놈이 대가를 치르게 해야지 / 낚싯줄에 대한

He could not see / the fish's jumps / but only heard /
그는 볼 수 없었다 / 고기 뛰어 오르는 것을 / 그러나 단지 듣기만 했다 /

the breaking of the ocean and the heavy splash / as he fell.
바닷물이 부서지는 소리와 육중한 철썩 소리를 / 고기가 떨어질 때

The speed of the line / was cutting his hands badly /
(빠르게 풀려나가는) 줄의 속도 때문에 / 그의 손을 심하게 베고 있었다 /

but he had always known / this would happen /
그렇지만 그는 늘 알고 있었다 / 이런 일이 일어난다는 것을 /

and he tried to keep the cutting / across the calloused
그래서 그는 상처 나게 하려했다 / 굳은살이 박인 부위에만 /

parts / and not let the line slip / into the palm / nor cut the
그리고 줄이 미끄러져 들어가게 하지 않았고 / 손바닥 안으로 / 손가락을 베지도 않

fingers.
게 했다.

If the boy was here / he would wet / the coils of line, /
그 아이가 여기 있었다면 / 그는 물에 적셔 줄 텐데 / 낚싯줄 사리를 /

he thought.
그는 생각했다.

Yes. If the boy were here. If the boy were here.
그래. 그 아이가 여기 있었다면. 그 아이가 여기 있었다면.

The line went / out and out and out / but it was slowing /
줄은 풀려나갔다 / 밖으로 끊임없이 / 그러나 속도가 느려지고 있어서 /

now / and he was making / the fish earn / each inch of it.
이제 / 그는 하고 있었다 / 고기가 (대가를 지불하고) 얻게 / 줄의 조금이라도

Now he got his head up / from the wood / and out of the
이제 노인은 고개를 들었고 /　　　　　(뱃머리의) 목재 부분에서 / 잘라 놓은 고기 조각에서

slice of fish / that his cheek had crushed.
벗어났다 /　　　　(어떤 고기 조각?) 자신의 뺨이 짓뭉개 놓은.

Then he was on his knees / and then he rose slowly to his
그 다음에 그는 무릎을 딛었고 /　　　　　그리고 천천히 일어섰다.

feet. He was ceding line / but more slowly all the time.
　　　그는 줄을 풀어주고 있었다 /　　　그러나 더 천천히 계속.

He worked back / to where he could feel / with his foot the
그는 돌아갔다 /　　　　　그가 더듬을 수 있는 곳으로 /　　　발로 낚싯줄 사리를 /

coils of line / that he could not see.
　　　(어떤 사리?) 자신이 눈으로 볼 수 없는.

There was plenty of line / still / and now the fish had to
많은 줄이 있었고 /　　　　　아직도 / 이제 고기는 끌어야만 했다 /

pull / the friction of all that new line / through the water.
　　　새로 (풀린) 낚싯줄의 마찰력을 감당하며 /　　　물속에서

"to"라는 전치사는 "누군가 어떤 행동을 하고 그 행동이 어떤 결과"에 이르는지를 표현한다. 노인이 낚싯줄을 계속 들어올리는 행동을 하므로 낚싯줄이 끊어질 정도(breaking point)에 가까워지고(to) 있었다. 즉 낚싯줄이 끊어질 수 있는 한계 상황(breaking point)에 가까워지는 상황을 "to"로 표현했다.

예) The old man was raising line / to breaking point / again and again.
　　노인은 줄을 들어올리고 있었다 / 끊어질 정도까지 / 계속

splash 철썩 소리, 물을 튀기는 소리 calloused 굳은살이 박인 cede 인도하다, 주다
friction (두 물체의) 마찰, 마찰력

Scene 5

Yes, he thought. And now he has jumped / more than
옳지, 노인은 생각했다. 이제 고기는 뛰어 올랐고 / 열두 번 이상을 /

a dozen times / and filled the sacks / along his back /
공기 주머니를 채웠다 / (어떤 공기 주머니?) 등을 따라 있는 /

with air / and he cannot go down deep / to die / where I
공기로 / 그래서 그 놈은 깊은 물속까지 내려갈 수 없다 / 죽으려고 / 내가 그 놈을

cannot bring him up. He will start circling / soon /
끌어 올릴 수 없는 곳에서. 그 놈을 빙빙 돌기 시작할 거야 / 곧 /

and then I must work on him.
그러면 나는 그 놈을 낚는 일을 해야 해

I wonder / what started / him so suddenly?
궁금해 / 무엇이 시작했는지 / 그를 움직이도록 그렇게 갑자기

Could it have been hunger / that made him desperate, /
그 이유는 허기 때문이었을까 / 그를 절박하게 만든 (허기) /

or was he frightened / by something / in the night?
아니면 겁먹어서 그랬을까 / 어떤 것 때문에 / 밤중에

Maybe he suddenly felt / fear.
아마 그는 갑자기 느꼈을 것이다 / 두려움을

But he was such a calm, strong fish / and he seemed /
그러나 그 놈은 매우 침착하고 튼튼한 고기였고 / 그는 보였다 /

so fearless and so confident. It is strange.
매우 두려움이 없고 자신감이 있는 것처럼. 그것은 이상한 일이군

"You better be fearless and confident yourself, /
"너도 두려움이 없고 자신감이 있어야 하지 /

old man," he said.
영감" 그는 말했다

"You're holding him again / but you cannot get line.
"네가 그 놈을 잡고 있잖아 다시 / 하지만 네가 줄을 당길 수 없어.

But soon he has to circle."
그러나 곧 그 놈은 빙빙 돌며 선회해야 해"

The old man held him / with his left hand and his
노인은 고기를 조정했다 / 왼손과 양 어깨로 /

shoulders / now / and stooped down and scooped up
이제 / 그리고 몸을 굽히고 바닷물을 펐다 /

water / in his right hand / to get the crushed dolphin flesh
오른손으로 / 뭉개진 만새기의 살점을 떼어내려고 /

off / of his face. He was afraid / that it might nauseate
자신의 얼굴에서. 그는 두려워했다 (무엇을?) / 살점이 그를 매스껍게 하고 /

him / and he would vomit and lose his strength.
자신이 토하고 힘을 잃을까봐

When his face was cleaned / he washed his right hand /
그의 얼굴을 씻을 때 / 그는 오른 손을 씻었다 /

in the water / over the side / and then let it stay /
바닷물에 / 뱃전너머로 / 그리고 나서 손은 있게 했다 /

in the salt water / while he watched / the first light come /
짠 물속에 / 그가 바라보는 동안에 / 첫 동이 트는 것을 /

before the sunrise. He's headed / almost east, / he thought.
해돋이 전에. 놈이 향하고 있구나 / 거의 동쪽을 / 그는 생각했다

That means / he is tired / and going with the current.
그것은 의미하지 / 그 놈이 지쳐서 / 조류를 따라 이동한다는 것을

Soon he will have to circle. Then our true work begins.
곧 놈은 선회해야 해. 그러면 우리의 본격적인 일(싸움)이 시작되지.

After he judged / that his right hand had been in the
그가 생각한 후에 (뭐라고?) / 오른손이 바닷물 속에 있었다고 /

water / long enough / he took it out / and looked at it.
충분히 오랫동안 / 그는 손을 꺼내서 / 손을 쳐다봤다

"It is not bad," he said.
"그다지 나쁘지 않아" 그는 말했다.

"And pain does not matter / to a man."
"그리고 고통은 문제가 되지 않아 / 사나이에게는"

He took hold of the line / carefully / so that it did not fit /
그는 낚싯줄을 잡았다 / 조심스럽게 / 낚싯줄이 들어가지 않도록 /

into any of the fresh line cuts / and shifted his weight /
어떤 새로 생긴 상처에도 / 그리고 체중을 옮겼다 /

so that he could put his left hand / into the sea / on the
그가 왼손을 넣을 수 있도록 / 바닷물에 /

other side of the skiff.
배의 반대편에 있는

"You did not do so badly / for something worthless,"
"너도 잘 했어 / 별것 아닌 일이었지만"

desperate 절박한, 필사적인 stoop down 몸을 굽히다 scoop up 퍼 올리다, 푸다

nauseate 매스껍게 하다, 구역질나게 하다 vomit 토하다 judge ~라고 생각하다

he said / to his left hand.
그는 말했다 / 왼손에게

"But there was a moment / when I could not find you."
"그러나 순간도 있었지 / 내가 너를 알아볼 수 없었던"

Why was I not born / with two good hands? / he thought.
왜 나는 태어나지 못했을까 / 튼튼한 양손을 달고 / 그는 생각했다

Perhaps it was my fault / in not training that one / properly.
아마도 내 탓이야 / 그 손을 훈련하지 않은 것은 / 제대로.

But God knows / he has had enough chances / to learn.
하지만 어찌 알겠나 / 왼손이 충분한 기회가 있었다는 것을 / 배우기에.

He did not do so badly / in the night, / though, / and he has
왼손은 잘 했어 / 간밤에 / 정말로 / 그리고 왼손은

only cramped once.
단지 한 번만 쥐가 났어.

If he cramps again / let / the line cut him off.
만일 왼손에 쥐가 다시 나면 / 내버려 둘 거야 / 줄이 왼손을 자르도록

Scene 6

When he thought that / he knew / that he was not being
노인이 그런 생각을 하고 있었을 때 / 그는 알았다 / 자신의 머리가 맑지 않다는 것을 /

clear-headed / and he thought / he should chew / some
그리고 그는 생각했다 / 그는 씹어 먹어야 한다고 / 좀 더

more of the dolphin. But I can't, / he told himself.
많은 만새기 고기를. 그렇지만 씹어 먹을 수 없어 / 그는 중얼거렸다.

It is better / to be light-headed / than to lose your strength /
더 낫지 / 머리가 약간 어지러운 것이 / 힘을 빼는 것보다 /

from nausea. And I know / I cannot keep it /
구역질 때문에(메스꺼워서). 그리고 나는 알아 / 내가 만새기 고기를 소화 시킬 수 없다는 것을 /

if I eat it / since my face was in it.
내가 그것을 먹으면 / 내 얼굴을 처박았기 때문에.

I will keep it / for an emergency / until it goes bad. But it
나는 그것을 보관하고 있을 거야 / 비상용으로 / 고기가 상할 때까지. 그러나

is too late / to try for strength / now through nourishment.
너무 늦었어 / 힘을 돋우기에는 / 이제 음식물로

You're stupid, / he told himself. Eat the other flying fish.
너는 바보로군 / 그는 자신에게 말했다. 다른 날치를 먹으면 되지.

It was there, / cleaned and ready, / and he picked it up /
날치는 그곳에 있었다 / 손질하여 먹을 수 있게 준비되어 / 그래서 노인은 그것을 집었다 /

with his left hand / and ate it / chewing the bones
왼손으로 / 그리고 그것을 먹었고 / 뼈를 조심스럽게 씹으면서 /

carefully / and eating all of it down / to the tail. It has /
몽땅 먹었다 / 꼬리까지. 날치에는 있다고 /

more nourishment / than almost any fish, / he thought.
더 많은 영양분이 / 웬만한 다른 고기보다 / 그는 생각했다

At least the kind of strength / that I need.
최소한 힘을 (얻을 거야) / 내가 필요한.

Now I have done / what I can, / he thought.
이제 나는 했어 / 내가 할 수 있는 일을 / 그는 생각했다.

Let him begin to circle / and let the fight come.
고기가 선회하게 하고 / 싸워보자.

nausea 메스꺼움, 구역질 for an emergency 비상용으로 nourishment 음식물

The sun was rising / for the third time / since he had put
해가 뜨고 있었다 /　　　세 번째로 /　　　노인이 바다로 나온 이래 /

to sea / when the fish started to circle.
그때 고기가 선회하기 시작했다.

He could not see / by the slant of the line / that the fish
그는 알 수 없었다 /　　줄의 경사도(각도)로만 /　　고기가 선회하고 있다는

was circling. It was too early / for that. He just felt /
것을.　　　너무 일렀다 /　　그러기에는.　그는 단지 느꼈다 /

a faint slackening of the pressure of the line / and he
낚싯줄이 누르는 힘이 조금 느슨해지는 것을 /　　　　　그래서 그는

commenced to pull on it / gently / with his right hand.
줄을 당기기 시작했다 /　　서서히 /　오른손으로

It tightened, / as always, / but just when he reached the
줄은 팽팽해졌다 /　늘 그렇듯이 /　그러나 그가 순간에 이르렀을 때 /

point / where it would break, / line began to come in.
줄이 끊어지려는 (순간에) /　　줄은 끌려오기 시작했다.

He slipped his shoulders and head / from under the line /
그는 어깨와 머리를 옮겼고 /　　줄 밑으로(어깨와 머리를 숙여 줄을 벗었다) /

and began to pull in line / steadily and gently.
줄을 당기기 시작했다 /　　꾸준히 그리고 서서히

He used both of his hands / in a swinging motion /
그는 양손을 사용했고 /　　(양손을) 흔드는 동작으로 /

and tried to do the pulling / as much as he could / with his
끌어 당기려했다 /　　　가능한 많이 /　　몸통과 양

body and his legs. His old legs and shoulders / pivoted /
다리를 이용하여.　그의 늙은 다리와 어깨는 /　좌우로 움직였다 /

with the swinging of the pulling.
(줄을) 당기며 흔드는 동작에 따라

"It is a very big circle," he said. "But he is circling."
"매우 큰 원이야"　　그는 말했다.　"어쨌든 놈은 선회하고 있군"

Then the line would not come in / any more / and he held
그때 줄은 끌려오지 않았다 /　　더 이상 / 그래서 노인은 줄을 잡고 있

it / until he saw / the drops jumping / from it in the sun.
었다 / 그가 볼 때까지 /　물방울이 튀는 것을 /　줄에서 햇살을 받으며.

Then it started out / and the old man knelt down /
그러자 줄이 풀려나가기 시작했고 / 노인은 무릎을 꿇고서 /

and let it go / grudgingly / back into the dark water.
줄을 다시 풀어주었다 / 마지못해 /　다시 물속으로

"He is making the far part of his circle / now," he said.
"그 놈은 (선회하는) 원의 (중심에서) 먼 쪽으로 나아가고 있군 / 이제" 그는 말했다

I must hold / all I can, / he thought.
나는 잡고 있어야 해 / 가능한 힘껏 / 그는 생각했다.

The strain will shorten / his circle / each time.
(줄을) 당기는 힘은 짧게 할 거야 / (선회하는) 원의 거리를 / 매번

Perhaps in an hour / I will see him.
아마 한 시간이 지나면 / 나는 그 놈을 볼 거야.

Now I must convince him / and then I must kill him.
이제 나는 (그 놈이 이래 봤자 소용이 없다는 것을) 설득해야 해 / 그 다음에 나는 그 놈을 죽여야 해.

slackening 느슨해짐 commence 시작하다 point 순간, 시점 slip (슬며시) 옮기다, 두다 pivot (축을 중심으로) 회전하다, (회전하듯이) 좌우로 움직이다 grudgingly 마지못해서 make ~의 방향으로 향하다, 나아가다

Scene 7

But the fish kept on circling / slowly / and the old man
그러나 고기는 계속 선회했다 / 천천히 / 그리고 노인은 젖었고 /

was wet / with sweat / and tired / deep into his bones /
땀으로 / 지쳤다 / 뼛속 깊이까지 /

two hours later. But the circles were much shorter / now /
두 시간 후에. 그렇지만 (선회하는) 원은 훨씬 짧아졌고 / 이제 /

and from the way the line slanted / he could tell /
줄이 기울어지는 방식을 보면 / 그는 알 수 있었다 /

the fish had risen / steadily / while he swam.
고기가 (수면으로) 올라오는 것을 / 천천히 / 헤엄치는 동안에

For an hour / the old man had been seeing / black spots /
한 시간 동안 / 노인은 보고 있었다 / 검은 점을 /

before his eyes / and the sweat salted his eyes / and
눈앞에 (아른거리는) / 땀이 눈을 따갑게 했고 /

salted the cut / over his eye and on his forehead.
상처를 따갑게 했다 / 눈과 이마 위에 있는

He was not afraid / of the black spots.
그는 두려워하지 않았다 / (눈앞에 아른거리는) 검은 점을

They were normal / at the tension / that he was pulling
검은 점은 늘 있었다 / 긴장하면 / 그가 줄을 당길 때

on the line. Twice, though, / he had felt faint and dizzy /
두 번이나 그렇지만 / 그는 정신이 아찔했고 현기증을 느꼈다 /

and that had worried him.
그래서 그것은 그를 걱정시켰다.

"I could not fail myself and die / on a fish like this," /
"나는 자신을 실망시키며 죽을 수 없어 / 이 정도 고기 때문에" /

he said.
그는 말했다

"Now that I have / him coming / so beautifully, /
"내가 했으니까 / 그 놈이 올라오게 / 대단히 멋지게 /

God help / me endure.
주님께서 도와주세요 / 내가 견디도록.

I'll say / a hundred Our Fathers and a hundred Hail
제가 외우겠습니다 / 백 번의 주기도문과 백 번의 성모송을

Marys. But I cannot say them / now."
그러나 저는 주기도문과 성모송을 외울 수 없습니다 / 지금은"

Consider / them said, / he thought. I'll say them / later.
생각해주세요 /　그들을 외운 것으로 / 그는 생각했다.　외우겠습니다 /　나중에

Just then he felt / a sudden banging and jerking / on the
바로 그때 노인은 느꼈다 /　(고기가) 갑자기 치고 움직이는 것을 /　줄을 /

line / he held / with his two hands.
자신이 잡고 있던 / 두 손으로.

It was sharp and hard-feeling and heavy.
그것은 날카롭고 악의에 차있고 묵직했다.

He is hitting the wire leader / with his spear, / he thought.
그 놈은 철사 목줄을 치고 있었다 /　주둥이로 /　그는 생각했다

That was bound to come. He had to do that.
그런 일은 반드시 일어나게 되어 있었다.　그 놈은 그렇게 해야 했다.

It may make / him jump / though / and I would rather /
그런 일은 하게 할 수도 있지 / 그 놈이 뛰어 오르게 / 하지만 / 좋을 텐데 /

he stayed circling / now.
그 놈이 선회하고 있다면 /　지금

The jumps were necessary / for him to take air.
(수면 위로) 뛰어오르는 것이 필요했다 /　그 놈이 공기를 마시려면.

But after that / each one / can widen / the opening of the
그러나 그렇게 하면 /　한 번 뛰어 오를 때마다 / 넓어지게 할 수 있지 / 낚싯바늘이 박힌 상처

hook wound / and he can throw the hook.
구멍을 /　그러면 그는 낚싯바늘에서 벗어날 수 있어.

"Don't jump, fish," he said. "Don't jump."
"뛰어오르지 마, 고기야" 　그는 말했다.　"뛰어오르지 마"

The fish hit the wire / several times more / and each time
고기는 철사 목줄을 쳤고 /　몇 번이나 더 /　고기는 흔들 때마다 /

he shook / his head / the old man gave up / a little line.
머리를 /　노인은 풀어주었다 /　줄을 조금씩

I must hold / his pain where it is, / he thought.
나는 유지해야 해 /　그의 고통을 현재 상태로 /　그는 생각했다.

Mine does not matter. I can control / mine.
나의 고통은 문제가 되지 않아.　나는 견딜 수 있어 /　나의 고통을.

But his pain could drive / him mad.
하지만 그의 고통은 만들 수 있어 /　그를 미쳐 날뛰게.

---

slant 기울다, 경사지다 tension 긴장(상태) faint (정신이) 아찔한 endure 견디다, 인내하다 wire leader 철사 목줄
spear 창, (창모양의) 주둥이 control (감정을) 억제하다, 차분하게 견디다 drive (어떤 상태로) 몰아가다

After a while / the fish stopped / beating at the wire /
잠시 후 /   고기는 멈추었다 /   목줄을 후려치는 것을 /

and started circling / slowly again.
그리고 선회하기 시작했다 /   천천히 다시.

The old man was gaining line / steadily now.
노인은 줄을 끌어들이고 있었다 /   꾸준히 이제

But he felt faint / again. He lifted some sea water / with
그러나 그는 현기증을 느꼈다 / 다시.   그는 바닷물을 떠서 /   왼손으로 /

his left hand / and put it on his head.
                    머리를 축였다.

Then he put more on / and rubbed the back of his neck.
그리고 나서 그는 더 많은 물을 축이고 / 목덜미를 문질렀다

"be bound to+ 동사원형"은 "반드시 ~하다, 틀림없이 ~하다"라는 의미다.
그리고 "come"은 어떤 사건이 "일어나다, 발생하다"라는 의미이다.

예) That was bound to come.
    그런 일은 반드시 일어나게 되어 있었다.

Scene 8

"I have no cramps," he said.
"나는 쥐가 나지 않아"   그는 말했다.

"He'll be up / soon / and I can last. You have to last.
"그는 떠오를 것이며 / 곧 /   나는 견딜 수 있어.   너도 견뎌야만 해.

Don't even speak of it."
두말하면 잔소리지."

He kneeled / against the bow / and, for a moment,
노인은 무릎을 꿇었다 / 뱃머리에 기대고 /   그리고 잠시 동안

slipped the line / over his back again. I'll rest now /
줄을 옮겼다 /   등 위로 다시.   나는 이제 쉴 거야 /

while he goes out on the circle / and then stand up /
그 놈이 빙빙 선회하려고 나가는 동안에 /   그 다음에 일어나서 /

and work on him / when he comes in, / he decided.
그 놈을 처리할 거야 /   놈이 다가 오면 /   그는 결심했다.

It was a great temptation / to rest in the bow / and let /
강렬한 유혹이었다 /   뱃머리에서 쉬면서 / 내버려 두고 싶은 것(마음)은 /

the fish make one circle / by himself / without recovering
고기가 한 바퀴 돌도록 /   혼자서 /   줄을 당기지 않으면서

any line. But when the strain showed / the fish had
그러나 고기가 줄을 당기는 상태는 보여주었을 때 / 고기가 방향을 바꿨다는 것을 /

turned / to come toward the boat, / the old man rose to
배 쪽으로 오려고 / (팽팽하던 줄이 느슨해지자 고기가 방향을 바꾼 것을 알았을 때)

his feet / and started the pivoting and the pulling /
노인은 일어났다 / 그리고 몸을 좌우로 돌리며 당기는 일을 시작했다 /

that brought in all the line he gained.
(어떻게 당기는 일?) 모든 줄을 끌어 들이는

I'm tireder / than I have ever been, / he thought, / and
나는 더 피곤해 /   지금까지 어느 때보다도 /   그는 생각했다 /   그리고

now the trade wind is rising.
이제 무역풍이 불고 있어.

But that will be good / to take him in with.
하지만 그것은 좋을 거야 /   놈을 해안으로 데리고 돌아가는데

---

last (체력이) 견디다 slip (슬며시) 두다, 옮기다 temptation 유혹 recover (손실을) 만회하다, 벌충하다 in 해안으로

I need that / badly.
나는 그 바람이 필요해 / 몹시

"I'll rest on the next turn / as he goes out," he said.
"나는 다음 번에는 쉴 거야 / 놈이 선회하는 원에 바깥쪽으로 갈 때" 그는 말했다

"I feel much better. Then in two or three turns more /
"기분이 훨씬 좋아.   그러니 두세 번 더 돌고 나면 /

I will have him."
나는 그 놈을 잡아들일 거야"

His straw hat was far on the back of his head /
그의 밀짚모자는 (머리에서) 떨어져 뒤통수에 있었고 /

and he sank down / into the bow / with the pull of the
그는 주저앉았다 /   뱃머리에 /   줄이 당겨지는 힘 때문에 /

line / as he felt the fish turn. You work now, fish, /
고기가 방향을 돌리는 것을 느낄 때.   자 힘을 써봐, 고기야 /

he thought. I'll take you / at the turn.
그는 생각했다.   나는 너를 잡을 거야 / 회전할 때

The sea had risen / considerably. But it was a fair-weather
파도가 높게 일었다 /   상당히.   하지만 그것은 날씨가 좋을 때 부는

breeze / and he had to have it / to get home.
산들바람이었고 / 그는 이런 바람이 있어야 했다 / 돌아가려면

"I'll just steer / south and west," he said.
"나는 항로를 잡을 거야 / 남서쪽으로"   그는 말했다.

"A man is never lost / at sea / and it is a long island."
"사나이는 결코 길을 잃지 않아 /   바다에서 /   게다가 그것(쿠바)은 긴 섬이야"

It was on the third turn / that he saw / the fish first.
세 번째로 회전할 때 /   노인은 보았다 /   고기를 처음으로

He saw / him first / as a dark shadow / that took so long /
그는 생각했다 / 고기를 처음에는 / 검은 그림자라고 /   오랜 시간이 걸리는 /

to pass under the boat / that he could not believe /
배 밑으로 지나가는데 /   그래서 그는 도저히 믿을 수 없었다 /

its length.
놈의 길이를

"No," he said. "He can't be that big."
"아니야" 노인은 말했다 "놈은 그렇게 클 리가 없어"

But he was that big / and at the end of this circle / he came
그러나 놈은 (실제로) 그렇게 컸고 / 이번에 한 바퀴 도는 것이 끝났을 때 /   그는 수면

to the surface / only thirty yards away / and the man saw /
으로 올라왔고 /   (어떤 수면?) 단지 30야드 떨어져 있는 / 노인은 봤다 /

his tail out of water.
놈의 꼬리가 물 밖으로 나온 것을.

It was higher / than a big scythe blade / and a very pale
그것(꼬리)은 더 높았고(더 길었고) / 큰 낫날보다 /　　　　　　매우 희미한 연보라색이었다 /

lavender / above the dark blue water.
　　　　　검푸른 물 위에서는.

It raked back / and as the fish swam / just below the
그것은 뒤쪽으로 기울었고 / 고기가 헤엄치고 있을 때 /　　　수면 바로 아래에서 /

surface / the old man could see / his huge bulk and the
　　　　　노인은 볼 수 있었다 /　　　　　고기의 거대한 몸통과 보랏빛 줄무늬를 /

purple stripes / that banded him.
　　　　　　고기의 몸통에 띠를 두른.

His dorsal fin was down / and his huge pectorals were
그의 등지느러미는 누워있었고 /　　　그의 커다란 가슴지느러미는 활짝 펼쳐 있었다.

spread wide.

Scene 9

On this circle / the old man could see / the fish's eye
이번에 선회할 때 /　　노인은 볼 수 있었다 /　　고기의 한 쪽 눈과

and the two gray sucking fish / that swam around him.
두 마리의 회색 빨판상어를 /　　그 놈 주위에서 헤엄치고 있던.

Sometimes they attached themselves / to him.
때때로 그들(두 마리의 빨판상어)은 달라붙었다 /　　고기의 몸에.

Sometimes they darted off. Sometimes they would swim
때때로 그들은 재빨리 달아났다.　　때때로 그들은 쉽게 헤엄치곤 했다 /

easily / in his shadow. They were each over three feet
그의 그림자 안에서.　　두 마리가 각각은 길이가 3피트 이상이었고 /

long / and when they swam fast / they lashed their whole
그들이 빠르게 헤엄칠 때 /　　그들은 몸통 전체를 격렬하게 흔들었다 /

bodies / like eels.
뱀장어처럼

The old man was sweating / now / but from something else
노인은 땀을 흘리고 있었다 /　　이제 /　　그러나 뭔가 다른 이유 때문이었다 /

/ besides the sun. On each calm placid turn the fish made /
햇빛 외에.　　고기가 조용히 차분하게 한 바퀴씩 선회를 할 때마다 /

he was gaining line / and he was sure / that in two turns
노인은 줄을 당기고 있었고 /　　그는 확신했다 /　　두 바퀴만 더 돌면 /

more / he would have a chance / to get the harpoon in.
그에게 기회가 생길 것이라고 /　　작살을 꽂을

But I must get him / close, close, close, he thought.
하지만 나는 그를 끌어와야 해 /　배 옆으로, 옆으로, 가까이,　　그는 생각했다.

I mustn't try for the head. I must get the heart.
나는 (작살로) 머리를 찌르면 안돼.　　나는 심장을 찔러야 해.

"Be calm and strong, old man," he said.
"침착하고 기운을 내게, 노인"　　그는 말했다

On the next circle / the fish's back was out / but he was a
다음 한 바퀴 돌 때 /　　고기의 등이 드러났다 /　　그러나 고기는

little too far / from the boat.
조금 너무나 멀리 떨어져 있었다 / 배에서

On the next circle / he was still too far away / but he was
그 다음에 한 바퀴 돌 때 /　　놈은 여전히 너무나 멀리 떨어져 있었다 /　하지만 놈은

higher out of water / and the old man was sure / that by
물 밖으로 몸을 더 많이 드러냈다 / 그래서 노인은 확신했다 /

gaining some more line / he could have him alongside.
줄을 조금만 더 끌어당기면 / 자신이 놈을 (배) 옆으로 나란히 댈 수 있다고

He had rigged / his harpoon / long before / and its coil of
노인은 준비했고 / 작살을 / 오래 전에 / (작살에 딸린) 가는 밧줄

light rope was in a round basket / and the end was made
사리는 둥근 바구니 속에 있었으며 / 끝은 단단히 묶여 있었다 /

fast / to the bitt in the bow.
뱃머리에 있는 말뚝(계주)에

The fish was coming in / on his circle now / calm and
고기가 다가오고 있었다 / 이제 한 바퀴 선회할 때 / 차분하고

beautiful looking / and only his great tail moving.
아름답게 보이며 / 그리고 그의 거대한 꼬리만 움직이고 있었다.

The old man pulled on him / all that he could / to bring
노인은 줄을 잡아당겼다 / 최선을 다해 / 놈을 더 가까이

him closer. For just a moment / the fish turned a little
끌어오려고. 잠시 동안 / 고기는 옆으로 살짝 기울어졌다

on his side. Then he straightened himself / and began
그리고 고기는 자세를 바로 잡고 / 다시

another circle.
한 바퀴 돌기 시작했다

"I moved him," the old man said. "I moved him then."
"나는 놈을 움직였어" 노인은 밀했다. "그럼 내가 놈을 움직였어"

He felt faint / again now / but he held on the great fish /
노인은 현기증을 느꼈다 / 이제 다시 / 그러나 그는 거대한 고기를 팽팽하게 당겼다 /

all the strain that he could.
있는 힘을 다해

I moved him, he thought.
내가 놈을 움직였어, 그는 생각했다.

Maybe this time / I can get him over.
아마 이번에는 / 내가 놈을 끝장낼 수 있어.

Pull, hands, he thought. Hold up, legs. Last for me, head.
당겨라, 손아, 그는 생각했다. 버텨라, 다리야. 나를 위해 견뎌라, 머리야.

Last for me. You never went.
나를 위해 견뎌라.　너희들은 결코 쇠퇴하지 않았어.

This time I'll pull him over.
이번에 나는 그를 (뱃전으로) 끌어 올 거야.

But when he put all of his effort on, / starting it /
그러나 그가 온갖 노력을 다하고 있었을 때 /　시작해서 /

well out before the fish came alongside / and pulling with
고기가 배 옆으로 오기 훨씬 전에 /　있는 힘을 다해 당기고

all his strength, / the fish pulled part way over /
있을 때 /　고기가 배 옆쪽으로 약간 움직였다 /

and then righted himself / and swam away.
그 다음에 자세를 바로잡고 /　헤엄쳐 달아났다.

Scene 10

"Fish," the old man said. "Fish, you are going to have to
"고기야" 노인은 말했다. "고기야, 너는 곧 죽어야 해 /

die / anyway. Do you have to kill / me too?"
어쨌든. 너는 죽여야 하니 / 나도 또한"

That way / nothing is accomplished, he thought.
그렇게 하면 / 아무것도 할 수 없어, 그는 생각했다.

His mouth was too dry / to speak / but he could not reach /
그의 입은 너무나 말라서 / 말할 수 없었다 / 그러나 그는 손을 뻗칠 수 없었다 /

for the water now.
물을 마시려고 지금.

I must get him / alongside this time, he thought.
나는 놈을 끌어와야 해 / 배 옆으로 이번에는, 그는 생각했다.

I am not good / for many more turns.
나는 잘 견딜 수 없어 / 더 많이 돌면.

Yes you are, he told himself.
아니야, 너는 견딜 수 있어, 그는 자신에게 말했다.

You're good / for ever.
너도 견딜 수 있어 / 언제까지라도.

On the next turn, / he nearly had him.
다음에 선회할 때 / 그는 거의 그를 잡을 뻔했다

But again the fish / righted himself / and swam slowly
그러나 다시 고기는 / 자세를 바로잡고 / 헤엄치며 천천히 달아났다

away. You are killing me, fish, the old man thought.
네가 나를 죽이려 하는 구나, 고기야, 노인은 생각했다.

But you have a right to.
그러나 너도 그럴 권리가 있지.

Never have I seen / a greater, or more beautiful, or a
나는 결코 본 적이 없어 / 더 크고 더 아름답고,

calmer or more noble thing / than you, brother.
더 차분하고 더 고상한 고기를 / 너보다, 형제야.

Come on and kill me. I do not care / who kills who.
자 어서 나를 죽여 봐라. 나는 아무렇지도 않아 / 누가 누구를 죽이든

Quiz 8

A. 단어

다음 제시된 단어의 설명을 읽고, 어떤 단어의 정의를 설명하는지 아래의 박스에서 찾아 써 보세요.

1. a chemical element that shines in the dark and starts to burn when air touches it

2. the physical force that makes it difficult for one object to move against another

3. to bend the top half of your body forward and downward

4. the feeling that you have when you are going to vomit

5. to become less active

6. the feeling of anxiety and stress

7. the desire to do something bad or wrong for you

8. to move something quickly and violently from side to side, often when an animal is angry

9. calm and peaceful without a lot of movement

10. to prepare or fix something

placid	nausea	rig	slacken	phosphorous
temptation	tension	friction	lash	stoop

B. 직독직해

아래에 제시된 문장을 직독직해로 해석해보세요.

1. Could it have been hunger / that made him desperate, / or was he frightened by something / in the night?

   →

2. He was afraid / that it might nauseate him / and he would vomit and lose his strength.

   →

3. He just felt / a faint slackening of the pressure of the line / and he commenced to pull on it / gently / with his right hand.

   →

4. The old man pulled on him / all that he could / to bring him closer.

   →

5. His mouth was too dry / to speak / but he could not reach / for the water now.

   →

6. Never have I seen / a greater, or more beautiful, or a calmer or more noble thing / than you.

   →

C. 동시통역

아래에 제시된 직독직해를 보고, 영어로 말해보세요.

1. 그는 볼 수 없었다 / 고기 뛰어 오르는 것을 / 그러나 단지 듣기만 했다 / 바닷물이 부서지는 소리를

   →

2. 더 낫다 / 머리가 약간 어지러운 것이 / 힘을 빼는 것보다 / 구역질 때문에(메스꺼워서)

   →

3. 매번 고기는 흔들 때마다 / 머리를 / 노인은 풀어주었다 / 줄을 조금씩

   →

4. 나는 더 피곤해 / 지금까지 어느 때보다도 / 그는 생각했다 / 그리고 이제 무역풍이 불고 있어

   →

3. 그는 단지 느꼈다 / 낚싯줄이 누르는 힘이 조금 느슨해지는 것을 / 그래서 그는 줄을 당기기 시작했다 / 서서히 / 오른손으로 4. 노인은 줄을 잡아당겼다 / 최선을 다해 / 놈을 더 가까이 끌어오려고. 5. 그의 입은 너무나 말라서 / 말할 수 없었다 / 그러나 그는 손을 뻗칠 수 없었다 / 물을 마시려고 지금 6. 나는 결코 본 적이 없어 / 더 크고 더 아름답고, 더 차분하고 더 고상한 고기를 / 너보다

D. 1. He could not see / the fish's jumps / but only heard / the breaking of the ocean.

2. It is better / to be light-headed / than to lose your strength / from nausea.

3. Each time he shook / his head / the old man gave up / a little line.

4. I'm tireder / than I have ever been, / he thought, / and now the trade wind is rising.

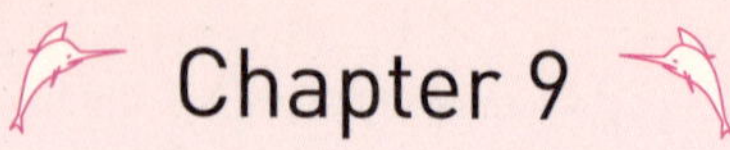

Chapter 9

Scene 1

Now you are getting confused / in the head, / he thought.
이제 너는 희미해지기 시작하는구나 /   정신이 /   그는 생각했다.

You must keep / your head clear. Keep / your head clear /
너는 유지해야 해 /   정신을 맑게.   유지해라 / 정신을 맑게 /

and know / how to suffer / like a man.
그리고 알아야 해 / 어떻게 고통을 견디는지 / 사나이답게.

Or a fish, / he thought.
아니면 고기답게 / 그는 생각했다.

"Clear up, head," he said / in a voice / he could hardly
"정신 차려, 머리야"   그는 말했다 / 목소리로 /   자신도 거의 들을 수 없는.

hear. "Clear up."
          "정신 차려"

Twice more it was the same / on the turns.
두 번 더 상황은 마찬가지였다 /   회전할 때.

I do not know, the old man thought.
알 수 없군,   노인은 생각했다.

He had been on the point / of feeling himself go /
노인은 순간에 이르렀다 /   (어떤 순간?) 자신이 기절할 것을 느끼는 /

each time. I do not know. But I will try it / once more.
매번   모르겠다.   그래도 해볼 거야 /   한 번 더

He tried it once more / and he felt himself going / when
그는 한 번 더 해보았다 /   그러자 그는 자신이 기절할 것 같이 느꼈다 / 그가 고기

he turned the fish. The fish righted himself / and swam
를 뒤집었을 때.   고기는 자세를 바로 잡고 /   헤엄치며 떠났다 /

off / again slowly / with the great tail waving / in the air.
     또다시 천천히 /   큰 꼬리를 흔들면서 /   공중에서.

I'll try it again, / the old man promised, / although his
다시 해볼 거야 /   노인은 다짐했다 /   비록 그의 손은 이제

hands felt like jelly now / and he could only see well /
힘이 풀렸고 /   그는 잘 볼 수 있을 뿐이었다 /

He tried it again / and it was the same.
그는 다시 시도해보았다 /   그래도 상황은 마찬가지였다.

So / he thought, / and he felt / himself going /
좋아 그렇다면 이라고 / 그는 생각했고 / 그는 느꼈다 / 자신이 기절할 것 같이 /

before he started; / I will try it once again.
시작하기 전에 /   그래도 나는 한 번 더 시작할 거야.

He took / all his pain / and what was left of his strength /
노인은 받아들였다 / 모든 고통과 /   남아 있는 힘과 /

and his long gone pride / and he put it / against the fish's
오래 전에 사라진 자부심을 /   그리고 그는 사용했다 / 고기와 힘든 싸움(고투)에 /

agony / and the fish / came over onto his side /
       그러자 고기는 /   노인이 있는 쪽으로 와서 /

and swam gently / on his side, / his bill almost touching /
유유히 헤엄쳤다 /   몸통을 기울이고 /   (그때) 고기의 주둥이는 거의 닿았고 /

the planking of the skiff / and started to pass the boat, /
배의 널빤지에 /   배 옆을 지나쳐가기 시작했다 /

long, deep, wide, silver / and barred with purple /
(그 고기는) 길고, 깊고, 넓고, 은빛이었고 / 보랏빛 줄무늬가 있었고 /

and interminable in the water.
물속에서는 끝이 보이지 않았다(매우 크게 보였다).

The old man dropped the line / and put his foot on it /
노인은 낚싯줄을 떨어뜨리고 /   줄 위에 발을 놓고(줄을 발로 밟고) /

and lifted the harpoon / as high as he could / and drove
작살을 들어 올렸다 /   가능한 높게 /   그 다음에 작살을

it down / with all his strength, / and more strength /
찔렀고 /   온 힘을 다해 /   더 많은 힘을 /

he had just summoned, / into the fish's side / just behind
그는 내어(주고) /   고기의 옆구리를 (찔렀다) /   (어떤 옆구리?) 거대한

the great chest fin / that rose high in the air /
가슴지느러미 바로 뒤쪽에 있는 / 그때 그 고기의 가슴지느러미는 공중에 높이 솟아올랐다 /

to the altitude of the man's chest.
노인의 가슴높이까지

He felt / the iron go in / and he leaned on it / and drove it
그는 느꼈다 / (작살의) 쇠가 들어가는 것을 / 그리고 작살에 몸을 기대고 / 더 깊숙이 작살을

further / and then pushed all his weight / after it.
밀었다 /   그리고 나서 자신의 모든 체중을 싣고 밀었다 /   작살을 밀어 넣고

Then the fish came alive, / with his death in him, / and
그러자 고기는 기운이 팔팔해졌다 /   생명을 빼앗길 수 있는 일을 당하고도 / 그리고

rose high / out of the water / showing / all his great length
높이 솟아올랐다 / 물 밖으로 /   보이면서 /   그의 엄청난 길이와 너비와 /

and width / and all his power and his beauty.
            모든 힘과 아름다움을

He seemed to hang in the air / above the old man in the
놈은 공중에 떠있는 듯 했다 /   배를 타고 있던 노인의 머리 위쪽에서

skiff. Then he fell into the water / with a crash / that sent
그 다음에 놈은 물속으로 떨어졌다 /   수면과 충돌하면서 /   그 충돌 때문에

spray / over the old man and over all of the skiff.
물이 흩어졌다 / 노인과 배의 모든 부분에

lean 기대다, 기울이다

Scene 2

The old man felt / faint and sick / and he could not see
노인은 느꼈다 /　　　　현기증과 구토를 /　　　　그리고 그는 잘 볼 수가 없었다.

well. But he cleared the harpoon line / and let it run
그러나 그는 (엉킨) 작살 줄을 풀면서 /　　　　천천히 지나가게 했다 /

slowly / through his raw hands / and, when he could see, /
살갗이 벗겨진 손으로　　　　그리고 그는 눈으로 볼 수 있을 때 /

he saw / the fish was on his back / with his silver belly up.
그는 보았다 / 고기가 뒤집혀 있는 것을 /　　　　은빛이 나는 배를 위로 드러내고.

The shaft of the harpoon was projecting at an angle /
작살의 자루는 비스듬히 튀어나와 있었다 /

from the fish's shoulder / and the sea was discoloring /
고기의 어깨 부분에서 /　　　　그리고 바다는 색이 변하고 있었다 /

with the red of the blood / from his heart.
붉은 피로 /　　　　심장에서 나온.

First it was dark / as a shoal in the blue water / that
처음에는 검게 보였다 /　　　푸른 물속에 있는 고기떼처럼 /

was more than a mile deep. Then it spread / like a cloud.
1마일 이상 깊은 곳에 있는.　　　　그 다음에 피는 퍼졌다 / 구름처럼.

The fish was silvery / and still and floated / with the
고기는 은빛이었고 /　　　　움직이지 않고 떠 있었다 /　　　　물결치는 대로

waves. The old man looked carefully / in the glimpse
노인은 조심스럽게 쳐다봤다 /　　　　희미한 시력(눈)으로 /

of vision / that he had. Then he took two turns of the
자신이 가지고 있는. 그리고 그는 작살 밧줄로 말뚝을 두 바퀴 감았고 /

harpoon line around the bitt / in the bow / and hid his
뱃머리에 있던 (말뚝을) / 머리를 가렸다 /

head / on his hands.
두 손으로

"Keep / my head clear," he said / against the wood of the
"유지해라 / 정신을 맑게"　　　　그는 말했다 / 뱃머리의 목판부분에 기대고

bow. "I am a tired old man. But I have killed this fish /
"나는 지친 늙은이야.　　　　그렇지만 나는 이 고기를 죽였어 /

---

raw 살갗이 벗겨진 shaft 자루, 손잡이 projecting 튀어나온 at an angle 비스듬히 discolor 색이 변하다
shoal (물고기의) 떼 glimpse of vision 희미한 시력(눈)

which is my brother / and now I must do / the slave work."
나의 형제인 /　　　　　　　그리고 이제 나는 해야 해 /　　　고된 일을"

Now I must prepare / the nooses and the rope /
이제 나는 준비해야 해 /　　　　　올가미와 밧줄을 /

to lash him alongside, / he thought.
고기를 배 옆에 묶을 /　　　　그는 생각했다.

Even if we were two / and swamped her / to load him /
비록 배에 우리 둘(고기와 노인)이 있어서 / 배에 물이 차면 /　　　고기를 실어 /

and bailed her out, / this skiff would never hold him.
배에서 물을 퍼낼 정도로 /　　　이 배는 고기를 실을 수 없지.

I must prepare everything, / then bring him in / and lash
나는 모든 것을 준비해야 해 /　　　　그 다음에 고기를 끌어당기고 / 놈을 잘 묶고 /

him well / and step the mast / and set sail for home.
　　　　돛대를 세우고 /　　　집을 향해 가야 해.

He started to pull the fish in / to have him alongside /
노인은 고기를 끌어당기기 시작했다 /　　　고기를 배 옆에 있게 하려고 /

so that he could pass a line / through his gills and out his
그러면 그는 줄을 지나가게 할 수 있고 /　　아가미를 통과하여 입 밖으로 /

mouth / and make his head fast / alongside the bow.
　　　고기의 대가리를 단단히 묶을 수 있다 / 뱃머리 옆에.

I want to see him, / he thought, / and to touch and to feel
나는 고기를 보고 싶다고 /　　그는 생각했다 /　　그리고 고기를 만지고 감촉을 느끼고 싶

him. He is my fortune, / he thought.
다고.　　고기는 내 재산이라고 /　　그는 생각했다.

But that is not why / I wish to feel him.
하지만 그런(재산이라는) 것이 이유는 아니야 / 내가 그를 만져보고 싶은

I think / I felt his heart, / he thought.
내가 생각하기에 / 나는 고기의 심장을 느껴봤어 / 그는 생각했다.

When I pushed on / the harpoon shaft the second time.
바로 내가 밀었을 때였지 /　　작살 자루를 두 번째로

Bring him in now / and make him fast / and get the noose
이제 놈을 끌어 당겨 /　　　놈을 단단히 묶어야지 /　　그리고 꼬리에 올가미를

around his tail / and another around his middle /
씌우고 /　　　　몸통에 다른 올가미를 씌워야지 /

to bind him to the skiff.
고기를 배에 묶으려면

"Get to work, old man," he said.
"일을 시작해라,　　늙은이야"　　노인은 말했다.

He took a very small drink of the water.
그는 물을 아주 조금 마셨다.

"There is very much slave work / to be done / now that
"고된 일이 아주 많이 있어 / 해야 할 / 싸움이 끝났기

the fight is over."
때문에"

He looked up / at the sky / and then out to his fish.
노인은 쳐다봤다 / 하늘을 / 그러고 나서 고기를.

He looked / at the sun carefully.
그는 쳐다봤다 / 해를 조심스럽게.

It is not much more / than noon, / he thought.
많은 시간이 지나지 않았구나 / 정오보다 / 그는 생각했다.

And the trade wind is rising.
그리고 무역풍이 일고 있어.

The lines all mean nothing / now.
낚싯줄은 중요하지 않아 / 이제는

The boy and I will splice them / when we are home.
아이와 나는 낚싯줄을 이을 거야 / 집에 있을 때

"with + 목적어 + 보어(형용사, 현재분사, 과거분사, 부사구)"는 "~하면서, ~한 채로"라고 해석
한다. 어떤(주된) 사건이 묘사되고 이와 동시에 일어나는 부차적인 사건을 묘사할 때 이 표현을
사용한다. 아래 예문을 보면 주된 사건은 앞에 언급되고, 이와 동시에 발생한 부차적인 사건은
"with + 목적어 + 보어"로 표현한다.

예) He saw / the fish was on his back / with his silver belly up.
그는 보았다 / 고기가 뒤집혀 있는 것을 / 은빛이 나는 배를 위로 드러내고

noose 올가미 lash 묶다 swamp 물에 잠기게 하다, 침몰시키다 bail out (배안의) 물을 퍼내다
step (돛대를) 세우다 splice (밧줄을) 합쳐 잇다, (밧줄의 두 끝을 풀어) 꼬아 잇다

Scene 3

"Come on, fish," he said. But the fish did not come.
"이리 와라, 고기야"　　　　노인은 말했다. 그러나 고기는 오지 않았다.

Instead / he lay there / wallowing now in the seas /
오기는커녕 /　고기는 그곳에서 누워있었다 / 이제 바닷물 속에서 뒹굴며 /

and the old man pulled the skiff upon / to him.
그래서 노인은 배를 이동시켰다 /　　　　　　　　　고기가 있는 곳으로

When he was even with him / and had the fish's head
노인이 고기와 나란히 있고 /　　　　　　고기의 대가리를 뱃머리에 댔을 때 /

against the bow / he could not believe / his size.
　　　　　　　그는 믿을 수 없었다 /　　　　고기의 크기를 보고.

But he untied the harpoon rope / from the bitt, / passed it
그렇지만 그는 작살 밧줄을 풀고 /　　　　(뱃머리에 있는) 말뚝에서 / 고기의 아가미

through the fish's gills / and out his jaws, / made a turn
를 지나고 /　　　　　　　　턱으로 빼서 /　　　　(칼처럼 생긴) 주둥이

around his sword / then passed the rope through the other
에 한 바퀴 감고 /　　　　그 다음에 밧줄을 다른 아가미에 통과시키고 /

gill, / made another turn around the bill / and knotted the
　　주둥이에 다시 한 바퀴 감고 /　　　　　　밧줄을 두 번 묶고 /

double rope / and made it fast / to the bitt in the bow.
　　　　　밧줄을 단단히 묶었다 /　　뱃머리에 있는 말뚝에.

He cut the rope then / and went astern / to noose the tail.
그런 다음에 그는 밧줄을 잘라버리고 / 고물 쪽으로 갔다 / 꼬리를 올가미를 꼬리에 씌우려고.

The fish had turned silver / from his original purple and
고기는 은빛으로 변했고 /　　　　　　원래 보랏빛과 은빛에서 /

silver, / and the stripes showed the same pale violet color /
　　　줄무늬는 연보라색으로 나타났다 /

as his tail. They were wider / than a man's hand / with his
꼬리처럼.　　　줄무늬는 더 넓었고 /　　사람의 손보다 /　　　손가락을 펼친

fingers spread / and the fish's eye looked / as detached /
/　　　　　　고기의 눈은 보였다 /　　　　　초연하게 /

as the mirrors in a periscope / or as a saint in a procession.
잠망경의 반사경처럼 /　　　　　또는 행렬 속의 성인처럼

"It was the only way / to kill him," the old man said.
"그게 유일한 방법이었지(그 방법밖에 없었지) / 그 놈을 죽이는"　노인은 말했다.

He was feeling better / since the water / and he knew /
그는 기분이 더 나아지고 있었고 / 물을 마시고 나서 / 그는 알았다 /

he would not go away / and his head was clear.
자신이 기절하지 않을 것이라고 / 그리고 머리가 맑아졌다.

He's over fifteen hundred pounds / the way he is, /
고기는 천오백 파운드 이상이라고 / 현재 상태로는 /

he thought. Maybe much more. If he dresses out /
그는 생각했다. 아마 훨씬 더 많이 나갈 거야. 만일 그가 고기의 내장을 빼서 /

two-thirds of that / at thirty cents a pound?
고기의 3분의 2가 살로 남으면 / 파운드당 30센트씩 받을까?

"I need a pencil / for that," he said.
"나는 연필이 필요하군 / 그런 일을 하려면" 그는 말했다.

"My head is not that clear. But I think / the great
"머리가 그런 일을 할 정도로 맑지 않아. 그러나 내가 생각하기엔 / 유명한

DiMaggio would be proud of me / today. I had no bone
디마지오 선수는 나를 자랑스럽게 여길 거야 / 오늘은. 나에게는 뼈 돌기가 없어.

spurs. But the hands and the back hurt / truly."
하지만 손과 등이 아파 / 정말로"

I wonder / what a bone spur is, he thought.
궁금해 / 뼈 돌기가 무엇인지, 그는 생각했다

Maybe we have them / without knowing of it.
아마 우리도 뼈 돌기가 있을 거야 / 그런 것(병)이 있는지도 모르고서

He made the fish fast / to bow and stern / and to the
그는 고기를 단단히 묶었다 / 뱃머리와 고물에 / 그리고 중간 가로장에

middle thwart. He was so big / it was like lashing a much
고기는 너무 커서 / 훨씬 더 큰 배를 묶는 것 같았다 /

bigger skiff / alongside. He cut a piece of line / and tied /
배 옆에. 그는 한 조각의 줄을 끊어서 / 묶었다 /

the fish's lower jaw against his bill / so his mouth would
고기의 아래턱을 주둥이에 / 그러면 고기의 입은 열리지 않고 /

not open / and they would sail / as cleanly as possible.
그들은 항해할 것이다 / 최대한 거침없이

Then he stepped the mast / and, with the stick that was
그 다음에 그는 돛대를 세웠다 / 그리고 갈고리에 있던 자루와 /

his gaff / and with his boom rigged, / the patched sail
활대(돛의 밑단을 덮는 둥근 재목)가 준비되고 / 누덕누덕 기운 돛이 펴지자 /

wallow (물속에서) 뒹굴다, 몸부림치다 pull (배를) 움직이다, 이동시키다 sword (칼처럼 생긴) 주둥이 bill 주둥이
knot 매다, 묶다 astern 고물 쪽으로 detached 초연한 periscope 잠망경 procession 행렬 thwart 가로장
gaff 갈고리 boom 활대(돛의 말단을 덮는 둥근 재목) rig 준비하다

drew, / the boat began to move, / and half lying in the
배는 움직이기 시작했다 /   그리고 고물에 반쯤 누워서 /

stern / he sailed south-west.
그는 남서쪽으로 항해했다.

Scene 4

He did not need a compass / to tell him / where southwest
노인은 나침반이 필요하지 않았다 / 그에게 알려주는 / 어느 쪽이 남서쪽인지

was. He only needed / the feel of the trade wind /
그는 단지 필요하기만 했다 / 무역풍의 감촉과 /

and the drawing of the sail. I better put a small line out /
돛이 팽팽하게 당겨진 모습만. 작은 낚싯줄을 배 밖으로 내놓는 것이 좋겠군 /

with a spoon on it / and try and get something /
꾐낚시(물고기를 유인하는 숟가락 모양의 쇠붙이)를 달아서 / 그리고 뭔가를 잡는 것이 좋겠군 /

to eat and drink for the moisture. But he could not find /
먹을 것과 목을 축이기 위해 마실 것을 위해. 그러나 그는 찾을 수 없었고 /

a spoon / and his sardines were rotten.
꾐낚시를 / 정어리는 썩어 있었다.

So he hooked / a patch of yellow Gulf weed /
그래서 그는 끌어 올렸다 / 한 다발의 누런 모자반류 해조를 /

with the gaff / as they passed / and shook it /
갈고리로 / 해조류가 (배 옆으로) 지나갈 때 / 그리고 갈고리를 흔들었다 /

so that the small shrimps that were in it / fell onto the
그러자 그 속에 있던 작은 새우들이 / 배의 널빤지 바닥에 떨어

planking of the skiff. There were / more than a dozen of
졌다. 이었다 / 12마리 이상의 새우가 /

them / and they jumped and kicked / like sand fleas.
그리고 그들은 팔딱팔딱 뛰었다 / 모래 벼룩처럼

The old man pinched their heads off / with his thumb
노인은 새우머리를 꼬집어 떼어버리고 / 엄지손가락과 집게손가락으로 /

and forefinger / and ate them / chewing up the shells and
새우들을 먹었다 / 껍데기와 꼬리를 씹으면서.

the tails. They were very tiny / but he knew / they were
그들은 매우 작았다 / 그러나 그는 알았다 / 그들은 영양가가 많

nourishing and they tasted good.
고 맛이 좋다는 것을

---

spoon 꾐낚시(물고기를 유인하는 숟가락 모양의 쇠붙이) rotten 썩은 pinch 꼬집다, 두 손가락으로 집다
nourishing 영양가가 많은

The old man still had / two drinks of water / in the bottle /
노인에게는 아직도 남아있었다 /   두 모금 가량이 되는 물이 /   병에 /

and he used half of one / after he had eaten / the shrimps.
그리고 그는 반쯤 마셨다 /   그가 먹고 나서 /   새우를

The skiff was sailing well / considering the handicaps /
배는 잘 나가고 있었고 /   (큰 고기를 끌고 가는) 불리한 조건을 고려하면 /

and he steered / with the tiller under his arm.
노인은 방향을 조정했다 / 키의 손잡이를 겨드랑이에 끼고

He could see the fish / and he had only to look at his
그는 고기를 (눈으로) 볼 수 있었다 / 그리고 그는 양손을 보기만 하거나 등의 감촉을 느끼기만

hands and feel his back / against the stern / to know /
해도 됐다 /   고물에 부딪치는 /   알려면 /

that this had truly happened / and was not a dream.
(무엇을?) 이런 일이 정말로 일어났고 /   꿈이 아니라는 것을

At one time / when he was feeling so badly / toward the
한 때는 /   그가 몸이 너무나 나빴던 /   (고기와 싸움이)

end, / he had thought / perhaps it was a dream.
끝날 무렵에 / 그는 생각했다 /   아마도 꿈이 아닐까라고.

Then / when he had seen / the fish come out of the water /
그리고 /   자신이 봤을 때 /   (무엇을?) 고기가 물속에서 뛰어오르고 /

and hang motionless in the sky / before he fell, / he was
꼼짝도 하지 않고 공중에 머물러 있는 것을 /   고기가 떨어지기 전에 /   그는 확신했고 /

sure / there was some great strangeness / and he could not
뭔가 매우 기묘한 일이라고 /   또한 그는 도저히 믿을 수

believe it.
없었다.

Then he could not see well, / although now he saw /
그때 그의 눈은 잘 볼 수 없었다 /   비록 지금 그는 볼 수 있지만 /

as well as ever.
여느 때처럼 잘

Now he knew / there was the fish / and his hands and back
이제 그는 알았다 /   고기가 정말로 있다는 것과 /   자신의 손과 등이 꿈이 아니라는 것을.

were no dream. The hands cure quickly, / he thought.
손은 빨리 나아 /   그는 생각했다.

I bled them clean / and the salt water will heal / them.
손에서 피를 깨끗이 짜냈고 /   짠 물은 낫게 해줄 거야 /   손을.

The dark water of the true gulf / is the greatest healer /
멕시코 만의 검은 물은 /   가장 훌륭한 치료제야 /

that there is. All I must do / is keep the head clear.
(세상에) 존재하는.　내가 해야 할 일은 /　머리를 맑게 하는 거야.

The hands have done / their work / and we sail well.
손은 끝냈고 /　자신이 할 일을 /　우리는 순조롭게 항해한다.

With his mouth shut / and his tail straight up and down /
(고기는) 입을 다물고 /　꼬리를 똑바로 세우고 /

we sail / like brothers.
우리는 항해하고 있다 / 형제처럼

Then his head started to become a little unclear / and he
그때 노인의 머리는 약간 흐려지기 시작했다 /　그래서 그는

thought, / is he bringing me in / or am I bringing him in?
생각했다 /　고기가 나를 끌고 가고 있는가 /　아니면 내가 고기를 끌고 가고 있는가

If I were towing him / behind / there would be no
만일 내가 고기를 끌고 가고 있다면 / 뒤쪽에 달고 / 이런 의문은 없을 것이다.

question. Nor if the fish were in the skiff, / with all
또한 고기가 배 안에 있다면 /　모든 위엄이

dignity gone, / there would be no question / either.
사라진 채로 /　이런 의문은 없을 것이다 /　또한.

But they were sailing together / lashed side by side /
그러나 그들은 함께 항해하고 있었다 /　나란히 밧줄에 묶여 /

and the old man thought, / let him bring me in /
그래서 노인은 생각했다 /　고기가 나를 끌고 가게 하자 /

if it pleases him. I am only better / than him /
그것이 놈의 마음에 든다면. 나는 더 나을 뿐이고 /　그 놈보다 /

through trickery / and he meant me no harm.
속임수를 통해서만 /　놈은 나를 해칠 의도가 없으니까.

"to 부정사의 형용사적 용법" 이란?

아래에 있는 "to tell"은 앞에 나온 "compass"(명사)를 더 자세히 설명해준다. 이렇게 "to 동사원형"이 앞에 있는 명사를 설명하면, 형용사와 같은 역할을 하므로, "to 부정사의 형용사적 용법"이라고 부른다.

예) He did not need a compass / to tell him / where southwest was.
　노인은 나침반이 필요하지 않았다 / (어떤 나침반?) 그에게 알려주는 / 어느 쪽이
　남서쪽인지

considering ~을 고려하면　handicap 불리한 조건　tiller (배에 있는) 키의 손잡이
strangeness 기묘한 일, 불가사의한 일　heal (상처를) 낫게 하다　trickery 속임수

Scene 5

They sailed well / and the old man soaked his hands /
그들은 순조롭게 항해했고 /   노인은 손을 담그고 /

in the salt water / and tried / to keep his head clear.
짠 물에 /   애를 썼다 /   정신을 맑게 하려고.

There were / high cumulus clouds and enough cirrus /
있었다 /   높이 떠있는 뭉게구름과 많은 새털구름이 /

above them / so that the old man knew / the breeze
그들 위쪽에 /   그래서 노인은 알았다 /   산들바람이

would last / all night. The old man looked at the fish /
계속 불 것이라고 / 밤새도록.   노인은 고기를 쳐다봤다 /

constantly / to make sure it was true.
계속 /   이런 일이 사실인지 확인하려고.

It was an hour before / the first shark hit him.
한 시간이 지나서야 /   첫 번째 상어가 고기를 공격했다.

The shark was not an accident. He had come up / from
상어의 공격은 우연한 일이 아니었다.   상어는 올라왔다 /   바닷물 깊은

deep down in the water / as the dark cloud of blood had
곳에서 /   검은 구름 같은 피가 가라앉고 퍼졌을 때 /

settled and dispersed / in the mile deep sea.
                   1마일 깊이의 바다에서.

He had come up / so fast and absolutely without caution /
상어는 올라와서 /   매우 빠르고 전혀 조심성 없이

that he broke the surface of the blue water / and was in
상어는 푸른 바다의 수면을 뚫고 /   태양에 모습을 드러냈

the sun. Then he fell back into the sea / and picked up
다.   그 다음에 상어는 바닷물 속으로 다시 들어가고 /   피 냄새를 맡고 /

the scent / and started swimming / on the course / the
           헤엄치기 시작했다 /   길을 따라 /

skiff and the fish had taken. Sometimes he lost the scent.
배와 고기가 가는.   가끔씩 상어는 냄새를 놓치기도 했다.

But he would pick it up again, / or have just a trace of it, /
그러나 그는 냄새를 다시 되찾았다 /   또는 냄새의 흔적을 찾고 /

and he swam / fast and hard / on the course.
그는 헤엄쳤다 /   빠르고 맹렬하게 /   배가 가는 진로를 따라.

He was a very big Mako shark / built to swim as fast /
그는 매우 큰 마코 상어였다 /　　　　　　　빠르게 수영할 수 있는 체격이 있는 /

as the fastest fish in the sea / and everything about him
바다에서 가장 빠른 고기처럼 /　　　마코 상어의 모든 것이 아름다웠다 /

was beautiful / except his jaws.
　　　　　　　　턱을 빼고.

His back was as blue / as a sword fish's / and his belly
그 놈의 등은 파랬다 /　　　　황새치처럼 /　　　그리고 배는 은빛이었고 /

was silver / and his hide was smooth and handsome.
　　　　　　그의 가죽은 매끄럽고 멋있었다.

He was built as a sword fish / except for his huge jaws /
놈은 황새치와 비슷한 체격을 갖추었다 /　　　큰 턱을 빼면 /

which were tight shut now / as he swam fast, /
지금 꽉 다물고 있는 /　　　　놈이 빠르게 헤엄칠 때 /

just under the surface / with his high dorsal fin knifing
수면 바로 밑에서 /　　　그의 높이 세운 등지느러미가 물을 헤치고 나아가고

through the water / without wavering.
있었다 /　　　　흔들림 없이

Inside the closed double lip of his jaws / all of his eight
그의 입의 꼭 다문 두 겹의 입술 속에 /　　　여덟 줄의 이빨 모두가 /

rows of teeth / were slanted inwards. They were not the
　　　　　　안쪽으로 기울어져 있었다.　　　이빨은 평범한 피라미드 모양의

ordinary pyramid-shaped teeth / of most sharks.
이가 아니었다 /　　　　　대부분 상어의.

They were shaped like a man's fingers / when they are
이빨은 사람의 손가락과 비슷한 모양이었다 /　　　매 발톱처럼 오므렸을 때는.

crisped like claws. They were nearly as long as /
　　　　이빨은 비슷하게 길었고 /

the fingers of the old man / and they had razor-sharp
노인의 손가락만큼 /　　　이빨에는 면도칼처럼 날카로운 끝이 있었다 /

cutting edges / on both sides.
　　　　　　양쪽에

This was a fish built / to feed on all the fishes in the sea, /
이놈은 체격을 갖춘 고기였다 /　　바다의 모든 고기를 잡아먹을 수 있도록 /

soak 담그다, 적시다 cumulus 뭉게구름 cirrus 새털구름 constantly 계속 disperse 흩어지다, 퍼지다
without caution 조심성 없이 scent 냄새 Mako shark 마코 상어 built ~한 체격을 갖춘 sword fish 황새치
dorsal fin 등지느러미 knife (칼로 베듯이) 헤치고 나아가다 waver 흔들리다, 동요하다 slanted 기울어진
crisp (머리카락을) 곱슬곱슬하게 하다 crisped (곱슬머리처럼) 발톱을 오므린

that were so fast and strong and well armed / that they
이놈은 아주 빠르고 강하며 잘 무장되어서 /   그들은

had no other enemy.
다른 적이 없었다.

Now he speeded up / as he smelled the fresher scent /
이제 놈은 속도를 냈다 /   놈이 더 신선한 피 냄새를 맡았기 때문에 /

and his blue dorsal fin cut the water.
그리고 그의 푸른 등지느러미는 물을 가르고 있었다.

When the old man saw / him coming / he knew /
노인이 보았을 때 /   놈이 오고 있는 것을 / 그는 알았다 /

that this was a shark / that had no fear at all /
이놈은 상어라는 것을 /   (어떤 상어?) 두려움이 전혀 없고 /

and would do exactly / what he wished.
정말로 하고 마는 /   자신이 원하는 것을

He prepared the harpoon / and made the rope fast /
노인은 작살을 준비하고 /   밧줄을 단단히 맸다 /

while he watched / the shark come on.
자신이 바라보는 동안에 /   상어가 다가오는 것을.

The rope was short / as it lacked / what he had cut away /
그 밧줄은 짧았다 /   없었기 때문에 /   노인이 잘라 낸 부분이 /

to lash the fish.
고기를 묶기 위해

Key Expression

"it will be(was) 시간부사 before"는 "시간부사가 지나고 나서야 비로소 ~할 것이다(했다)"
라고 해석한다. 이 문장을 "한 시간이 지났다 / 첫 번째 상어가 고기를 공격하기 전에(공격할 때
까지)"라고 해석해도 된다. 이 패턴에 있는 "before"를 "till"이나 "until"로 바꿔 쓸 수 있다.
예) It was an hour before / the first shark hit him.
    한 시간이 지나서야 / 첫 번째 상어가 고기를 공격했다.

lack ~이 없다, 부족하다

Scene 6

The old man's head was clear and good / now /
노인의 정신은 맑았고 멀쩡했다 / 이제 /

and he was full / of resolution / but he had little hope.
그리고 그는 충만해 있었다 / 각오로 / 그러나 그에게는 희망은 거의 없었다.

It was too good to last, / he thought.
너무나 좋아서 오래갈 리가 없다고 / 그는 생각했다.

He took one look / at the great fish / as he watched the /
그는 한번 쳐다봤다 / 거대한 고기를 / 자신이 지켜보는 동안에 /

shark close in.
상어가 다가오는 것을.

It might as well have been a dream, / he thought.
차라리 꿈이라면 좋겠어라고 / 그는 생각했다.

I cannot keep him / from hitting me / but maybe I can
나는 상어가 못하게 할 수 없어 / 나를 공격하는 것을 / 그러나 아마도 나는 그 놈을

get him. Dentuso(mako shark), he thought.
죽일 수도 있어. 덴투소(마코 상어), 그는 생각했다.

Bad luck to your mother.
망할 놈의 상어야.

The shark closed fast / astern / and when he hit the fish /
상어는 빠르게 다가왔다 / 고물로 / 그리고 그 놈이 고기를 공격할 때 /

the old man saw / his mouth open and his strange eyes /
노인은 보았다 / 그의 벌어진 입과 이상한 눈을 /

and the clicking chop of the teeth / as he drove forward /
그리고 이빨을 부딪치며 자르는 모습을 / 놈이 정면으로 달려드는 동안에 /

in the meat just above the tail.
꼬리 바로 위의 살로.

The shark's head was out of water / and his back was
상어의 대가리는 물밖에 나왔고 / 그의 등도 물 밖으로 나오고 있었고 /

coming out / and the old man could hear / the noise of
노인은 들을 수 있었다 / 가죽과 살점이 찢겨지는

skin and flesh ripping / on the big fish / when he rammed
소리를 / 큰 고기의 / 그가 작살을 찔렀을 때 /

resolution 각오, 결심 close in 다가오다 click 짤가닥 소리 나다 chop 자르기, 절단 rip 찢다 ram 찌르다

the harpoon down / onto the shark's head / at a spot /
상어의 머리에 /　　　　(머리의) 어떤 지점을 향하여 /

where the line between his eyes intersected / with the
두 눈 사이의 선이 교차하는 (지점을 향하여) /　　　코에서 똑바로

line that ran straight back from his nose.
올라오는 선과.

There were no such lines.
실제로 그런 선은 없었다.

There was only / the heavy sharp blue head and the big
있을 뿐이었다 /　　육중하고 날카롭고 푸른 대가리와 큰 눈과 /

eyes / and the clicking, thrusting all-swallowing jaws.
찰각 찰각 소리를 내며,　삐죽 튀어 나오고 뭐든지 삼키는 주둥이만.

But that was the location of the brain / and the old man
그러나 (실제로 존재하지 않는) 그곳은 뇌가 있는 곳이었다 /　그래서 노인은 (작살로) 그곳을

hit it. He hit it / with his blood mushed hands / driving a
노리고 찔렀다.　그는 그곳을 찔렀다 / 피가 흐물흐물하게 엉겨 붙은 손으로 / 작살을 처박으면서 /

good harpoon / with all his strength.
있는 힘을 다해

He hit it / without hope but with resolution and complete
그는 그곳을 찔렀다 / 희망은 없었지만 결단과 철저한 악의를 갖고

malignancy. The shark swung over / and the old man
상어는 몸을 뒤집었고 /　　　노인은 보았다 /

saw / his eye was not alive / and then he swung over /
상어의 눈에는 생기가 없는 것을 /　그 다음에 상어는 몸을 뒤집었다 /

once again, / wrapping himself / in two loops of the rope.
다시 한 번 /　(그리고) 자신의 몸을 감기게 했다 / 밧줄로 두 바퀴나

The old man knew / that he was dead / but the shark
노인은 알았다 /　　　상어가 죽은 것을 /　　　그러나 상어는 받아들이려

would not accept / it.
하지 않았다 /　　　자신의 죽음을

Then, on his back, / with his tail lashing and his jaws
그때, 몸을 뒤집고 /　　꼬리를 세차게 움직이고 이빨을 탁탁 부딪치던 /

clicking, / the shark plowed over the water / as a
상어는 물위로 달아났다 /　　　　쾌속정처럼

speedboat does. The water was white / where his tail
바닷물은 하얗게 되었고 /　　상어의 꼬리로 후려친 곳에서 /

beat it / and three-quarters of his body was clear above
상어 몸통의 4분의 3은 물위로 완전히 드러났다 /

the water / when the rope came taut, shivered, / and then
그때 밧줄은 팽팽해졌고,   부르르 떨렸고 /   그리고 나서

snapped.
탁 끊어졌다.

The shark lay quietly / for a little while / on the surface /
상어는 조용히 누워있었다 /   잠시 동안 /   물 위에 /

and the old man watched / him.
그리고 노인은 지켜봤다 /   상어를.

Then he went down / very slowly.
그리고 나서 상어는 (물속으로) 내려갔다 / 아주 천천히

"He took / about forty pounds," the old man said aloud.
"놈이 뜯어 가버렸군 / 약 40파운드 가량을"   노인은 큰 소리로 말했다.

He took / my harpoon too / and all the rope, he thought, /
놈은 가져가버렸어 / 내 작살도 /   밧줄도 모두,   그는 생각했다 /

and now my fish bleeds again / and there will be others.
그리고 이제 내 고기가 다시 피를 흘리고 있고 /   다른 상어들이 나타날 거야.

He did not like to look / at the fish anymore / since he
그는 보고 싶지 않았다 /   고기를 더 이상 /   왜냐하면 고기가

had been mutilated.
손상되었기에

When the fish had been hit / it was as though he himself
고기가 공격받았을 때 /   그건 마치 자신이 공격받는 것 같았다

were hit.

intersect ~와 교차하다 mushed 흐물흐물하게 된 malignancy 악의 swing over 몸을 뒤집다
loop (밧줄로 만든) 고리 lash (꼬리를) 세차게 움직이다 plow (물결을) 헤치고 나아가다 taut 팽팽한 shiver 떨다
snap 탁 끊어지다 mutilated 손상된, 망가진

Scene 7

But I killed the shark / that hit my fish, / he thought.
하지만 나는 상어를 죽였어 /　　(어떤 상어?) 내 고기를 공격했던 / 그는 생각했다.

And he was the biggest dentuso / that I have ever seen.
그리고 놈은 가장 큰 마코 상어였어 /　　지금까지 본 것 중에서

And God knows / that I have seen big ones.
그리고 아무도 모르지 /　　내가 큰 놈들을 봤는지

It was too good to last, he thought. I wish / it had been a
너무나 좋아서 오래갈 리가 없어,　　그는 생각했다.　　좋을 텐데 / 지금이 꿈이라면 /

dream now / and that I had never hooked the fish /
　　그리고 내가 큰 고기를 낚지 않았다면 /

and was alone / in bed on the newspapers.
그리고 혼자 있다면 /　　신문지를 깔고 침대에 누워

"But man is not made / for defeat," he said.
　"그러나 인간은 만들어지지 않았지 / 패배하도록"　　그는 말했다.

"A man can be destroyed but not defeated."
　"인간은 파멸할 수 있지만 패배하지 않아"

I am sorry / that I killed the fish / though, / he thought.
이제 나는 후회해 / 내가 고기를 죽인 일을 /　　그래도 /　　그는 생각했다.

Now the bad time is coming / and I do not even have
이제 어려운 시기가 닥치고 있어 /　　그런데 나에게는 작살조차도 없군.

the harpoon. The dentuso is cruel and able / and strong
　　마코 상어는 잔인하고 수완이 좋고 /　　강하고 영리해

and intelligent. But I was more intelligent / than he was.
　　그러나 나는 더 영리했어 /　　그 놈보다.

Perhaps not, he thought. Perhaps I was only better armed.
아마 그러지 않을 거야, 그는 생각했다.　아마 난 단지 더 좋은 무기를 사용했지.

"Don't think, old man," he said aloud.
　"생각하지 마,　　늙은이"　　그는 큰 소리로 말했다.

"Sail on this course / and take it / when it comes.
　"이 방향으로 항해 하라고 /　　그리고 상황에 따라 대처해보는 거야 / 난관이 닥치면.

But I must think, he thought. Because it is all I have left.
하지만 나는 생각해야 해, 그는 생각했다. 왜냐하면 생각하는 것이 나에게 남겨진 모든 것이니까.

That and baseball. I wonder / how the great DiMaggio
그것(생각하는 것)과 야구밖에 없어. 궁금하군 /　　얼마나 유명한 디마지오 선수가 좋아할지 /

would have liked / the way I hit / him in the brain?
내가 공격했던 방법을 / 상어의 머리를?

It was no great thing, he thought. Any man could do / it.
그것은 대단한 일은 아니었지,　그는 생각했다.　어떤 사람이라도 다 할 수 있지 / 그것쯤은.

But do you think / my hands were as great a handicap /
그래도 생각하니 /　내 손이(손의 상처가) 큰 장애라고 /

as the bone spurs? I cannot know. I never had anything
뼈 돌기만큼　알 수 없지.　나는 문제가 없었지 /

wrong / with my heel / except the time the sting ray stung
발꿈치에 /　가오리가 쏘았던 때 말고는 /

/ it / when I stepped on him / when swimming / and
발꿈치를 / 내가 가오리를 밟았을 때 /　수영하던 중에 /　그리고

paralyzed the lower leg / and made the unbearable pain.
다리 아랫부분을 마비시켰고 /　참을 수 없는 고통을 주었던 (때 말고는)

"Think / about something cheerful, old man," he said.
"생각해 봐 / 뭔가 즐거운 일에 대해,　늙은이"　그는 말했다.

"Every minute now / you are closer / to home.
"이제 시시각각 /　너는 더 가까워지고 있어 / 집에.

You sail lighter / for the loss of forty pounds."
너는 더 가볍게 항해하고 있어 / 고기의 40파운드나 잃었으니까"

He knew quite well / the pattern of what could happen /
노인은 아주 잘 알고 있었다 /　어떤 일이 일어날지 /

when he reached / the inner part of the current.
그가 다다르면 /　조류의 안쪽에

But there was nothing / to be done now.
그러나 아무것도 없었다 /　지금 할 수 있는 것은

"Yes there is," he said aloud.
"아니 (할 수 있는 것이) 있어"　그는 큰 소리로 말했다.

"I can lash my knife / to the butt of one of the oars."
"칼을 묶으면 돼 /　한 쪽 노의 끝부분에"

So he did that / with the tiller under his arm / and the sheet
그래서 노인은 칼을 묶었다 / (어떻게?) 키 손잡이를 겨드랑이에 끼고 /　돛의 밧줄을 발로 밟고서

of the sail under his foot. "Now," he said.
"자"　노인은 말했다.

"I am still an old man. But I am not unarmed."
"나는 여전히 노인이다.　하지만 나는 (싸울) 무기가 없진 않아"

---

armed 무기를 사용한, 무장한 sting ray 가오리 paralyze 마비시키다 unbearable 참을 수 없는 butt 끝부분
tiller 키의 손잡이 sheet (돛의) 밧줄

Scene 8

The breeze was fresh / now / and he sailed on well.
산들바람은 새로 불었고 / 이제 / 노인은 곧잘 항해했다.

He watched / only the forward part of the fish / and some
그는 주시했고 / 고기의 앞머리만을 /

of his hope returned. It is silly / not to hope, he thought.
약간의 희망이 다시 살아났다. 어리석은 짓이야 / 희망을 버리는 것은, 그는 생각했다.

Besides I believe it is a sin. Do not think / about sin, he
게다가 그것(희망을 버리는 것)은 죄악이야. 생각을 하지 말자 / 죄에 대해서, 그는

thought. There are enough problems / now / without sin.
생각했다. 골칫거리가 많아 / 이제 / 죄 말고도.

Also I have no understanding / of it.
게다가 나는 알지도 못해 / 죄에 대해

I have no understanding / of it / and I am not sure /
나는 알지도 못해 / 죄에 대해 / 그리고 확신할 수 없어 /

that I believe in it. Perhaps it was a sin / to kill the fish.
죄라는 것이 존재한다고 믿고 있는지도. 아마 죄일지도 몰라 / 고기를 죽인 것은.

I suppose it was / even though I did it / to keep me alive /
내가 생각하기에 죽인 것은 죄가 될 거야 / 비록 고기를 죽였지만 / 내가 살기 위해 /

and feed many people.
그리고 많은 사람들을 먹이기 위해

But then everything is a sin. Do not think / about sin.
하지만 그렇다면 모든 것이 죄야. 생각하지 말자 / 죄에 대해.

It is much too late / for that / and there are people /
너무나 늦었지 / 죄를 생각하기에는 / 그리고 사람들이 있지 /

who are paid to do it. Let them think / about it.
(어떤 사람?) 죄에 대해 생각하기 위해 돈을 받는. 그런 사람들이 생각하게 하자 / 죄에 대해서는.

You were born / to be a fisherman / as the fish was born /
너는 태어났잖아 / 어부로 / 고기가 태어난 것처럼 /

to be a fish. San Pedro(Saint Peter) was a fisherman /
고기로. 성 베드로도 어부였지 /

as was the father of the great DiMaggio.
유명한 디마지오 선수의 아버지처럼.

But he liked to think / about all things / that he was
그러나 노인은 생각하는 것이 좋았다 / 모든 일에 대해 / 자신이 관련된 /

involved in / and since there was nothing to read /
그리고 읽을거리도 없었고 /

and he did not have a radio, / he thought much /
그에게는 라디오도 없었기 때문에 / 그는 많은 것을 생각했고 /

and he kept on thinking / about sin.
계속 생각했다 / 죄에 대해.

You did not kill the fish / only to keep alive / and to sell
너는 고기를 죽인 것이 아니야 / 단지 생존하고 / 음식으로 팔려고만,

for food, / he thought. You killed him / for pride /
그는 생각했다. 너는 고기를 죽인 거야 / 자부심을 느끼려고 /

and because you are a fisherman. You loved him /
또한 네가 어부 이기 때문에. 너는 고기를 사랑했고 /

when he was alive / and you loved him / after.
그 놈이 살아 있을 때도 / 너는 고기를 사랑했지 / 죽은 후에도 .

If you love him, / it is not a sin / to kill him.
만일 네가 그를 사랑한다면 / 죄가 아니다 / 그를 죽이는 것은.

Or is it more?
아니면 더 큰 죄일까?

"You think / too much, old man," he said aloud.
"너는 생각해 / 너무나 많이, 늙은이" 그는 큰 소리로 말했다.

But you enjoyed killing / the dentuso, he thought.
하지만 너는 죽이는 것을 좋아했지 / 마코 상어를, 그는 생각했다.

He lives on the live fish / as you do.
놈도 살아 있는 고기를 먹고 살지 / 너처럼

He is not a scavenger / nor just a moving appetite /
놈은 썩은 고기를 먹는 청소동물도 아니고 / 움직이면서 닥치는 대로 먹어 치우는 놈도 아니지 /

as some sharks are. He is beautiful and noble /
일부 상어들처럼. 놈은 아름답고 고상하고 /

and knows no fear of anything.
어떤 것도 두려워하지 않지.

"I killed him / in self-defense," the old man said aloud.
"나는 그 놈을 죽였지 / 정당방위로" 노인은 큰 소리로 말했다.

"And I killed him / well."
"그리고 나는 그를 죽였지 / 멋지게"

Besides, he thought, everything kills / everything else /
게다가, 그는 생각했다, 모든 생물은 죽이지 / 다른 것을 /

in some way.
어떤 식으로든.

scavenger (썩은 고기를 먹는) 청소동물

Fishing kills me / exactly as it keeps me alive.
고기잡이는 나를 죽이지 /   나를 살아 있게 하는 만큼이나.

The boy keeps me alive, he thought.
그 아이가 나를 살아 있게 하지,   그는 생각했다.

I must not deceive myself / too much.
나는 잘못 생각하면 안 돼 /   너무 지나치게.

"to + 동사원형"이 "목적"을 의미하면, "~하기위해서"라고 해석한다. 영어 어순대로 보면, 어떤 사
건이 발생하고 나서 "왜 그런 사건이 일어났는지" 그 이유를 구체적으로 설명할 뿐이다.

예) I killed it / to keep me alive / and feed many people.
　　나는 고기를 죽였다 / (왜?) 내가 살아남기 위해 / 그리고 많은 사람들을 먹이기 위해

deceive oneself 잘못 생각하다

Scene 9

He leaned / over the side / and pulled loose a piece of the
노인은 몸을 기대고 / 뱃전너머로 / 한 점의 고기를 잡아뗐다 /

meat / of the fish / where the shark had cut him.
고기에서 / 상어가 물어뜯었던.

He chewed it / and noted / its quality and its good taste.
그는 그 고깃점을 씹고서 / 알아챘다 / 질도 좋고 맛도 좋다는 것을.

It was firm and juicy, / like meat, / but it was not red.
고기는 단단하고 즙이 많았다 / 육류처럼 / 그러나 색깔은 붉지 않았다.

There was no stringiness / in it / and he knew /
힘줄이 많지 않았다 / 고기에는 / 그리고 그는 알았다 /

that it would bring the highest price / in the market.
고기는 가장 높은 가격에 팔릴 것이라는 것을 / 시장에서

But there was no way / to keep its scent out of the water /
그러나 방법이 없었고 / (어떤 방법?) 냄새가 물속으로 퍼지는 것을 막을 /

and the old man knew / that a very hard time was coming.
노인을 알고 있었다 / 아주 힘든 시기가 닥쳐오고 있다는 것을

The breeze was steady.
산들바람은 계속 불고 있었다.

It had backed a little further / into the north-east /
산들바람은 좀더 물러갔고 / 북동쪽으로 /

and he knew / that meant / that it would not fall off.
노인은 알았다 / 그것은 의미한다는 것을 / 바람이 감소하지(가라앉지) 않을 것을.

The old man looked / ahead of him / but he could see no
노인은 바라보았다 / 자신의 앞을 / 그러나 그는 돛을 볼 수 없었고 /

sails / nor could he see / the hull nor the smoke of any
또한 그는 볼 수 없었다 / 선체나 배의 연기도

ship. There were only the flying fish / that went up from
날치만 있었다 / (어떤 날치?) 뱃머리에서 올라와 /

his bow / sailing away to either side / and the yellow
배의 양편으로 달아나는 / 그리고 누런 모자반

patches of Gulf weed.
해초 더미만(있었다)

note 알아차리다 stringiness 힘줄이 많음 bring (~의 가격으로) 팔리다 fall off (바람이) 가라앉다 hull 선체

patch 더미, 조각

He could not even see / a bird.
그는 볼 수 도 없었다 /   한 마리의 새도

He had sailed / for two hours, / resting in the stern / and
노인은 항해했다 /   두 시간 동안 /   고물에서 휴식하면서 /

sometimes chewing / a bit of the meat from the marlin, /
가끔씩 씹으면서 /   청새치 고기 조각을 /

trying to rest and to be strong, / when he saw / the first of
그리고 쉬고 기운을 차리려고 했다 /   그때 그는 보았다 /   두 마리의 상어

the two sharks.
중 한 놈을.

"Ay," he said aloud.
"에이" 노인은 큰 소리로 말했다.

There is no translation / for this word / and perhaps it is
다른 말로 바꿀 수 없고 /   이 말을 /   아마도 그것은 단지 소리일 뿐

just a noise / such as a man might make, / involuntarily, /
이다 /   사람이 내뱉는 /   자신도 모르게 /

feeling / the nail go through his hands and into the wood.
느낄 때 /   못이 손바닥을 뚫고 나무로 들어가는 것을.

"Galanos," he said aloud.
"갈라노 상어군" 그는 큰 소리로 말했다.

He had seen / the second fin / now coming up behind the
그는 보았고 /   두 번째 놈의 지느러미가 / 첫 번째 놈을 바싹 따라오고 있는 /

first / and had identified / them as shovel-nosed sharks /
알아차렸다 /   그들이 코가 납작한 상어라는 것을 /

by the brown, triangular fin and the sweeping movements
(어떻게?) 갈색의 세모꼴 지느러미와 휘젓는 꼬리 동작을 보고

of the tail. They had the scent / and were excited / and in
그들은 냄새를 맡아서 /   흥분하였다 /   그리고 너무

the stupidity of their great hunger / they were losing and
나 배고프기 때문에 어리석은 상태에 있던 /   그들은 냄새를 놓치고 찾고 있었다 /

finding the scent / in their excitement.
흥분하여

But they were closing / all the time.
그러면서도 그들은 다가오고 있었다 / 계속

The old man made the sheet fast / and jammed the tiller.
노인은 (돛의) 밧줄을 단단해 매고 /   키의 손잡이를 움직이지 않게 고정시켰다.

Then he took up / the oar / with the knife lashed to it.
그리고 그는 집어 들었다 /   노를 /   칼을 묶어 놓은.

He lifted it / as lightly as he could / because his hands
그는 노를 들어올렸다 / 되도록 살며시 / 그 이유는 손이 말을 듣지 않았기

rebelled / at the pain. Then he opened and closed them /
때문이다 / 고통 때문에. 그 다음에 그는 손을 폈다 오므렸다 /

on it lightly / to loosen them.
살며시 노를 잡고 / 손을 풀기 위해

He closed them firmly / so they would take the pain /
그는 손을 꽉 오므렸다 / 손이 고통을 참을 수 있고 /

now / and would not flinch / and watched / the sharks come.
이제 / 주춤하는 일이 없도록 / 그리고 지켜봤다 / 상어들이 다가오는 것을.

He could see / their wide, flattened, shovel-pointed heads /
그는 볼 수 있었다 / 그들의 넓고, 납작하고, 삽처럼 삐죽 나온 대가리를 /

now / and their white tipped wide pectoral fins.
이제 / 또한 그들의 끝이 하얗고 넓은 가슴지느러미를.

They were hateful sharks, / bad smelling, scavengers /
그들은 밉살스러운 상어였고 / 냄새가 고약하며, 썩은 고기를 먹는 청소동물이었다 /

as well as killers, / and when they were hungry /
살육자인 동시에 / 그리고 그들이 배고프면 /

they would bite / at an oar or the rudder of a boat.
그들은 물어뜯곤 했다 / 노 또는 배의 키를.

It was these sharks / that would cut the turtles' legs and
다름이 아닌 이런 상어들이 / 거북이의 다리와 지느러미 모양의 발을 잘라버리곤 했다 /

flippers off / when the turtles were asleep /
거북이들이 잠자고 있을 때 /

on the surface, / and they would hit a man / in the water, /
수면에서 / 그리고 그들은 사람을 공격하곤 했다 / 물속에 있는 /

if they were hungry, / even if the man had no smell /
자신들이 배가 고프면 / 비록 그 사람이 냄새가 나지 않을 지라도 /

of fish blood / nor of fish slime / on him.
생선 피의 / 또는 생선 점액이 없을 지라도 / 그에게

translation 다른 언어로 바꾸기, 번역 involuntarily 자신도 모르게 jam (기계를) 작동되지 않게 하다, 움직이지
않게 고정시키다 rebel 반발하다, 반항하다 flinch 주춤(움찔)하다 scavenger (썩은 고기를 먹는) 청소동물
rudder (배의) 키 flipper 지느러미 모양의 발 slime (물고기의) 진액 fish slime 생선 점액

Quiz 9

A. 단어

다음 제시된 단어의 설명을 읽고, 어떤 단어의 정의를 설명하는지 아래의 박스에서 찾아 써 보세요.

1. great physical pain

2. lasting for a long time

3. to make an effort to produce a particular quality that helps you to deal with a difficult situation

4. a quick look at something when you do not see it clearly

5. a large group of fish that swim together

6. not becoming involved in something in a close way

7. a seat across the middle of a rowboat

8. providing food needed for a person or an animal to live and stay healthy

9. to put something in a liquid and leave it there for a time

10. to spread in different directions over a wide area

> detached interminable disperse summon nourishing
>
> shoal soak agony glimpse thwart

B. 직독직해

아래에 제시된 문장을 직독직해로 해석해보세요.

1. He cut a piece of line / and tied / the fish's lower jaw against his bill / so his mouth would not open.

    →

2. With his mouth shut / and his tail straight up and down / we sail like brothers.

    →

Answer   A. 1. agony 2. interminable 3. summon 4. glimpse 5. shoal 6. detached 7. thwart 8. nourishing 9. soak 10. disperse
B. 1. 그는 한 조각의 줄을 끊어서 / 묶었다 / 고기의 아래턱을 주둥이에 / 그러면 고기의 입은 열리지 않을 것이다 2. (고기는) 입을 다물고 / 꼬리를 똑바로 세우고 / 우리는 항해하고 있다 / 형제처럼

3. I never had anything wrong / with my heel / except the time the sting ray stung / it / when I stepped on him.

→

4. He liked to think / about all things / that he was involved in.

→

5. In the stupidity of their great hunger / they were losing and finding the scent / in their excitement.

→

6. It was these sharks / that would cut the turtles' legs and flippers off / when the turtles were asleep / on the surface.

→

C. 동시통역

아래에 제시된 직독직해를 보고, 영어로 말해보세요.

1. 그는 매우 큰 마코 상어였다 / 빠르게 수영할 수 있는 체격이 있는 / 바다에서 가장 빠른 고기처럼

→

2. 노인은 알았다 / 이놈은 상어라는 것을 / (어떤 상어?) 두려움이 전혀 없고 / 정말로 하고 마는 / 자신이 원하는 것을

→

3. 놈도 살아 있는 고기를 먹고 살지 / 너처럼

→

4. 고기잡이는 나를 죽이지 / 나를 살아 있게 하는 만큼이나

→

5. 노인은 알고 있었다 / 아주 힘든 시기가 닥쳐오고 있다는 것을

→

3. 나는 문제가 없었지 / 발꿈치에 / 가오리가 쏘았던 때 말고는 / 발꿈치를 / 내가 가오리를 밟았을 때
4. 그는 생각하는 것이 좋았다 / 모든 일에 대해 / 자신이 관련된 5. 너무나 배고프기 때문에 어리석은 상태에 있던 / 그들은 냄새를 놓치고 찾고 있었다 / 흥분하여 6. 다름이 아닌 이런 상어들이 / 거북이의 다리와 지느러미 모양의 발을 잘라버리곤 했다 / 거북이들이 잠자고 있을 때 / 수면에서
D. 1. He was a very big Mako shark / built to swim as fast / as the fastest fish in the sea.
2. The old man knew / that this was a shark / that had no fear at all / and would do exactly / what he wished. 3. He lives on the live fish / as you do. 4. Fishing kills me / exactly as it keeps me alive.
5. The old man knew / that a very hard time was coming.

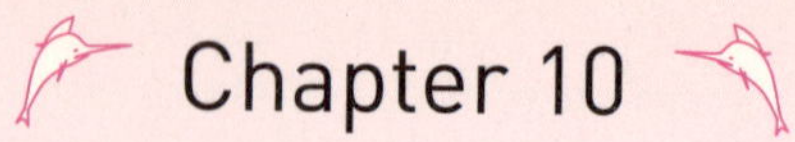

Chapter 10

Scene 1

"Ay," the old man said.
"아이" 노인은 말했다.

"Galanos. Come on galanos."
"갈라노 상어. 덤벼 봐라, 갈라노 상어야"

They came. But they did not come / as the Mako had come.
놈들이 달려들었다. 그러나 그들은 달려들지 않았다 / 마코 상어처럼

One turned and went out of sight / under the skiff / and
한 놈은 방향을 바꾸고 사라졌다 / 배 밑으로 /

the old man could feel / the skiff shake / as he jerked and
그리고 노인은 느낄 수 있었다 / 배가 흔들리는 것을 / 그 놈이 갑자기 움직이고

pulled / on the fish.
물어 당길 때 / 고기를

The other watched / the old man / with his slitted yellow
다른 놈은 지켜봤다 / 노인을 / 가늘게 찢어진 누런 눈으로 /

eyes / and then came in fast / with his half circle of jaws
그 다음에 빠르게 달려들었다 / 반원 모양으로 주둥이를 벌리고 /

wide / to hit the fish / where he had already been bitten.
고기를 공격하려고 / 이미 물어뜯긴

The line showed clearly / on the top of his brown head
선이 명확하게 보였다 / 갈색 대가리와 등 위에 /

and back / where the brain joined the spinal cord
뇌수가 척수를 마주치는

and the old man drove / the knife on the oar /
그래서 노인은 찌르고 / 노 끝에 동여 맨 칼을 /

into the juncture, / withdrew it, / and drove it in again /
연결점에 / 칼을 빼고 / 다시 찔렀다 /

into the shark's yellow cat-like eyes.
상어의 누런 고양이처럼 생긴 눈을

The shark let go of the fish / and slid down, / swallowing /
그 상어는 (물고 있던) 고기에서 떨어지고 / 가라앉았다 / 삼키면서 /

what he had taken / as he died.
자신이 물어뜯은 살점을 / 죽어가면서

The skiff was still shaking / with the destruction /
배는 여전히 흔들리고 있었고 / 파괴(물어뜯는) 행위 때문에 /

the other shark was doing / to the fish / and the old
다른 상어가 하고 있는 / 고기한테 / 노인은 풀었다 /

man let go / the sheet / so that the skiff would swing
돛의 밧줄을 / 그래서 배가 한쪽으로 움직이며 /

broadside / and bring the shark out / from under.
상어를 나오게 했다 / 배 밑으로

When he saw / the shark / he leaned / over the side /
그가 봤을 때 / 상어를 / 그는 상체를 내밀고 / 뱃전너머로 /

and punched / at him.
한방 먹였다 / 그를

He hit only meat / and the hide was set hard /
그는 살이 있는 부분만 찔렀다 / 그렇지만 살가죽이 빳빳해서 /

and he barely got the knife in.
그는 간신히 (살가죽에) 칼을 집어넣었다

The blow hurt / not only his hands but his shoulder too.
(찌르는) 충격은 아프게 했다 / 그의 손뿐만 아니라 어깨도.

But the shark came up / fast / with his head out /
그러나 상어는 다가왔고 / 빠르게 / 머리를 물 밖으로 내밀고 /

and the old man hit him / squarely / in the center of his
노인은 상어를 찔렀다 / 정면으로 / 표면이 납작한 머리의 한 가운데를 /

flat-topped head / as his nose came out of water /
놈의 코가 물 밖으로 나오고 /

and lay against the fish.
고기에 접촉할 때.

The old man withdrew / the blade / and punched the
노인은 빼내고 / 칼날을 / 상어를 찔렀다 /

shark / exactly in the same spot / again.
정확하게 같은 장소를 / 다시.

He still hung to the fish / with his jaws hooked /
놈은 여전히 고기에 붙어 있었고 / 주둥이를 (고기에) 박고 /

and the old man stabbed / him in his left eye.
노인은 찔렀다 / 놈의 왼쪽 눈을

slitted 가늘게 찢어진 spinal cord 척수 juncture 연결(점), 이음매 withdraw (칼을) 빼다, 철수시키다
swallow 삼키다 destruction 파괴(행위), 파멸 swing broadside (배가) 한쪽으로 움직이다
barely 간신히, 가까스로 squarely 정면으로 flat-topped 표면이 납작한 spot 장소 stab (칼을) 찌르다

The shark still hung there.
상어는 여전히 그곳에 매달려 있었다.

"No?" the old man said / and he drove the blade /
"그래도 안 떨어져" 노인은 말하고 / 그는 칼날을 찔렀다 /

between the vertebrae and the brain.
척추와 뇌수 사이를.

It was an easy shot now / and he felt / the cartilage sever.
이번에는 수월하게 찔렀고 / 그는 느꼈다 / 연골이 끊어지는 것을.

The old man reversed the oar / and put the blade /
노인은 노를 빼고 / 칼날을 넣었다 /

between the shark's jaws / to open them.
상어의 주둥이 사이로 / 주둥이를 벌리려고.

He twisted the blade / and as the shark slid loose /
그는 칼날을 비틀었고 / 상어가 떨어져 나갔을 때 /

he said, "Go on, galano. Slide down a mile deep.
그는 말했다 "가버려라, 갈라노 상어야. 1마일 깊이로 가라앉아라.

Go see / your friend, / or maybe it's your mother."
만나러 가라 / 친구를 / 아니면 네 어미라도"

"not only A but (also) B"는 "A 뿐만 아니라 B도 또한"이라고 해석하며,
"B as well as A"와 비슷한 의미를 가지고 있다. 아래에 있는 예문은 "also" 대신
"too"를 사용했다.
예) The blow hurt / not only his hands but his shoulder too.
    (찌르는) 충격은 아프게 했다 / 그의 손뿐만 아니라 어깨도.

vertebrae 척추 cartilage 연골 sever 끊어지다, 절단하다 reverse 후퇴시키다, 빼다

Scene 2

The old man wiped / the blade of his knife / and laid down /
노인은 닦았고 / 칼날을 / 내려 놓았다 /

the oar. Then he found the sheet / and the sail filled /
노를. 그 다음에 그는 (돛의) 밧줄을 찾았다 / 돛이 (바람을 받아) 부풀어 /

and he brought the skiff / onto her course.
그는 배를 항해하게 했다 / 배가 가던 방향으로.

"They must have taken / a quarter of him /
"놈들이 뜯어갔군 / 고기의 4분의 1을 /

and of the best meat," he said aloud.
그것도 가장 좋은 부분을" 그는 큰소리로 말했다.

"I wish / it were a dream / and that I had never hooked
"좋을 텐데 / 꿈이라면 / 그리고 내가 고기를 낚지 않았다면.

him. I'm sorry / about it, fish. It makes everything wrong."
미안해 / 이점에 대해서, 고기야. 결국 모든 일을 그르쳤어"

He stopped / and he did not want to look / at the fish now.
그는 말을 멈췄고 / 그는 바라보고 싶지 않았다 / 고기를 이제는.

Drained of blood and awash / he looked / the color of the
피가 빠지고 파도에 씻겼기 때문에 / 고기는 보였고 / 거울 뒷면처럼 은빛 색으로 /

silver backing of a mirror / and his stripes still showed.
고기의 줄무늬는 아직도 보였다.

"I shouldn't have gone out / so far, fish," he said.
"나오는 게 아니었는데 / 이렇게 멀리, 고기야," 그는 말했다.

"Neither for you nor for me. I'm sorry, fish."
"너를 위해서 나를 위해서도 (나오는 게) 아니었는데. 미안하다, 고기야"

Now, he said to himself. Look / to the lashing on the knife /
자 이제, 그는 자신에게 말했다. 살펴보고 / 칼에 묶은 줄을 /

and see / if it has been cut. Then get your hand in order /
확인해라 / 줄이 끊어졌는지. 그리고 손을 순조롭게 사용할 준비를 해 /

because there still is / more / to come.
아직도 있으니까 / 더 많은 상어가 / 나타날.

"I wish / I had a stone / for the knife," the old man said /
"좋을 텐데 / 숫돌이 있다면 / 칼을 갈" 노인은 말했다 /

after he had checked / the lashing on the oar butt.
그가 살펴 보고나서 / 노 끝에 묶은 줄을

"I should have brought / a stone."
"내가 가져왔어야 했어 / 숫돌을"

You should have brought / many things, he thought.
너는 가져왔어야 했어 / 많은 것을, 그는 생각했다.

But you did not bring / them, old man.
그러나 너는 가져오지 않았지 / 그들을, 영감.

Now is no time / to think / of what you do not have.
지금은 시간이 아니야 / 생각할 / 네게 없는 것에 대해

Think / of what you can do with / what there is.
생각해라 / 무엇을 네가 할 수 있는지 / 있는 물건으로

"You give me / much good counsel," he said aloud.
"너는 나에게 하네 / 많은 좋은 충고를" 그는 큰 소리로 말했다.

"I'm tired of it."
"나는 (이제) 싫증이 나는 군"

He held the tiller / under his arm / and soaked both his
그는 키 손잡이를 잡고 / 겨드랑이로 / 양 손을 담그고 있었다 /

hands / in the water / as the skiff drove forward.
바닷물에 / 배가 앞으로 나가는 동안에

"God knows / how much that last one took," he said.
"모르겠어 / 얼마나 많이 마지막 상어가 가져갔는지" 그는 말했다.

"But she's much lighter / now."
"그러나 배는 훨씬 가벼워 / 이제"

He did not want to think / of the mutilated under-side of
그는 생각하고 싶지 않았다 / 손상된 고기의 아래 쪽을.

the fish.

He knew / that each of the jerking bumps of the shark /
그는 알았다 / 상어가 밀면서 부딪칠 때마다 /

had been meat torn away / and / that the fish now made
고기의 살점이 뜯겨나갔다는 것을 / 그리고 알았다 / 고기는 이제 흔적을 남겼다는 것을 /

a trail / for all sharks / as wide as a highway through the
모든 상어들을 위해 / 바다를 통과하는 넓은 고속도로처럼.

sea.

He was a fish / to keep a man all winter, he thought.
그는 고기였다 / 한 사람을 겨울 내내 먹여 살릴 수 있는, 그는 생각했다.

Don't think of that.
그런 것을 (더 이상) 생각하지 마.

Just rest / and try to get your hands in shape / to defend /
그저 쉬고 /   손을 적절한 상태로 준비해 둬 /   지키려면 /

what is left of him.
남은 고기를.

The blood smell from my hands / means nothing now /
내 손에서 나는 피 냄새는 /   이제 아무것도 아니야 /

with all that scent in the water.
물속에 퍼진 (고기의) 모든 냄새에 비하면.

Besides they do not bleed / much.
게다가 손에서는 피가 나오지 않아 /   많이.

There is nothing cut / that means anything.
상처가 난 것은 없어 /   뭔가 신경 쓸 정도로.

The bleeding may keep / the left from cramping.
출혈은 방지할 수 도 있지 /   왼손에서 쥐가 나는 것을.

아래 예문을 보면 "I wish" 다음에는 "가정법 과거(A)"와 "and that" 다음에는 "가정법 과 거완료(B)"를 사용하였다. 즉 "I wish"를 이용하여 현재와 반대되는 상황(A)과 과거와 반대 되는 상황(B)을 한 문장으로 표현했다.

예) I wish / it were a dream / and that / I had never hooked him.
좋을 텐데 / (현재 상황이) 꿈이라면 / 그리고 좋을 텐데 / (과거에) 내가 고기를
낚지 않았다면

soak 담그다, 적시다 mutilated 손상된 jerk 갑자기 밀다 jerking 밀면서 in shape 적절한 상태(상황)로

Scene 3

What can I think of now? he thought. Nothing.
이제 무엇을 생각하지? 그는 생각했다. 아무것도 없지.

I must think of nothing / and wait / for the next ones.
어떤 것도 생각하지 말고 / 기다려라 / 다음에 올 상어들을.

I wish / it had really been a dream, / he thought.
좋을 텐데 / 이것이 차라리 꿈이었다면 / 그는 생각했다.

But who knows? It might have turned out well.
하지만 누가 알아? 일이 잘 풀릴 수도 있지.

The next shark / that came / was a single shovelnose.
다음 상어는 / 다가온 / 한 마리의 삽처럼 코가 납작한 놈이었다.

He came / like a pig to the trough.
그 놈은 다가왔다 / 여물통에 달려드는 돼지처럼.

If a pig had a mouth / so wide, / you could put your head /
만일 돼지가 주둥이가 있다면 / 그렇게 큰 / 사람들은 머리를 넣을 수 있을 텐데 /

in it. The old man let / him hit the fish / and then drove the
주둥이에. 노인은 내버려 두었다 / 상어가 고기를 공격하도록 / 그 다음에 노 끝에 묶은

knife on the oar / down into his brain.
칼을 찔렀다 / 놈의 골통을.

But the shark jerked backwards / as he rolled / and the
그러나 상어는 갑자기 몸을 뒤로 움직였고 / 상어가 뒹굴 때 / 칼날은 탁하고

knife blade snapped.
부러졌다.

The old man settled himself / to steer.
노인은 마음을 진정시켰다 / 배를 조정하려고.

He did not even watch / the big shark sinking slowly /
그는 지켜보지도 않았다 / 큰 상어가 천천히 가라앉는 것을 /

in the water, / showing first life-size, / then small,
물속에서 / 처음에는 실물 크기로 보이고 / 그리고 작게,

then tiny.
그리고 더 작게 (보이면서).

That always fascinated / the old man.
그런 것은 언제나 매료시켰다 / 노인을

But he did not even watch / it now.
그러나 그는 처다보지도 않았다 / 그런 모습을 이제는.

"I have the gaff / now," he said.
“나에게는 갈고리가 있어 / 이제”　　　그는 말했다.

"But it will do no good. I have / the two oars and
“그러나 그것은 쓸모가 없어.　　　나에게는 있어 / 두 개의 노와 키 손잡이와

the tiller and the short club."
짧은 몽둥이가”

Now they have beaten / me, he thought. I am too old /
이제 놈들이 이겼어 /　　　　나를, 그는 생각했다.　　나는 너무 늙었지 /

to club sharks to death. But I will try it / as long as I
몽둥이로 상어를 때려죽이기에는.　　그러나 나는 한 번 해볼 테야 / 나에게 있는 한 /

have / the oars and the short club and the tiller.
　　　노와 짧은 몽둥이와 키 손잡이가

He put his hands / in the water again / to soak them.
노인은 양손을 넣었다 /　　바닷물에 다시 /　　　손을 적시려고.

It was getting late / in the afternoon / and he saw /
저물고 있었고 /　　　　오후 시간 중(정오에서 일몰이 가까워졌고) / 그는 쳐다보았다 /

nothing but the sea and the sky.
단지 바다와 하늘만

There was more wind / in the sky / than there had been, /
바람이 더 많이 불었고 /　　　하늘에는 /　　전보다 /

and soon he hoped / that he would see land.
곧 그는 기대했다 /　　　자신이 육지를 볼 것이라고

"You're tired, old man," he said. "You're tired / inside."
“너는 지쳤어, 늙은이”　　　그는 말했다. “너는 지쳤어 /　　뼛속까지”

The sharks did not hit him / again / until just before
상어들은 그를 공격하지 않았다 /　　　다시는 /　해지기 바로 전까지는.

sunset. The old man saw / the brown fins coming / along
노인은 보았다 /　　　갈색 지느러미들이 따라오고 있는 것을 / 널찍한

the wide trail / the fish made / in the water. They were
흔적을 따라 /　　고기가 만든 /　　물속에.　　그들은 찾아

not even quartering / on the scent. They were headed
헤매고 있지 않았다 /　　냄새를 따라.　　그들은 곧장 오고 있었다 /

straight / for the skiff / swimming side by side.
　　배를 향해 /　　나란히 헤엄치면서.

turn out 결국 ~이 되다, 결과가 ~하게 되다 trough 여물통, 구유 life-size 실물크기 club 몽둥이로 때리다
trail 흔적, 발자국 quarter 찾아 헤매다, 샅샅이 수색하다

He jammed the tiller, / made the sheet fast / and reached
그는 키 손잡이를 고정시켰고 /　　(돛의) 밧줄을 고정시키고 나서 /　고물 밑으로 손을 뻗었다 /

under the stern / for the club.
몽둥이를 잡으려고.

It was an oar handle / from a broken oar sawed off /
그것(몽둥이)은 노의 자루였다 /　부러진 노의 자루를 톱으로 잘라 만든 /

to about two and a half feet in length.
약 2피트 반(75cm) 정도의 길이로.

He could only use it effectively / with one hand /
그는 몽둥이를 효과적으로 사용할 수 있었고 /　한 손으로만 /

because of the grip of the handle / and he took good hold
손잡이에 쥐는 곳이 있기 때문에 /　　그는 손잡이를 단단히 움켜쥐고 /

of it / with his right hand, / flexing his hand on it, /
오른손으로 /　손잡이를 잡고 손을 구부렸다(꽉 쥐었다) /

as he watched / the sharks come.
그가 바라보는 동안에 /　상어들이 다가오는 것을.

They were both galanos.
그들 모두다 갈라노 상어였다.

"nothing but"이라는 표현을 "단지"(only)와 같은 표현이라고 숙어로 생각하고 익혀도 된다. 하지만 이 표현을 글자 그대로 해석해도 그 의미는 쉽게 이할 수 있다. "nothing but"에 있는 "but"은 "except"의 의미를 가지고 있다. 그래서 "nothing but"을 "nothing except"와 바꿔 쓸 수 있다.

예) He saw / nothing but the sea and the sky.
    그는 쳐다보았다 / 단지 바다와 하늘만
    He saw nothing / but the sea and the sky.
    그는 아무것도 쳐다보지 않았다 / 바다와 하늘을 제외하고

saw off 톱질하여 자르다 grip (손잡이에) 쥐는 곳, 잡는 곳 flex 구부리다, 수축하다

Scene 4

I must let / the first one get a good hold / and hit him /
나는 내버려 둬야 한다 / 첫 번째 상어가 (고기를) 꽉 물게 / 그 다음에 그를 후려쳐야지 /

on the point of the nose / or straight across the top of the
코가 있는 부분이 / 또는 대가리 윗부분을 /

head, / he thought.
그는 생각했다.

The two sharks closed together / and as he saw /
상어 두 마리는 함께 다가왔고 / 노인이 봤을 때 /

the one nearest him open his jaws / and sink them /
자신에게 가장 가까운 곳에 있는 놈이 주둥이를 벌리고 / 파고드는 것을 /

into the silver side of the fish, / he raised the club high /
고기의 은빛 옆구리를 / 노인은 몽둥이를 높이 들어 올리고 /

and brought it down heavy / and slamming / onto the top
세게 내려치자 / 세게 부딪쳤다 / 상어의 넓은

of the shark's broad head.
대가리의 윗부분에.

He felt / the rubbery solidity / as the club came down.
그는 느꼈다 / (살의) 강하고 단단한 감각을 / 몽둥이가 내려갈 때

But he felt / the rigidity of bone too / and he struck the
그렇지만 그는 느꼈고 / 뼈의 딱딱한 느낌도 / 그는 상어를 때렸다 /

shark / once more hard / across the point of the nose /
한 번 더 세게 / 코가 있는 부분을 /

as he slid down / from the fish.
놈이 미끄러지며 떨어질 때 / 고기에서

The other shark had been in and out / and now came in
다른 상어는 들락날락 했고 / 이제 다시 달려들었다 /

again / with his jaws wide. The old man could see /
주둥이를 벌리고. 노인은 볼 수 있었다 /

pieces of the meat of the fish / spilling white /
고기의 살점이 / 하얗게 흘러나오는 것을 /

from the corner of his jaws / as he bumped the fish and
주둥이 가장자리에서 / 놈이 고기를 들이 받고

point 지점, 장소 sink (이빨을) 파고들게 하다 rubbery solidity (살이) 강하고 단단함 rigidity 딱딱함, 단단함
bump ~을 들이받다, 부딪치다

closed his jaws. He swung at him / and hit only the head /
주둥이를 다물 때.   노인은 상어를 향해 (몽둥이를) 휘둘러서 / 대가리만 때렸다 /

and the shark looked at him / and wrenched the meat
그러자 상어는 노인을 쳐다보고 /   살점을 비틀어 뜯어냈다.

loose. The old man swung the club down / on him again /
노인은 몽둥이를 휘둘렀다 /   상어에게 다시 /

as he slipped away / to swallow / and hit only the heavy
놈이 떠날 때 /   (살점을) 삼키려고 /   그러자 육중하고 단단하며 탄력 있는 부

solid rubberiness.
분을 쳤다.

"Come on, galano," the old man said. "Come in again."
"덤벼라, 갈라노 상어야"   노인은 말했다.   "또다시 달려들어 봐라"

The shark came / in a rush / and the old man hit him /
상어는 다가왔고 /   성급히 /   노인은 그 놈을 후려쳤다 /

as he shut his jaws.
놈이 주둥이를 다물 때

He hit him / solidly and from as high up / as he could
그는 그 놈을 내려쳤다 / (어떻게?) 강하게 그리고 높은 곳에서 /   그가 몽둥이를 들어

raise the club.
올릴 수 있는 만큼

This time he felt / the bone at the base of the brain /
이번에는 그는 느꼈고 /   후두부의 뼈에 닿는 감촉을 /

and he hit him again / in the same place / while the shark
그는 놈을 다시 후려쳤다 /   같은 곳을 /   (언제?) 상어가 살점을 물

tore the meat loose / sluggishly / and slid down from the
어뜯고 /   느리게 /   고기에서 미끄러지며 떨어져 나가는 동

fish. The old man watched / for him to come again /
안에.   노인이 지켜봤다 /   그 놈이 다시 다가오는지 /

but neither shark showed.
두 마리 모두 다 나타나지 않았다.

Then he saw / one on the surface swimming / in circles.
그때 그는 봤다 /   수면에서 한 놈이 헤엄치고 있는 것을 /   맴돌면서

He did not see / the fin of the other.
그는 보지 못했다 /   다른 놈의 지느러미를

I could not expect to / kill them, he thought.
나는 기대할 수 없지 /   놈들을 죽이는 것을, 그는 생각했다.

I could have / in my time.
나는 죽일 수도 있지 / 한창때라면.

But I have hurt them both / badly / and neither one can
하지만 나는 두 놈 모두에게 상처를 입혔고 / 심하게 / 둘 중 어떤 놈도 기분이 좋지

feel very good.
않을 거야.

If I could have used / a bat with two hands / I could have
만일 내가 사용할 수 있었다면 / 야구방망이를 두 손으로 / 나는 죽일 수 있었을

killed / the first one surely.
텐데 / 첫 번째 놈을 틀림없이.

Even now, he thought.
지금이라도 (죽일 수 있다고), 그는 생각했다.

He did not want to look / at the fish.
노인은 쳐다보고 싶지 않았다 / 고기를.

He knew / that half of him had been destroyed.
그는 알았다 / 고기의 반이 훼손 되었다는 것을.

The sun had gone down / while he had been in the fight /
해는 저물었다 / 그가 싸우는 동안에 /

with the sharks.
상어들과

가정법 과거완료는 과거사실과 반대되는 상황을 상상할 때 쓰며, "if 주어 + 과거완료, 주어 + 조동사 + have + 과거분사"의 형태를 사용한다. 대개 "if절 안에는 조동사를 사용하지 않지만, 아래 예문처럼 조동사가 사용되는 경우도 있다.

예) If I could have used / a bat with two hands /
    만일 내가 사용할 수 있었다면 / 야구방망이를 두 손으로 /
    I could have killed / the first one surely.
    나는 죽일 수 있었다 / 첫 번째 놈을 틀림없이.

wrench 비틀다 wrench loose 비틀어 뜯어내다 slip away 서서히 사라지다, 떠나다
solid rubberiness 단단하고 탄력 있는 부분 solidly 강하게 sluggishly (동작이) 느리게, 둔하게

"It will be dark / soon," he said.
"어두워질 거야 /   곧"   그는 말했다.

"Then I should see / the glow of Havana.
"그러면 나는 아마 볼 것이야 /   하바나의 불빛을.

If I am too far / to the eastward / I will see the lights /
만일 너무 멀리 나와 있다면 / 동쪽으로 /   나는 불빛을 볼 수 있을 거야 /

of one of the new beaches."
다른 지역 해변의"

I cannot be too far out / now, / he thought.
내가 너무 멀리 나와 있을 리가 없어 /   지금 /   그는 생각했다.

I hope / no one has been too worried. There is only the
나는 바래 / 사람들이 너무 걱정하지 않길.   그 아이밖에 없어 /

boy / to worry, / of course. But I am sure / he would have
걱정할 사람은 /   물론.   그러나 틀림없이 /   그는 (나를) 신뢰할 거야.

confidence. Many of the older fishermen will worry.
늙은 어부들 중에 많은 사람들이 걱정할 거야.

Many others too, he thought. I live in a good town.
여러 다른 사람들도 마찬가지일 거야, 그는 생각했다. 나는 좋은 마을에 살고 있으니까.

He could not talk / to the fish anymore / because the fish
그는 말을 걸 수 없었다 /   고기에게 더 이상 /   왜냐하면 고기가 훼손되었기

had been ruined / too badly. Then something came into
때문에 /   너무나 심각하게. 그때 뭔가 좋은 생각이 머릿속에 떠올랐다.

his head. "Half fish," he said. "Fish that you were.
"반쪽자리 고기야" 그는 말했다 "너도 전에는 어엿한 고기였는데.

I am sorry / that I went too far out. I ruined us both.
내 잘못이야 /   내가 너무 멀리 나온 것이.   내가 우리 둘 다 망쳐놓았구나.

But we have killed / many sharks, you and I, / and ruined
하지만 우리는 죽였지 /   많은 상어를,   너와 내가, /   그리고 많은 다른 놈

many others. How many did you ever kill, old fish?
들에게 상처를 입혔지. 얼마나 많은 상어를 너는 여태까지 죽여 봤니,   늙은 고기야?

You do not have / that spear on your head / for nothing."
너에게는 있는 건 아니지 /   머리에 있는 창날 같은 주둥이가 /   까닭 없이"

He liked to think / of the fish / and what he could do / to a
그는 생각하길 좋아했다 /   고기에 대해 /   그리고 고기가 어떻게 할지에 대해 /   상어에

shark / if he were swimming free.
게 /   만일 고기가 자유롭게 헤엄칠 수 있다면.

I should have chopped the bill off / to fight them with,
내가 창날 같은 주둥이를 잘라냈어야 했는데 /   (그 주둥이로) 상어들과 싸우려고,

he thought. But there was no hatchet / and then there was
그는 생각했다.   그러나 도끼가 없었고 /   칼도 없었다.

no knife. But if I had, / and could have lashed it to /
그렇지만 만일 나에게 (도끼나 칼이) 있었다면 / 그리고 그것을 묶을 수 있었다면 /

an oar butt, / what a weapon. Then we might have fought /
노 끝에 /   정말로 좋은 무기가 되었을 텐데. 그러면 우리는 싸웠을 텐데 /

them together. What will you do / now / if they come /
상어들과 함께.   어떻게 할 거야 /   이제 /   상어들이 덤벼들면 /

in the night? What can you do? "Fight them," he said.
밤에?   무엇을 너는 할 수 있어?   "놈들과 싸워야지"   그는 말했다.

"I'll fight them / until I die."
"나는 그 놈들과 싸울 거야 / 죽을 때까지"

But in the dark now / and no glow showing and no lights /
그러나 이제 어둠 속에서 /   불빛이 보이지 않고 전깃불도 없고 /

and only the wind and the steady pull of the sail / he felt /
단지 바람만 불며 돛을 꾸준히 끌고 있을 때 /   노인은 느꼈다 /

that perhaps he was already dead. He put his two hands
아마 자신은 이미 죽었다고.   그는 두 손을 마주 쥐고 /

together / and felt the palms. They were not dead /
손바닥을 만져보았다.   손은 죽지 않았고 /

and he could bring the pain of life / by simply opening
그는 살아 있는 고통을 느낄 수 있었다 /   단지 손을 폈다가 쥐었다가 해도.

and closing them. He leaned his back / against the stern /
그는 등을 기대었고 /   고물에 /

and knew / he was not dead. His shoulders told him.
알아차렸다 /   자신이 죽지 않았다는 것을. 그의 어깨도 (그렇다고) 그에게 말해주었다.

I have all those prayers / I promised / if I caught the fish, /
(암송하겠다는) 기도문이 있지 /   내가 (암송하겠다고) 약속했던 / 내가 고기를 잡으면 /

he thought. But I am too tired / to say them now.
그는 생각했다.   그렇지만 나는 너무 피곤해서 /   지금 기도문을 암송할 수 없군.

I better get the sack / and put it / over my shoulders.
자루를 가져와 /   걸쳐 놓는 게 좋겠지 / 어깨 위에

glow 불빛, 물체의 빛 chop off 잘라내다 hatchet 손도끼 butt 끝, (창의 손잡이) 끝 부분

Scene 6

He lay / in the stern / and steered and watched / for the
노인은 누웠고 / 고물에 / 키를 잡고서 지켜봤다 / 빛이 나오기

glow to come / in the sky. I have half of him, he thought.
(비치기)를 / 하늘에서. 나에게는 고기의 반이 있어, 그는 생각했다.

Maybe I'll have the luck / to bring the forward half in.
아마 나에게는 행운이 있을 거야 / 앞쪽 반이라도 가져갈 수 있는.

I should have some luck. No, he said.
나에게는 행운이 있어야 해. 아니야, 그는 말했다.

You violated your luck / when you went too far outside.
너는 너의 행운을 어겼어(놓치는 일을 했어) / 네가 너무 멀리 나왔을 때.

"Don't be silly," he said aloud. "And keep awake and steer.
"바보같이 굴지 마" 그는 큰 소리로 말했다. "그리고 졸지 말고 키를 잡고 있어.

You may have much luck / yet."
너에게 행운이 많이 있을 지도 모르잖아 / 아직도"

"I'd like to buy some / if there's any place / they sell it,"
"행운 좀 사고 싶어 / 장소가 있다면 / 행운을 파는"

he said. What could I buy it with? he asked himself.
그는 말했다. 무엇으로 내가 행운을 살 수 있지? 그는 자신에게 물었다.

Could I buy it / with a lost harpoon and a broken knife and
내가 행운을 살 수 있을까 / 잃어버린 작살과 부러진 칼과 엉망이 된 두 손으로

two bad hands? "You might," he said.
"살 수도 있을 거야" 그는 말했다.

"You tried to buy it / with eighty-four days at sea.
"너는 행운을 사려고 했지 / 바다에서 84일 보내는 대가로.

They nearly sold it / to you too."
거의 행운을 팔 뻔했지 / 너에게도"

I must not think nonsense, he thought. Luck is a thing /
터무니없는 생각을 하면 안돼, 그는 생각했다. 행운이라는 것은 /

that comes / in many forms / and who can recognize / her?
다가오지 / 여러 형태로 / 그런데 누가 알아볼 수 있어 / 행운을?

I would take some / though in any form / and pay /
나는 행운을 좀 얻고 싶어 / 어떤 형태로 오든 간에 / 지불할거야 /

what they asked. I wish / I could see the glow /
그들이 요구하는 대가를. 좋을 텐데 / 불빛을 볼 수 있다면 /

from the lights, he thought. I wish too many things.
(마을의) 등불에서 나오는, 그는 생각했다.   내가 너무나 많은 것을 바라고 있군.

But that is the thing I wish for / now.
하지만 그것(행운)이 바로 내가 바라는 것이야 /   지금.

He tried to settle / more comfortably to steer / and from
그는 앉아서 쉬려고 했다 /   더 편안하게 배를 조정하려고 /   그리고 자신의

his pain / he knew / he was not dead.
통증 때문에 (통증을 느끼기에) / 그는 알았다 / 자신이 죽지 않았다는 것을.

He saw / the reflected glare / of the lights of the city /
그는 보았다 / 반사된 빛을 /   도시(하바나)의 등불에서 /

at what must have been around ten o'clock / at night.
대략 10시 쯤 되었을 때 /   밤에.

They were only perceptible / at first / as the light is in the
불빛을 알아 볼 수 있었다 /   처음에는 /   하늘이 훤하기 때문에 /

sky / before the moon rises. Then they were steady /
달이 뜨기 전에.   그러더니 불빛은 안정적이었다 /

to see across the ocean / which was rough now / with the
바다 건너편을 볼 수 있을 만큼 /   (어떤 바다를?) 이제 파도가 거칠어진 /

increasing breeze. He steered / inside of the glow / and
거세지는 산들바람 때문에.   그는 배를 조종했고 / 불빛의 안쪽으로 향하도록 /

he thought / that now, soon, he must hit the edge of the
그는 생각했다 /   이제,   곧,   그는 멕시코 만류 끝에 닿게 될 것이라고

stream. Now it is over, he thought. They will probably hit
이제 끝장이다,   그는 생각했다.   상어들은 아마도 나를 공격하겠지 /

me / again. But what can a man do / against them /
다시.   하지만 사람이 무엇을 할 수 있어 /   그들과 맞설 때 /

in the dark / without a weapon? He was stiff and sore /
어둠 속에서 /   무기도 없이   노인은 몸이 뻐근하고 욱신욱신 쑤셨고 /

now / and his wounds and all of the strained parts of his
이제 /   상처와 혹사시킨 몸의 모든 부위가 /

body / hurt / with the cold of the night.
        아팠다 / 차가운 밤공기를 쐬자

I hope / I do not have to fight / again, he thought.
나는 바래 / 내가 싸울 필요가 없길 /   다시는,   그는 생각했다.

I hope so much / I do not have to fight / again.
나는 정말로 바래 /   내가 싸울 필요가 없길 /   다시는

violate (약속, 법률을) 어기다, 행운을 놓치는 일을 하다 recognize 알아보다, 인정하다 settle 앉아서 쉬다
reflected 반사된 glare 번쩍이는 빛 perceptible 알아볼 수 있는 stiff (몸이) 뻐근한 sore 아픈, 욱신욱신 쑤시는
strain 혹사시키다, 무리하게 사용하다

223

Scene 7

But by midnight / he fought / and this time he knew /
그러나 자정에 이르자 / 노인은 상어 떼와 싸웠고 / 이번에는 알았다 /

the fight was useless. They came / in a pack /
싸움이(싸워봤자) 소용없다는 것을. 그들은 달려들었고 / 무리로 /

and he could only see the lines / in the water / that their
그는 선만 볼 수 있었다 / 물속에 있는 / (어떤 선?) 상어들

fins made / and their phosphorescence / as they threw
의 지느러미가 만든 / 그리고 그들의 인광만 (볼 수 있었다) / 그들이 고기에게 달려들 때

themselves on the fish. He clubbed / at heads /
(발산하는). 그는 몽둥이로 후려쳤다 / 대가리를 /

and heard / the jaws chop / and the shaking of the skiff /
그리고 들었다 / 주둥이로 (고기를) 잘라먹는 소리와 / 배가 흔들리는 소리를 (들었다) /

as they took hold / below.
그들이 (고기를) 물어뜯을 때 / 배 밑에서

He clubbed desperately / at what he could only feel and
그는 필사적으로 몽둥이질을 했다 / 자신이 단지 느낄 수 있거나 들을 수 있는 것을 향해

hear / and he felt / something seize / the club / and it was
(육감과 청각에 의존하여) / 그리고 그는 느꼈다 / 뭔가가 잡는 것을 / 몽둥이를 / 그리고 몽둥

gone.
이는 사라졌다.

He jerked the tiller free / from the rudder / and beat and
그는 손잡이를 뽑아서 / 배의 방향키에서 / 두드리며 후려쳤다 /

chopped / with it, / holding it in both hands / and driving
손잡이로 / 손잡이를 양손으로 붙잡고 / 때리면서 /

it down / again and again.
다시 또다시

But they were up to the bow / now / and driving in /
그러나 상어 떼들은 뱃머리로 왔고 / 이제는 / 달려들었다 /

one after the other and together, / tearing off the pieces
한 놈씩 그리고 한꺼번에 / 그리고 살점을 뜯어댔다 /

of meat / that showed glowing below the sea /
(어떤 살점?) 바닷물 속에서 빛나는 /

as they turned to come / once more.
상어 떼들이 덤벼들려고 방향을 바꿀 때 / 한 번 더

One came, / finally, / against the head itself /
한 놈이 덤벼들었고 / 마침내 / 고기의 대가리를 향해 /

and he knew / that it was over.
노인은 알았다 / 모든 일이 끝장났다는 것을

He swung the tiller / across the shark's head / where the
노인은 키의 손잡이를 휘둘렀다 / 상어의 머리를 향해 / 상어의 주둥이가 붙어

jaws were caught / in the heaviness of the fish's head /
(물고) 있던 / 육중한 고기의 대가리에 /

which would not tear.
(어떤 대가리?) 좀처럼 뜯어지지 않는

He swung it / once and twice and again.
노인은 키의 손잡이를 휘둘렀다 / 한 번, 두 번, 또다시.

He heard / the tiller break / and he lunged at the shark /
그는 들었다 / 키의 손잡이가 부러지는 소리를 / 그 다음에 그는 상어를 찔렀다 /

with the splintered butt. He felt / it go in / and knowing /
쪼개진 (손잡이) 끝으로. 그는 느꼈고 / 손잡이가 들어가는 것을 / 알았기 때문에 /

it was sharp / he drove it in / again.
손잡이가 날카롭다는 것을 / 그는 찔렀다 / 다시

The shark let go / and rolled away.
상어는 (물고 있던 고기를) 놓고 / 뒹굴면서 달아났다.

That was the last shark of the pack / that came.
그 놈이 무리 중 마지막 상어였다 / (어떤 무리?) 몰려든.

There was nothing more / for them to eat.
더 이상 아무것도 남지 않았다 / 그들이 먹을 수 있는 것은

The old man could hardly breathe / now / and he felt /
노인은 거의 숨을 쉴 수가 없었고 / 이제 / 그는 느꼈다 /

a strange taste / in his mouth. It was coppery and sweet /
이상한 맛을 / 입안에서. 그것은 구리 같고 단 맛이 났고 /

and he was afraid of it / for a moment.
그는 겁이 났다 / 잠시 동안.

But there was not much of it.
그러나 대단히 강한 맛은 아니었다.

He spat / into the ocean / and said, "Eat that, galanos.
노인은 침을 뱉고 / 바다에 / 말했다, "그거나 먹어라, 갈라노 상어 놈들아.

And make a dream / you've killed a man."
그리고 꿈이나 꿔라 / 너희들이 사람을 죽였다는"

phosphorescence 인광 chop 자르다, 팍팍 찍다 jerk free 갑자기 당겨 뽑다 rudder 방향키 chop 일격을 가하다
desperately 필사적으로 lunge (칼로) 찌르다 splintered 쪼개진, 부러진 let go 놓다, 풀어주다
coppery 구리 같은 spit 침을 뱉다

Scene 8

He knew / he was beaten now / finally and without
노인은 알았다 /　이제는 자신이 졌다는 것을 /　마침내 어떻게 해볼 방법이 없을 정도로 /

remedy / and he went back / to the stern / and found /
그리고 그는 돌아가서 /　고물로 /　발견했다 /

the jagged end of the tiller / would fit in the slot of the
톱니 같은 키 손잡이의 끝이 /　키 구멍에 맞는 다는 것을 /

rudder / well enough / for him to steer. He settled the sack
아주 잘 /　그가 배를 조정할 수 있을 정도로. 그는 부대를 놓고 /

/ around his shoulders / and put the skiff on her course.
어깨 주변에 /　항로에 배를 놓았다(배의 방향을 바로잡았다).

He sailed lightly now / and he had no thoughts / nor any
이제 그는 가볍게 항해했고 /　그는 어떤 생각도 하지 않고 /　어떤 느낌도

feelings of any kind. He was past everything now / and
없었다.　그는 이제 모든 것을 잊고(초월했고) /

he sailed the skiff / to make his home port / as well and
그는 배를 몰았다 /　고향 항구를 향해 가려고 /　능숙하고 재치 있게 /

as intelligently / as he could. In the night sharks hit / the
가능한.　밤에는 상어들이 공격했다 /

carcass / as someone might pick up / crumbs / from the
잔해뿐인 죽은 고기를 / 마치 누군가 집어먹듯이 /　빵 조각을 /　식탁에서

table. The old man paid no attention / to them / and did not
노인은 관심을 기울이지 않았고 /　상어들에게 /　관심을 기울이지

pay any attention / to anything except steering.
않았다 /　키를 조정하는 것 말고는 어떤 것에도.

He only noticed / how lightly and how well / the skiff
그는 알아차렸을 뿐이었다 / 얼마나 가볍게 또한 얼마나 잘 /　배가 항해하고

sailed / now there was no great weight / beside her.
있는지 /　이제는 아주 무거운 것이 없으니까 /　배 옆에

She's good, he thought. She is sound and not harmed in
배는 무사해,　노인은 생각했다.　배는 온전하고 전혀 상한 데가 없어 /

any way / except for the tiller. That is easily replaced.
키 손잡이 말고는.　그것은 쉽게 교체할 수 있지.

He could feel / he was inside the current / now / and he
노인은 느낄 수 있었고 / 조류안쪽으로 들어와 있다는 것을 /　이제 /　그는 볼 수

could see / the lights of the beach colonies / along the
있었다 / 해변 마을의 불빛을 / 해안선을 따라

shore. He knew / where he was now / and it was nothing /
늘어져 있는. 그는 알았다 / 이제 자신이 어디에 있는지 / 그래서 전혀 문제가 되지 않았다 /

to get home. The wind is our friend, anyway, he thought.
집을 돌아가는 것은. 바람은 우리의 친구야, 어쨌든, 노인은 생각했다.

Then he added, sometimes. And the great sea with our
그 다음에 그는 덧붙였다, 가끔은 (친구라고). 그리고 대양에는 우리의 친구도 적도 있지.

friends and our enemies. And bed, he thought.
그리고 침대는, 그는 생각했다.

Bed is my friend. Just bed, he thought. Bed will be a great
침대는 내 친구야. 정말로 침대는 (친구야), 그는 생각했다. 침대는 아주 대단한 것이야.

thing. It is easy / when you are beaten, he thought.
그것은 편안하지 / 네가 패배했을 때도, 그는 생각했다.

I never knew / how easy it was.
나는 미처 몰랐지 / 어찌나 편안한지 침대가

And what beat you, he thought.
그런데 너를 이긴 것은, 그는 생각했다.

"Nothing," he said aloud. "I went out too far."
"아무것도 없어" 그는 큰 소리로 말했다. "내가 너무 멀리 나온 탓이야"

When he sailed into the little harbor / the lights of the
노인이 작은 항구로 들어왔을 때 / 테라스 주점의 등불은 꺼져

Terrace were out / and he knew / everyone was in bed.
있었고 / 그는 알았다 / 모두가 잠자고 있다는 것을.

The breeze had risen steadily / and was blowing strongly
산들바람이 서서히 일어나고 / 이제는 강하게 불고 있었다.

now. It was quiet in the harbor / though / and he sailed up
항구 안에는 조용했고 / 그렇지만 / 그는 배를 댔다 /

/ onto the little patch of shingle / below the rocks.
조약돌이 깔린 조그만 곳에 / 바위 아래 있는

There was no one / to help him / so he pulled the boat up /
아무도 없었다 / 그를 도와줄 사람은 / 그래서 그는 배를 끌어 올렸다 /

as far as he could.
될 수 있는 한 (육지로) 먼 거리를.

Then he stepped out / and made her fast / to a rock.
그러고 나서 그는 배에서 내리고 / 배를 단단히 맸다 / 바위에

remedy 개선책, 해결법 without remedy 해결할 방법이 없는, 어떻게 해볼 방법이 없는 jagged 톱니 같은
slot 가늘고 긴 구멍 settle ~을 놓다, 두다 carcass 잔해 crumb 빵조각 sound 온전한 not ~ in any way
전혀 ~하지 않다 colony 집단, 부락 patch 작은 구획, 좁은 땅 shingle 조약돌(pebble 보다 더 큰 조약돌)

Scene 9

He unstepped the mast / and furled the sail / and tied it.
노인은 돛대를 빼고 / 돛을 말아서 걷고 / (돛을) 묶었다.

Then he shouldered the mast / and started to climb.
그 다음에 그는 돛을 어깨에 메고 / (언덕길을) 오르기 시작했다.

It was then he knew / the depth of his tiredness.
바로 그때 그는 깨달았다 / 피곤한 정도를 (얼마나 피곤한지).

He stopped for a moment / and looked back /
그는 잠시 멈추고 / 뒤를 돌아보니 /

and saw / in the reflection from the street light / the great
시야에 들어왔다 / 가로등 불빛에 반사되어 / 고기의 거대한

tail of the fish / standing up / well behind the skiff's stern.
꼬리가 / 우뚝 솟아 있는 것이 / 배의 고물 뒤쪽에.

He saw / the white naked line of his backbone /
그는 보았다 / 하얗게 (밖으로) 드러난 등뼈의 선과 /

and the dark mass of the head / with the projecting bill /
검은 덩어리 모양의 대가리를 / 삐죽 튀어나온 주둥이가 있는 (대가리를) /

and all the nakedness between.
그들 사이에는 (뼈만 있고) 아무것도 없는 모습도 (보았다).

He started to climb again / and at the top / he fell / and
그는 (언덕길을) 다시 오르기 시작했고 / 꼭대기에서 / 그는 넘어져서 /

lay for some time / with the mast across his shoulder.
잠시 동안 누워있었다 / 돛대를 어깨에 메고.

He tried to get up. But it was too difficult / and he sat
그는 일어서려고 애썼다. 그러나 그것은 너무나 힘들었다 / 그래서 그는 그곳에 앉

there / with the mast on his shoulder / and looked /
아서 / 돛대를 어깨에 메고 / 처다보았다 /

at the road. A cat passed / on the far side / going about
길을. 한 마리의 고양이가 지나갔고 / 길의 저쪽에서 / 자신의 일을 돌보면서 /

its business / and the old man watched it.
노인은 고양이를 처다봤다.

Then he just watched / the road.
그리고 나서 그는 그저 처다보기만 했다 / 길을

Finally he put the mast down / and stood up.
마침내 그는 돛대를 내려놓고 / 일어섰다.

He picked the mast up / and put it on his shoulder / and
그는 돛대를 들어서 / 어깨 위에 놓고 /

started up the road. He had to sit down / five times /
길을 (걸어서) 올라가기 시작했다. 그는 주저앉아야만 했다 / 다섯 번이나 /

before he reached / his shack.
도착하기 전에 / 자신의 오두막에

Inside the shack / he leaned the mast / against the wall.
오두막 안에서 / 그는 돛대를 기대어 놓았다 / 벽에.

In the dark / he found a water bottle / and took a drink.
어둠 속에서 / 그는 물병을 찾아서 / 한 모금 마셨다.

Then he lay down / on the bed.
그러고 나서 그는 누웠다 / 침대에

He pulled the blanket / over his shoulders / and then
그는 담요를 끌어당기고 / 어깨 위로 / 그 다음에

over his back and legs / and he slept / face down on the
등과 다리 위로 / 그는 잠이 들었다 / (어떻게?) 얼굴을 신문지 위에

newspapers / with his arms out straight / and the palms
묻고 / 양팔을 쭉 펴서 / 손바닥을 위로 향하고

of his hands up. He was asleep / when the boy looked in
노인은 잠을 자고 있었다 / 아이가 문으로 들여다봤을 때 /

the door / in the morning.
아침에

It was blowing so hard / that the drifting-boats would not
바람이 아주 세게 불고 있어서 / 작은 어선들은 출항하지 않을 것이다 /

be going out / and the boy had slept late / and then come
그래서 아이는 늦게까지 잠을 자고 / 그 다음에 노인의 오두막

to the old man's shack / as he had come each morning.
으로 왔다 / 아이가 매일 아침 하던 대로

The boy saw / that the old man was breathing / and then
아이는 보았다 / 노인이 숨을 쉬고 있는 것을 / 그 다음에

he saw / the old man's hands / and he started to cry.
그는 보았다 / (상처가 난) 노인의 손을 / 그리고 그는 울기 시작했다.

He went out / very quietly / to go to bring some coffee /
그는 밖으로 나갔고 / 아주 조용히 / 가서 커피를 가져오려고 /

and all the way down the road / he was crying.
계속 길을 내려가면서 / 그는 울고 있었다.

unstep 돛대를 빼다 furl (돛을) 말아 걷다, 걷다 reflection 반사, 반사되는 빛 projecting 튀어나온 go about
one's business 자신의 일을 돌보다 shack 오두막 take a drink 한 모금 마시다 drifting boat 작은 어선

Many fishermen were around the skiff / looking /
많은 어부들이 (노인의) 배 주위에 모여 있었고 /   쳐다보면서 /

at what was lashed beside it / and one was in the water, /
배 옆에 묶여 있는 것을 /   한 어부는 물속에 있었다 /

his trousers rolled up, / measuring the skeleton /
자신의 바지를 걷어 올리고 /   고기의 뼈대를 재면서 /

with a length of line.
긴 줄로

The boy did not go down.
아이는 내려가지 않았다.

He had been there / before / and one of the fishermen was
그는 그곳에 가보았다 /   전에 /   그리고 어부들 가운데 한 명이 배를 돌봐주고

looking after the skiff / for him.
있었다 /   그를 대신하여

Scene 10

"How is he?" one of the fishermen shouted.
"노인은 어떠니?"　어부들 가운데 한 명이 소리쳤다.

"Sleeping," the boy called.
"주무시고 계세요"　아이가 소리쳤다.

He did not care / that they saw / him crying.
아이는 신경 쓰지 않았다 /　그들이 보는 것을 /　자신이 울고 있는 모습을

"Let no one disturb / him."
"아무도 방해하지 않게 해주세요 / 할아버지를"

"He was eighteen feet / from nose to tail," the fisherman /
"고기의 길이는 18피트(550cm)야 /　코에서 꼬리까지"　어부가 /

who was measuring him / called.
(어떤 어부?) 고기를 재고 있던 /　소리쳤다.

"I believe it," the boy said.
"저도 그 정도로 크다고 생각해요"　소년이 말했다.

He went into the Terrace / and asked for a can of coffee.
아이는 테라스 주점으로 들어가서 /　한 깡통의 커피를 달라고 부탁했다

"Hot / and with plenty of milk and sugar in it."
"뜨겁게 해주시고 / 많은 우유와 설탕을 넣어주세요"

"Anything more?"
"뭐 더 필요한 것 없니?

"No. Afterwards / I will see / what he can eat."
"없어요. 나중에 /　제가 알아볼게요 / 무엇을 할아버지가 드실 수 있는지"

"What a fish it was," the proprietor said.
"엄청 큰 고기더라"　(테라스) 주인이 말했다.

"There has never been / such a fish. Those were two fine
"지금까지 못 봤어 /　그렇게 큰 고기는. 두 마리의 고기도 꽤 좋았지 /

fish / you took yesterday too."
네가 어제 잡은 것도"

"Damn my fish," the boy said / and he started to cry /
"제가 잡은 고기는 아무래도 좋아요"　아이는 말하고서 / 울기 시작했다 /

again.
또

---

afterwards 나중에, 뒤에　proprietor (가게) 주인

"Do you want a drink / of any kind?" the proprietor
"너 좀 마시겠니 / 뭐라도" 주인은 물었다

asked.

"No," the boy said. "Tell them / not to bother Santiago.
"아니요" 아이는 말했다. "사람들에게 전해주세요 / 산티아고 할아버지를 귀찮게 하지 말라고.

I'll be back."
또 올게요"

"Tell him / how sorry I am."
"노인에게 전해라 / 정말 안됐다고 하더라고"

"Thanks," the boy said.
"고맙습니다" 소년은 말했다.

The boy carried / the hot can of coffee / up to the old
아이는 들고 갔다 / 깡통에 든 뜨거운 커피를 / 노인의 오두막으로 /

man's shack / and sat by him / until he woke.
그 다음에 노인 옆에 앉아 있었다 / 그가 깨어날 때까지.

Once it looked / as though he were waking.
한번은 보였다 / 마치 그가 잠에서 깨어나는 것처럼.

But he had gone back into heavy sleep / and the boy had
그러나 노인은 깊은 잠에 다시 빠졌다 / 그래서 아이는 길을 건너갔다 /

gone across the road / to borrow some wood / to heat the
장작을 빌리러 / 커피를 데우려고.

coffee. Finally the old man woke.
마침내 노인은 깨어났다.

"Don't sit up," the boy said. "Drink this."
"일어나지 마세요" 아이가 말했다. "이것 좀 마셔요"

He poured some of the coffee / in a glass.
그는 커피를 따랐다 / 유리 잔에.

The old man took it / and drank it.
노인은 그것을 받고 / 마셨다.

"They beat me, Manolin," he said.
"놈들이 나를 이겼어, 마놀린" 노인은 말했다.

"They truly beat me."
"놈들이 정말로 나를 이겼어"

"He didn't beat / you. Not the fish."
"그 고기가 이기지 않았어요 / 할아버지를. 그 고기가 이기지 않았어요."

"No. Truly. It was afterwards."
"그렇지. 정말로. 진 것은 나중에 일어났지"

"Pedrico is looking after / the skiff and the gear.
"페드리코가 정리하고 있어요 / 배와 어구를.

What do you want done with / the head?"
어떻게 하시겠어요 / 고기의 대가리는"

"Let Pedrico chop it up / to use in fish traps."
"페드리코한테 토막을 내게 해라 / 고기를 잡는 덫으로 쓰게"

"And the spear?"
"그리고 창모양의 주둥이는요?"

"You keep it / if you want it."
"네가 가져라 / 네가 가지고 싶다면"

"I want it," the boy said.
"제가 갖고 싶어요" 아이는 말했다.

"Now we must make our plans / about the other things."
"이제 우리는 계획을 짜야 해요 / 다른 일에 대해서

"Did they search for / me?"
"사람들이 찾았니 / 나를"

"Of course. With coast guard and with planes."
"물론이죠. 해안 경비대와 비행기로 (찾았어요)"

chop up 잘게 자르다, 토막 내다 coast guard 해안 경비대

Scene 11

"The ocean is very big / and a skiff is small / and hard to
"바다는 아주 넓고 / 배는 작아서 / 찾기가 어렵지"

see," the old man said. He noticed / how pleasant it was /
노인은 말했다. 그는 알게 되었다 / 어찌나 즐거운지 /

to have someone to talk to / instead of speaking only to
이야기할 수 있는 사람이 있다는 것이 / 자신과 바다만을 상대로 지껄이는 대신에

himself and to the sea.

"I missed you," he said.
"네가 보고 싶었다" 노인은 말했다.

"What did you catch?"
"무엇을 잡았니?"

"One the first day. One the second and two the third."
"첫째 날에 한 마리. 둘째 날에 한 마리와 셋째 날에 두 마리를 (잡았어요)"

"Very good."
"아주 잘했어"

"Now we fish / together again."
"이제 우리는 고기잡이를 나가요 / 함께 또 다시"

"No. I am not lucky. I am not lucky anymore."
"아니다. 나는 운이 없어. 나는 더 이상 운이 좋지 않아"

"The hell with luck," the boy said.
"운 같은 건 대수롭지 않아요" 아이는 말했다.

"I'll bring the luck with me."
"제가 운을 가져갈게요"

"What will your family say?"
"뭐라고 네 가족은 말할까"

"I do not care. I caught two yesterday. But we will fish
"저는 상관없어요. 나는 어제 두 마리 잡았어요. 하지만 우리는 함께

together now / for I still have much / to learn."
고기잡이를 나갈 거예요 / 왜냐하면 아직도 많으니까요 / 배울게"

"We must get / a good killing lance / and always have it
"우리는 구해야 해 / 상어를 죽일 수 있는 좋은 창을 / 그리고 늘 배에 실어놓아야 해

on board. You can make the blade / from a spring leaf /
너는 날을 만들 수 있지 / 용수철 판으로 /

from an old Ford. We can grind it / in Guanabacoa.
낡은 포드 자동차의.　　　우리는 날을 갈 수 있지 /　구아나바코에서.

It should be sharp / and not tempered so / it will break.
날은 날카로워야 해 /　　　날을 그렇게(날카롭게) 담금질 하지 않으면 / 날은 부러질 거야.

My knife broke.”
내 칼이 부러졌지”

“I’ll get another knife / and have the spring ground.”
“제가 다른 칼을 구해올게요 /　　　그리고 용수철도 갈아올게요”

How many days of heavy brisa(wind) / have we?”
며칠 동안이나 강한 바람이 /　　　　　지속될까요?

“Maybe three. Maybe more.”
“아마 3일정도.　　　어쩌면 더 불지도 몰라”

“I will have / everything in order,” the boy said.
“제가 할게요 /　　모든 것이 준비되도록”　　　아이가 말했다.

“You get / your hands well, old man.”
“할아버지는 해요 / 손의 상처가 치료되게,　할아버지”

“I know / how to care for them. In the night / I spat
“난 알아 /　손을 어떻게 보살피는지.　　　밤에 /　　　나는 이상한 것을

something strange / and felt / something in my chest was
뱉어냈고 /　　　　　느낌이 들어 / 가슴 속에 뭔가가 잘못된 것 같은”

broken.”

“Get that well too,” the boy said.
“그것도 잘 치료하세요”　　　아이가 말했다.

“Lie down, old man, / and I will bring / you your clean
“누우세요, 할아버지 /　　　그리고 제가 가져다 드릴게요 / 할아버지에게 깨끗한 셔츠를.

shirt. And something to eat.”
또한 드실 것도”

“Bring any of the papers / of the time that I was gone,”
“어떤 신문이라도 가져와라 /　　　내가 없을 때 (발행된)”

the old man said.
노인은 말했다

“You must get well fast / for there is much / that I can
“할아버지는 빨리 회복하셔야 해요 /　많기 때문에 /　　　제가 배울 수 있는 게 /

learn / and you can teach / me everything. How much did
그렇게 해야 가르쳐줄 수 있지요 / 저에게 모든 것을.　　　얼마나 고생하셨어요?”

you suffer?" "Plenty," the old man said.
　　　"많이"　　　　노인은 말했다

"I'll bring / the food and the papers," the boy said.
"제가 가져올게요 / 음식과 신문을"　　　　　　아이는 말했다.

"Rest well, old man. I will bring / stuff from the
"푹 쉬세요, 할아버지.　　　제가 가져올게요 /　약국에서 약을 /

drugstore / for your hands."
　　　손에 바를"

"Don't forget to tell / Pedrico / the head is his."
"잊지 말고 말해라 /　　　페드리코에게 / 고기 대가리는 그의 것이라고"

"No. I will remember."
"잊지 않을게요. 기억할게요"

As the boy went out the door / and down the worn coral
아이가 문밖으로 나가고 /　　　　닳아빠진 산호 바위 길을 걸어 내려갈 때 /

rock road / he was crying again.
　　　그는 다시 울고 있었다.

worn 닳아빠진 coral 산호

Scene 12

That afternoon / there was a party of tourists / at the
그날 오후에 /　　　　한 무리의 관광객들이 있었다 /　　　　테라스 주점에 /

Terrace / and looking down in the water / among the
　　　　그리고 바닷물을 내려다볼 때 /　　　　빈 맥주 깡통과

empty beer cans / and dead barracudas / a woman saw /
　　　　죽은 창꼬치 고기들 사이에서 /　　한 여인의 눈에 들어왔다 /

a great long white spine / with a huge tail at the end / that
거대하고 긴 하얀 등뼈가 /　　　　끝에 거대한 꼬리가 있는 /

lifted and swung / with the tide / while the east wind blew
(어떤 꼬리?) 올라오기도 하고 흔들리는 / 바닷 물결에 따라 / 동풍이 세게 불어 큰 파도를 일으

a heavy steady sea / outside the entrance to the harbor.
키는 동안에 /　　　　항구 어귀 바깥쪽에서

"What's that?" she asked a waiter / and pointed to the long
"저게 뭐예요"　　　그녀는 웨이터에게 물으며 /　　긴 등뼈를 가리켰다 /

backbone / of the great fish / that was now just garbage /
　　　　큰 고기의 /　　　　(그 고기는?) 이제 쓰레기에 불과했던 /

waiting to go out / with the tide.
쓸려 나가길 기다리고 있는 /　바닷 물결과 함께

"Tiburon(shark)," the waiter said.
"티뷰론(상어)입니다"　　　웨이터는 말했다.

"Shark." He was meaning to explain / what had happened.
"상어가"　　그는 설명하려고 했다 /　　어떤 일이 일어났는지

"I didn't know / sharks had / such handsome, beautifully
"몰랐어요 /　　　　상어에게는 있는지 / 저렇게 멋지고 아름답게 생긴 꼬리가"

formed tails." "I didn't either," her male companion said.
　　　　"나도 몰랐어"　　　그녀와 함께 온 남자가 말했다.

Up the road, / in his shack, / the old man was sleeping /
길 위쪽에 있는 /　　오두막에서 /　　노인은 잠자고 있었다 /

again. He was still sleeping / on his face / and the boy was
다시.　　그는 여전히 잠자고 있었고 /　　얼굴을 (침대에) 묻고 / 아이는 노인 옆에 앉아

sitting by him / watching him.
있었다 /　　　　그를 바라보면서.

The old man was dreaming / about the lions.
노인은 꿈을 꾸고 있었다 /　　　　사자에 대한

party 일행, 한 무리　barracuda (어류)창꼬치　spine 등뼈　entrance 입구, 어귀　companion 동반자, 함께 온 사람

Quiz 10 

A 단어

다음 제시된 단어의 설명을 읽고, 어떤 단어의 정의를 설명하는지 아래의 박스에서 찾아 써 보세요.

1. a place where a thing joins another

2. to push a knife quickly into something

3. to separate something into two parts by cutting

4. to pull something suddenly and violently

5. a soft steady light

6. a tool similar to a small ax with a short handle

7. to know what something is because you have seen, heard or learned about it

8. to push a knife into something with a lot of force in order to attack it

9. a very small piece of bread that fell off a larger piece

10. a person who owns a business or a shop

> recognize   wrench   juncture   glow   stab
> lunge   crumb   proprietor   sever   hatchet

C. 직독직해

아래에 제시된 문장을 직독직해로 해석해보세요.

1. The skiff was still shaking / with the destruction / the other shark was doing / to the fish.

    →

2. He did not even watch / the big shark sinking slowly / in the water, / showing first life-size, / then small, then tiny.

    →

3. He hit him / solidly and from as high up / as he could raise the club.

   →

4. He could not talk / to the fish anymore / because the fish had been ruined / too badly.

   →

5. They came / in a pack / and he could only see the lines / in the water / that their fins made.

   →

6. He only noticed / how lightly and how well / the skiff sailed / now there was no great weight / beside her.

   →

D. 동시통역

아래에 제시된 직독직해를 보고, 영어로 말해보세요.

1. 한 놈은 방향을 바꾸고 사라졌다 / 배 밑으로 / 그리고 노인은 느낄 수 있었다 / 배가 흔들리는 것을 / 그놈이 갑자기 움직이고 물어 당길 때 / 고기를

   →

2. "나오는 게 아니었는데 / 이렇게 멀리, 고기야," 그는 말했다

   →

3. 살펴봐라 / 칼에 묶은 줄을 / 그리고 살펴봐야 해 / 줄이 끊어졌는지.

   →

4. 행운이라는 것은 / 다가오지 / 여러 행태로 / 그런데 누가 알아볼 수 있어 / 행운을?

   →

5. "고기의 길이는 18피트(550cm)야 / 코에서 꼬리까지" 어부가 / (어떤 어부?) 고기를 재고 있던 / 소리쳤다

   →

〈The Old Man and the Sea〉를
다시 읽어 보세요.

Chapter 1

Scene 1

He was an old man who fished alone in a skiff in the Gulf Stream and he had gone eighty-four days now without taking a fish. In the first forty days a boy had been with him. But after forty days without a fish the boy's parents had told him that the old man was now definitely and finally salao, which is the worst form of unlucky, and the boy had gone at their orders in another boat which caught three good fish the first week. It made the boy sad to see the old man come in each day with his skiff empty and he always went down to help him carry either the coiled lines or the gaff and harpoon and the sail that was furled around the mast. The sail was patched with flour sacks and, furled, it looked like the flag of permanent defeat.

The old man was thin and gaunt with deep wrinkles in the back of his neck. The brown blotches of the benevolent skin cancer the sun brings from its reflection on the tropic sea were on his cheeks. The blotches ran well down the sides of his face and his hands had the deep-creased scars from handling heavy fish on the cords. But none of these scars were fresh. They were as old as erosions in a fishless desert.

Everything about him was old except his eyes and they were the same color as the sea and were cheerful and undefeated.

"Santiago," the boy said to him as they climbed the bank from where the skiff was hauled up. "I could go with you again. We've made some money."

The old man had taught the boy to fish and the boy loved him.

"No," the old man said. "You're with a lucky boat. Stay with them."

"But remember how you went eighty-seven days without fish and then we caught big ones every day for three weeks."

"I remember," the old man said. "I know you did not leave me because you doubted."

"It was papa made me leave. I am a boy and I must obey him."

"I know," the old man said. "It is quite normal."

Scene 2

"He hasn't much faith."

"No," the old man said. "But we have. Haven't we?"

"Yes," the boy said. "Can I offer you a beer on the Terrace and then we'll take the stuff home."

"Why not?" the old man said. "Between fishermen."

They sat on the Terrace and many of the fishermen made fun of the old man and he was not angry. Others, of the older fishermen, looked at him and were sad. But they did not show it and they spoke politely about the current and the depths they had drifted their lines at and the steady good weather and of what they had seen. The successful fishermen of that day were already in and had butchered their marlin out and carried them laid at full length across two planks, with two men staggering at the end of each plank, to the fish house where they waited for the ice truck to carry them to the market in Havana. Those who had caught sharks had taken them to the shark factory on the other side of the cove where they were hoisted on a block and tackle, their livers removed, their fins cut off and their hides skinned out and their flesh cut into strips for salting.

When the wind was in the east a smell came across the harbor from the shark factory; but today there was only the faint edge of the odor because the wind had backed into the north and then dropped off and it was pleasant and sunny on the Terrace.

"Santiago," the boy said.

"Yes," the old man said. He was holding his glass and thinking of many years ago.

"Can I go out to get sardines for you for tomorrow?"

"No. Go and play baseball. I can still row and Rogelio will throw the net."

"I would like to go. If I cannot fish with you, I would like to serve in some way."

"You bought me a beer," the old man said. "You are already a man."

Scene 3

"How old was I when you first took me in a boat?"

"Five and you nearly were killed when I brought the fish in too green and he nearly tore the boat to pieces. Can you remember?"

"I can remember the tail slapping and banging and the thwart breaking and the noise of the clubbing. I can remember you throwing me into the bow where the wet coiled lines were and feeling the whole boat shiver and the noise of you clubbing him like chopping a tree down and the sweet blood smell all over me."

"Can you really remember that or did I just tell it to you?"

"I remember everything from when we first went together."

The old man looked at him with his sun-burned, confident loving eyes.

"If you were my boy I'd take you out and gamble," he said. "But you are your father's and your mother's and you are in a lucky boat."

"May I get the sardines? I know where I can get four baits too."

"I have mine left from today. I put them in salt in the box."

"Let me get four fresh ones."

"One," the old man said. His hope and his confidence had never gone. But now they were freshening as when the breeze rises.

"Two," the boy said.

"Two," the old man agreed. "You didn't steal them?"

"I would," the boy said. "But I bought these."

"Thank you," the old man said. He was too simple to wonder when he had attained humility. But he knew he had attained it and he knew it was not disgraceful and it carried no loss of true pride.

"Tomorrow is going to be a good day with this current," he said.

"Where are you going?" the boy asked.

"Far out to come in when the wind shifts. I want to be out before it is light."

"I'll try to get him to work far out," the boy said. "Then if you hook something truly big we can come to your aid."

"He does not like to work too far out."

"No," the boy said. "But I will see something that he cannot see such as a bird working and get him to come out after dolphin."

Scene 4

"Are his eyes that bad?"

"He is almost blind."

"It is strange," the old man said. "He never went turtle-ing. That is what kills the eyes."

"But you went turtle-ing for years off the Mosquito Coast and your eyes are good."

"I am a strange old man"

"But are you strong enough now for a truly big fish?"

"I think so. And there are many tricks."

"Let us take the stuff home," the boy said. "So I can get the cast net and go after the sardines."

They picked up the gear from the boat. The old man carried the mast on his shoulder and the boy carried the wooden box with the coiled, hard-braided brown lines, the gaff and the harpoon with its shaft. The box with the baits was under the stern of the skiff along with the club that was used to subdue the big fish when they were brought alongside. No one would steal from the old man but it was better to take the sail and the heavy lines home as the dew was bad for them and, though he was quite sure no local people would steal from him, the old man thought that a gaff and a harpoon were needless temptations to leave in a boat.

They walked up the road together to the old man's shack and went in through its open door. The old man leaned the mast with its wrapped sail against the wall and the boy put the box and the other gear beside it. The mast was nearly as long as the one room of the shack. The shack was made of the tough budshields of the royal palm which are called guano and in it there was a bed, a table, one chair, and a place on the dirt floor to cook with charcoal. On the brown walls of the flattened, overlapping leaves of the sturdy fibered guano there was a picture in color of the Sacred Heart of Jesus and another of the Virgin of Cobre. These were relics of his wife. Once there had been a tinted photograph of his wife on the wall but he had taken it down because it made him too lonely to see it and it was on the shelf in the corner under his clean shirt.

Scene 5

"What do you have to eat?" the boy asked.

"A pot of yellow rice with fish. Do you want some?"

"No. I will eat at home. Do you want me to make the fire?"

"No. I will make it later on. Or I may eat the rice cold."

"May I take the cast net?"

"Of course."

There was no cast net and the boy remembered when they had sold it. But they went through this fiction every day. There was no pot of yellow rice and fish and the boy knew this too.

"Eighty-five is a lucky number," the old man said. "How would you like to see me bring one in that dressed out over a thousand pounds?"

"I'll get the cast net and go for sardines. Will you sit in the sun in the doorway?"

"Yes. I have yesterday's paper and I will read the baseball."

The boy did not know whether yesterday's paper was a fiction too. But the old man brought it out from under the bed.

"Perico gave it to me at the bodega(grocery store)," he explained.

"I'll be back when I have the sardines. I'll keep yours and mine together on ice and we can share them in the morning. When I come back you can tell me about the baseball."

"The Yankees cannot lose."

"But I fear the Indians of Cleveland."

"Have faith in the Yankees my son. Think of the great DiMaggio."

"I fear both the Tigers of Detroit and the Indians of Cleveland."

"Be careful or you will fear even the Reds of Cincinnati and the White Sax of Chicago."

"You study it and tell me when I come back."

"Do you think we should buy a terminal of the lottery with an eighty-five? Tomorrow is the eighty-fifth day."

"We can do that," the boy said. "But what about the eighty-seven of your great record?"

"It could not happen twice. Do you think you can find an eighty-five?"

"I can order one."

"One sheet. That's two dollars and a half. Who can we borrow that from?"

"That's easy. I can always borrow two dollars and a half."

"I think perhaps I can too. But I try not to borrow. First you borrow. Then you beg."

Scene 6

"Keep warm old man," the boy said. "Remember we are in September."

"The month when the great fish come," the old man said. "Anyone can be a fisherman in May."

"I go now for the sardines," the boy said.

When the boy came back the old man was asleep in the chair and the sun was down. The boy took the old army blanket off the bed and spread it over the back of the chair and over the old man's shoulders. They were strange shoulders, still powerful although very old, and the neck was still strong too and the creases did not show so much when the old man was asleep and his head fallen forward. His shirt had been patched so many times that it was like the sail and the patches were faded to many different shades by the sun. The old man's head was very old though and with his eyes closed there was no life in his face. The newspaper lay across his knees and the weight of his arm held it there in the evening breeze. He was barefooted.

The boy left him there and when he came back the old man was still asleep.

"Wake up old man," the boy said and put his hand on one of the old man's knees.

The old man opened his eyes and for a moment he was coming back from a long way away. Then he smiled.

"What have you got?" he asked.

"Supper," said the boy. "We're going to have supper."

"I'm not very hungry."

"Come on and eat. You can't fish and not eat."

"I have," the old man said getting up and taking the newspaper and folding it. Then he started to fold the blanket.

"Keep the blanket around you," the boy said. "You'll not fish without eating while I'm alive."

"Then live a long time and take care of yourself," the old man said. "What are we eating?"

"Black beans and rice, fried bananas, and some stew."

The boy had brought them in a two-decker metal container from the Terrace. The two sets of knives and forks and spoons were in his pocket with a paper napkin wrapped around each set.

"Who gave this to you?"

"Martin. The owner."

"I must thank him."

"I thanked him already," the boy said. "You don't need to thank him."

"I'll give him the belly meat of a big fish," the old man said. "Has he done this for us more than once?"

"I think so."

"I must give him something more than the belly meat then. He is very thoughtful for us."

"He sent two beers."

"I like the beer in cans best."

"I know. But this is in bottles, Hatuey beer, and I take back the bottles."

"That's very kind of you," the old man said. "Should we eat?"

"I've been asking you to," the boy told him gently. "I have not wished to open the container until you were ready."

"I'm ready now," the old man said. "I only needed time to wash."

Where did you wash? the boy thought. The village water supply was two streets down the road. I must have water here for him, the boy thought, and soap and a good towel. Why am I so thoughtless? I must get him another shirt and a jacket for the winter and some sort of shoes and another blanket.

"Your stew is excellent," the old man said.

"Tell me about the baseball," the boy asked him.

"In the American League it is the Yankees as I said," the old man said happily."

"They lost today," the boy told him.

"That means nothing. The great DiMaggio is himself again."

"They have other men on the team."

"Naturally. But he makes the difference. In the other league, between Brooklyn and Philadelphia I must take Brooklyn. But then I think of Dick Sisler and those great drives in the old park."

"There was nothing ever like them. He hits the longest ball I have ever seen."

"Do you remember when he used to come to the Terrace?" "I wanted to take him fishing but I was too timid to ask him. Then I asked you to ask him and you were too timid."

"I know. It was a great mistake. He might have gone with us. Then we would have that for all of our lives."

"I would like to take the great DiMaggio fishing," the old man said. "They say his father was a fisherman. Maybe he was as poor as we are and would understand."

"The great Sisler's father was never poor and he, the father, was playing in the Big Leagues when he was my age."

"When I was your age I was before the mast on a square rigged ship that ran to Africa and I have seen lions on the beaches in the evening."

"I know. You told me."

"Should we talk about Africa or about baseball?"

"Baseball I think," the boy said. "Tell me about the great John J. McGraw." He said Jota for J.

"He used to come to the Terrace sometimes too in the older days. But he was rough and harsh-spoken and difficult when he was drinking. His mind was on horses as well as baseball. At least he carried lists of horses at all times in his pocket and frequently spoke the names of horses on the telephone."

"He was a great manager," the boy said. "My father thinks he was the greatest."

"Because he came here the most times," the old man said. "If Durocher had continued to come here each year your father would think him the greatest manager."

"Who is the greatest manager, really, Luque or Mike Gonzalez?"

"I think they are equal."

"And the best fisherman is you."

"No. I know others better."

"Que Va(no way)," the boy said. "There are many good fishermen and some great ones. But there is only you."

"Thank you. You make me happy. I hope no fish will come along so great that he will prove us wrong."

Scene 9

"There is no such fish if you are still strong as you say."

"I may not be as strong as I think," the old man said. "But I know many tricks and I have resolution."

"You ought to go to bed now so that you will be fresh in the morning. I will take the things back to the Terrace."

"Good night then. I will wake you in the morning."

"You're my alarm clock," the boy said.

"Age is my alarm clock," the old man said. "Why do old men wake so early? Is it to have one longer day?"

"I don't know," the boy said. "All I know is that young boys sleep late and hard."

"I can remember it," the old man said. "I'll waken you in time."

"I do not like for him to waken me. It is as though I were inferior."

"I know."

"Sleep well old man."

Chapter 2

Scene 1

The boy went out. They had eaten with no light on the table and the old man took off his trousers and went to bed in the dark. He rolled his trousers up to make a pillow, putting the newspaper inside them. He rolled himself in the blanket and slept on the other old newspapers that covered the springs of the bed.

He was asleep in a short time and he dreamed of Africa when he was a boy and the long golden beaches and the white beaches, so white they hurt your eyes, and the high capes and the great brown mountains. He lived along that coast. Now every night and in his dreams he heard the surf roar and saw the native boats come riding through it. He smelled the tar and oakum of the deck as he slept and he smelled the smell of Africa that the land breeze brought at morning.

Usually when he smelled the land breeze he woke up and dressed to go and wake the boy. But tonight the smell of the land breeze came very

early and he knew it was too early in his dream and went on dreaming to
see the white peaks of the Islands rising from the sea and then he dreamed
of the different harbors and roadsteads of the Canary Islands.

He no longer dreamed of storms, nor of women, nor of great
occurrences, nor of great fish, nor fights, nor contests of strength, nor of
his wife. He only dreamed of places now and of the lions on the beach.
They played like young cats in the dusk and he loved them as he loved
the boy. He never dreamed about the boy. He simply woke, looked out
the open door at the moon and unrolled his trousers and put them on. He
urinated outside the shack and then went up the road to wake the boy.
He was shivering with the morning cold. But he knew he would shiver
himself warm and that soon he would be rowing.

Scene 2

The door of the house where the boy lived was unlocked and he
opened it and walked in quietly with his bare feet. The boy was asleep
on a cot in the first room and the old man could see him clearly with the
light that came in from the dying moon. He took hold of one foot gently
and held it until the boy woke and turned and looked at him. The old
man nodded and the boy took his trousers from the chair by the bed and,
sitting on the bed, pulled them on.

The old man went out the door and the boy came after him. He was
sleepy and the old man put his arm across his shoulders and said, "I am
sorry."

"Qua Va," the boy said. "It is what a man must do."

They walked down the road to the old man's shack and all along the
road, in the dark, barefoot men were moving, carrying the masts of their
boats. When they reached the old man's shack the boy took the rolls of
line in the basket and the harpoon and gaff and the old man carried the
mast with the furled sail on his shoulder.

"Do you want coffee?" the boy asked.

"We'll put the gear in the boat and then get some."

They had coffee from condensed milk cans at an early morning place
that served fishermen.

"How did you sleep old man?" the boy asked. He was waking up now
although it was still hard for him to leave his sleep.

"Very well, Manolin," the old man said. "I feel confident today."

"So do I," the boy said. "Now I must get your sardines and mine and your fresh baits. He brings our gear himself. He never wants anyone to carry anything."

"We're different," the old man said. "I let you carry things when you were five years old."

"I know it," the boy said. "I'll be right back. Have another coffee. We have credit here."

Scene 3

He walked off, bare-footed on the coral rocks, to the ice house where the baits were stored.

The old man drank his coffee slowly. It was all he would have all day and he knew that he should take it. For a long time now eating had bored him and he never carried a lunch. He had a bottle of water in the bow of the skiff and that was all he needed for the day.

The boy was back now with the sardines and the two baits wrapped in a newspaper and they went down the trail to the skiff, feeling the pebbled sand under their feet, and lifted the skiff and slid her into the water.

"Good luck old man."

"Good luck," the old man said. He fitted the rope lashings of the oars onto the thole pins and, leaning forward against the thrust of the blades in the water, he began to row out of the harbor in the dark. There were other boats from the other beaches going out to sea and the old man heard the dip and push of their oars even though he could not see them now the moon was below the hills.

Sometimes someone would speak in a boat. But most of the boats were silent except for the dip of the oars. They spread apart after they were out of the mouth of the harbor and each one headed for the part of the ocean where he hoped to find fish. The old man knew he was going far out and he left the smell of the land behind and rowed out into the clean early morning smell of the ocean. He saw the phosphorescence of the Gulf weed in the water as he rowed over the part of the ocean that the fishermen called the great well because there was a sudden deep of seven hundred fathoms where all sorts of fish congregated because of the swirl the current made against the steep walls of the floor of the ocean. Here

there were concentrations of shrimp and bait fish and sometimes schools
of squid in the deepest holes and these rose close to the surface at night
where all the wandering fish fed on them.

Scene 4

In the dark the old man could feel the morning coming and as he rowed
he heard the trembling sound as flying fish left the water and the hissing
that their stiff set wings made as they soared away in the darkness. He
was very fond of flying fish as they were his principal friends on the
ocean. He was sorry for the birds, especially the small delicate dark terns
that were always flying and looking and almost never finding, and he
thought, the birds have a harder life than we do except for the robber birds
and the heavy strong ones. Why did they make birds so delicate and fine
as those sea swallows when the ocean can be so cruel? She is kind and
very beautiful. But she can be so cruel and it comes so suddenly and such
birds that fly, dipping and hunting, with their small sad voices are made
too delicately for the sea.

He always thought of the sea as la mar which is what people call her in
Spanish when they love her. Sometimes those who love her say bad things
of her but they are always said as though she were a woman. Some of the
younger fishermen, those who used buoys as floats for their lines and had
motorboats, bought when the shark livers had brought much money, spoke
of her as el mar which is masculine. They spoke of her as a contestant
or a place or even an enemy. But the old man always thought of her as
feminine and as something that gave or withheld great favors, and if she
did wild or wicked things it was because she could not help them. The
moon affects her as it does a woman, he thought.

He was rowing steadily and it was no effort for him since he kept
well within his speed and the surface of the ocean was flat except for the
occasional swirls of the current. He was letting the current do a third of
the work and as it started to be light he saw he was already further out
than he had hoped to be at this hour.

Scene 5

I worked the deep wells for a week and did nothing, he thought. Today
I'll work out where the schools of bonito and albacore are and maybe

there will be a big one with them.

Before it was really light he had his baits out and was drifting with the current. One bait was down forty fathoms. The second was at seventy-five and the third and fourth were down in the blue water at one hundred and one hundred and twenty-five fathoms. Each bait hung head down with the shank of the hook inside the bait fish, tied and sewed solid and all the projecting part of the hook, the curve and the point, was covered with fresh sardines. Each sardine was hooked through both eyes so that they made a half-garland on the projecting steel. There was no part of the hook that a great fish could feel which was not sweet smelling and good tasting.

The boy had given him two fresh small tunas, or albacores, which hung on the two deepest lines like plummets and, on the others, he had a big blue runner and a yellow jack that had been used before; but they were in good condition still and had the excellent sardines to give them scent and attractiveness. Each line, as thick around as a big pencil, was looped onto a green-sapped stick so that any pull or touch on the bait would make the stick dip and each line had two forty-fathom coils which could be made fast to the other spare coils so that, if it were necessary, a fish could take out over three hundred fathoms of line.

Now the man watched the dip of the three sticks over the side of the skiff and rowed gently to keep the lines straight up and down and at their proper depths. It was quite light and any moment now the sun would rise.

Scene 6

The sun rose thinly from the sea and the old man could see the other boats, low on the water and well in toward the shore, spread out across the current. Then the sun was brighter and the glare came on the water and then, as it rose clear, the flat sea sent it back at his eyes so that it hurt sharply and he rowed without looking into it. He looked down into the water and watched the lines that went straight down into the dark of the water. He kept them straighter than anyone did, so that at each level in the darkness of the stream there would be a bait waiting exactly where he wished it to be for any fish that swam there. Others let them drift with the current and sometimes they were at sixty fathoms when the fishermen thought they were at a hundred.

But, he thought, I keep them with precision. Only I have no luck any more. But who knows? Maybe today. Every day is a new day. It is better to be lucky. But I would rather be exact. Then when luck comes you are ready.

The sun was two hours higher now and it did not hurt his eyes so much to look into the east. There were only three boats in sight now and they showed very low and far inshore.

All my life the early sun has hurt my eyes, he thought. Yet they are still good. In the evening I can look straight into it without getting the blackness. It has more force in the evening too. But in the morning it is painful.

Chapter 3

Scene 1

Just then he saw a man-of-war bird with his long black wings circling in the sky ahead of him. He made a quick drop, slanting down on his back-swept wings, and then circled again.

"He's got something," the old man said aloud. "He's not just looking."

He rowed slowly and steadily toward where the bird was circling. He did not hurry and he kept his lines straight up and down. But he crowded the current a little so that he was still fishing correctly though faster than he would have fished if he was not trying to use the bird.

The bird went higher in the air and circled again, his wings motionless. Then he dove suddenly and the old man saw flying fish spurt out of the water and sail desperately over the surface.

"Dolphin," the old man said aloud. "Big dolphin."

He shipped his oars and brought a small line from under the bow. It had a wire leader and a medium-sized hook and he baited it with one of the sardines. He let it go over the side and then made it fast to a ring bolt in the stern. Then he baited another line and left it coiled in the shade of the bow. He went back to rowing and to watching the long-winged black bird who was working, now, low over the water.

As he watched the bird dipped again slanting his wings for the dive and then swinging them wildly and ineffectually as he followed the flying fish. The old man could see the slight bulge in the water that the big dolphin raised as they followed the escaping fish. The dolphin were cutting through the water below the flight of the fish and would be in the water, driving at speed, when the fish dropped. It is a big school of dolphin, he thought. They are widespread and the flying fish have little chance. The bird has no chance. The flying fish are too big for him and they go too fast.

Scene 2

He watched the flying fish burst out again and again and the ineffectual movements of the bird. That school has gotten away from me, he thought. They are moving out too fast and too far. But perhaps I will pick up a stray and perhaps my big fish is around them. My big fish must be somewhere.

The clouds over the land now rose like mountains and the coast was only a long green line with the gray blue hills behind it. The water was a dark blue now, so dark that it was almost purple. As he looked down into it he saw the red sifting of the plankton in the dark water and the strange light the sun made now. He watched his lines to see them go straight down out of sight into the water and he was happy to see so much plankton because it meant fish. The strange light the sun made in the water, now that the sun was higher, meant good weather and so did the shape of the clouds over the land. But the bird was almost out of sight now and nothing showed on the surface of the water but some patches of yellow, sun-bleached Sargasso weed and the purple, formalized, iridescent, gelatinous bladder of a Portuguese man-of-war floating close beside the boat. It turned on its side and then righted itself. It floated cheerfully as a bubble with its long deadly purple filaments trailing a yard behind it in the water.

"Agua mala," the man said. "You whore."

From where he swung lightly against his oars he looked down into the water and saw the tiny fish that were colored like the trailing filaments and swam between them and under the small shade the bubble made as it drifted. They were immune to its poison. But men were not and when some of the filaments would catch on a line and rest there slimy and purple while the old man was working a fish, he would have welts and sores on his arms and hands of the sort that poison ivy or poison oak can give. But these poisonings from the agua mala came quickly and struck like a whiplash.

Scene 3

The iridescent bubbles were beautiful. But they were the falsest thing in the sea and the old man loved to see the big sea turtles eating them. The turtles saw them, approached them from the front, then shut their eyes so they were completely carapaced and ate them filaments and all. The old man loved to see the turtles eat them and he loved to walk on them on the beach after a storm and hear them pop when he stepped on them with the horny soles of his feet.

He loved green turtles and hawk-bills with their elegance and speed and their great value and he had a friendly contempt for the huge, stupid loggerheads, yellow in their armor-plating, strange in their love-making, and happily eating the Portuguese men-of-war with their eyes shut.

He had no mysticism about turtles although he had gone in turtle boats for many years. He was sorry for them all, even the great trunk backs that were as long as the skiff and weighed a ton. Most people are heartless about turtles because a turtle's heart will beat for hours after he has been cut up and butchered. But the old man thought, I have such a heart too and my feet and hands are like theirs. He ate the white eggs to give himself strength. He ate them all through May to be strong in September and October for the truly big fish.

He also drank a cup of shark liver oil each day from the big drum in the shack where many of the fishermen kept their gear. It was there for all fishermen who wanted it. Most fishermen hated the taste. But it was no worse than getting up at the hours that they rose and it was very good against all colds and grippes and it was good for the eyes.

Now the old man looked up and saw that the bird was circling again.

Scene 4

"He's found fish," he said aloud. No flying fish broke the surface and there was no scattering of bait fish. But as the old man watched, a small tuna rose in the air, turned and dropped head first into the water. The tuna shone silver in the sun and after he had dropped back into the water another and another rose and they were jumping in all directions, churning the water and leaping in long jumps after the bait. They were circling it and driving it.

If they don't travel too fast I will get into them, the old man thought, and he watched the school working the water white and the bird now dropping and dipping into the bait fish that were forced to the surface in their panic.

"The bird is a great help," the old man said. Just then the stern line came taut under his foot, where he had kept a loop of the line, and he dropped his oars and felt the weight of the small tuna's shivering pull as he held the line firm and commenced to haul it in. The shivering increased as he pulled in and he could see the blue back of the fish in the water and the gold of his sides before he swung him over the side and into the boat. He lay in the stern in the sun, compact and bullet shaped, his big, unintelligent eyes staring as he thumped his life out against the planking of the boat with the quick shivering strokes of his neat, fast-moving tail. The old man hit him on the head for kindness and kicked him, his body still shuddering, under the shade of the stern.

"Albacore," he said aloud. "He'll make a beautiful bait. He'll weigh ten pounds."

He did not remember when he had first started to talk aloud when he was by himself. He had sung when he was by himself in the old days and he had sung at night sometimes when he was alone steering on his watch in the smacks or in the turtle boats. He had probably started to talk aloud, when alone, when the boy had left. But he did not remember. When he and the boy fished together they usually spoke only when it was necessary. They talked at night or when they were storm-bound by bad weather.

Scene 5

It was considered a virtue not to talk unnecessarily at sea and the old man had always considered it so and respected it. But now he said his thoughts aloud many times since there was no one that they could annoy.

"If the others heard me talking out loud they would think that I am crazy," he said aloud. "But since I am not crazy, I do not care. And the rich have radios to talk to them in their boats and to bring them the baseball."

Now is no time to think of baseball, he thought. Now is the time to think of only one thing. That which I was born for. There might be a big one around that school, he thought. I picked up only a straggler from the albacore that were feeding. But they are working far out and fast.

Everything that shows on the surface today travels very fast and to the north-east. Can that be the time of day? Or is it some sign of weather that I do not know?

He could not see the green of the shore now but only the tops of the blue hills that showed white as though they were snow-capped and the clouds that looked like high snow mountains above them. The sea was very dark and the light made prisms in the water. The myriad flecks of the plankton were annulled now by the high sun and it was only the great deep prisms in the blue water that the old man saw now with his lines going straight down into the water that was a mile deep. The tuna, the fishermen called all the fish of that species tuna and only distinguished among them by their proper names when they came to sell them or to trade them for baits, were down again. The sun was hot now and the old man felt it on the back of his neck and felt the sweat trickle down his back as he rowed.

Scene 6

I could just drift, he thought, and sleep and put a bight of line around my toe to wake me. But today is eighty-five days and I should fish the day well.

Just then, watching his lines, he saw one of the projecting green sticks dip sharply.

"Yes," he said. "Yes," and shipped his oars without bumping the boat. He reached out for the line and held it softly between the thumb and forefinger of his right hand. He felt no strain nor weight and he held the line lightly. Then it came again. This time it was a tentative pull, not solid nor heavy, and he knew exactly what it was. One hundred fathoms down a marlin was eating the sardines that covered the point and the shank of the hook where the hand-forged hook projected from the head of the small tuna.

The old man held the line delicately, and softly, with his left hand, unleashed it from the stick. Now he could let it run through his fingers without the fish feeling any tension.

This far out, he must be huge in this month, he thought. Eat them, fish. Eat them. Please eat them. How fresh they are and you down there six hundred feet in that cold water in the dark. Make another turn in the dark and come back and eat them.

Chapter 4

Scene 1

He felt the light delicate pulling and then a harder pull when a sardine's head must have been more difficult to break from the hook. Then there was nothing.

"Come on," the old man said aloud. "Make another turn. Just smell them. Aren't they lovely? Eat them good now and then there is the tuna. Hard and cold and lovely. Don't be shy, fish. Eat them."

He waited with the line between his thumb and his finger, watching it and the other lines at the same time for the fish might have swum up or down. Then came the same delicate pulling touch again.

"He'll take it," the old man said aloud. "God help him to take it."

He did not take it though. He was gone and the old man felt nothing.

"He can't have gone," he said. "Christ knows he can't have gone. He's making a turn. Maybe he has been hooked before and he remembers something of it."

Then he felt the gentle touch on the line and he was happy.

"It was only his turn," he said. "He'll take it."

He was happy feeling the gentle pulling and then he felt something hard and unbelievably heavy. It was the weight of the fish and he let the line slip down, down, down, unrolling off the first of the two reserve coils. As it went down, slipping lightly through the old man's fingers, he still could feel the great weight, though the pressure of his thumb and finger were almost imperceptible.

"What a fish," he said. "He has it sideways in his mouth now and he is moving off with it."

Then he will turn and swallow it, he thought. He did not say that because he knew that if you said a good thing it might not happen. He knew what a huge fish this was and he thought of him moving away in the darkness with the tuna held crosswise in his mouth. At that moment he felt him stop moving but the weight was still there. Then the weight increased and he gave more line. He tightened the pressure of his thumb and finger for a moment and the weight increased and was going straight down.

Scene 2

"He's taken it," he said. "Now I'll let him eat it well."

He let the line slip through his fingers while he reached down with his left hand and made fast the free end of the two reserve coils to the loop of the two reserve coils of the next line. Now he was ready. He had three forty-fathom coils of line in reserve now, as well as the coil he was using.

"Eat it a little more," he said. "Eat it well."

Eat it so that the point of the hook goes into your heart and kills you, he thought. Come up easy and let me put the harpoon into you. All right. Are you ready? Have you been long enough at table?

"Now!" he said aloud and struck hard with both hands, gained a yard of line and then struck again and again, swinging with each arm alternately on the cord with all the strength of his arms and the pivoted weight of his body.

Nothing happened. The fish just moved away slowly and the old man could not raise him an inch. His line was strong and made for heavy fish and he held it against his back until it was so taut that beads of water were jumping from it. Then it began to make a slow hissing sound in the water and he still held it, bracing himself against the thwart and leaning back against the pull. The boat began to move slowly off toward the north-west.

The fish moved steadily and they travelled slowly on the calm water. The other baits were still in the water but there was nothing to be done.

"I wish I had the boy" the old man said aloud. "I'm being towed by a fish and I'm the towing bitt. I could make the line fast. But then he could break it. I must hold him all I can and give him line when he must have it. Thank God he is travelling and not going down."

Scene 3

What I will do if he decides to go down, I dont know. What I'll do if he sounds and dies I don't know. But I'll do something. There are plenty of things I can do.

He held the line against his back and watched its slant in the water and the skiff moving steadily to the north-west.

This will kill him, the old man thought. He can't do this forever. But four hours later the fish was still swimming steadily out to sea, towing the skiff, and the old man was still braced solidly with the line across his back.

"It was noon when I hooked him," he said. "And I have never seen him."

He had pushed his straw hat hard down on his head before he hooked the fish and it was cutting his forehead. He was thirsty too and he got down on his knees and, being careful not to jerk on the line, moved as far into the bow as he could get and reached the water bottle with one hand. He opened it and drank a little. Then he rested against the bow. He rested sitting on the un-stepped mast and sail and tried not to think but only to endure.

Then he looked behind him and saw that no land was visible. That makes no difference, he thought. I can always come in on the glow from Havana. There are two more hours before the sun sets and maybe he will come up before that. If he doesn't maybe he will come up with the moon. If he does not do that maybe he will come up with the sunrise. I have no cramps and I feel strong. It is he that has the hook in his mouth. But what a fish to pull like that. He must have his mouth shut tight on the wire. I wish I could see him. I wish I could see him only once to know what I have against me.

The fish never changed his course nor his direction all that night as far as the man could tell from watching the stars. It was cold after the sun went down and the old man's sweat dried cold on his back and his arms and his old legs.

Scene 4

During the day he had taken the sack that covered the bait box and spread it in the sun to dry. After the sun went down he tied it around his neck so that it hung down over his back and he cautiously worked it down under the line that was across his shoulders now. The sack cushioned the line and he had found a way of leaning forward against the bow so that he was almost comfortable. The position actually was only somewhat less intolerable; but he thought of it as almost comfortable.

I can do nothing with him and he can do nothing with me, he thought. Not as long as he keeps this up.

Once he stood up and urinated over the side of the skiff and looked at the stars and checked his course. The line showed like a phosphorescent streak in the water straight out from his shoulders. They were moving more slowly now and the glow of Havana was not so strong, so that he knew the current must be carrying them to the eastward. If I lose the glare of Havana we must be going more to the eastward, he thought. For if the fish's course held true I must see it for many more hours. I wonder how the baseball came out in the grand leagues today, he thought. It would be wonderful to do this with a radio. Then he thought, think of it always. Think of what you are doing. You must do nothing stupid.

Then he said aloud, "I wish I had the boy. To help me and to see this."

No one should be alone in their old age, he thought. But it is unavoidable. I must remember to eat the tuna before he spoils in order to keep strong. Remember, no matter how little you want to, that you must eat him in the morning. Remember, he said to himself.

During the night two porpoises came around the boat and he could hear them rolling and blowing. He could tell the difference between the blowing noise the male made and the sighing blow of the female.

"They are good," he said. "They play and make jokes and love one another. They are our brothers like the flying fish."

Scene 5

Then he began to pity the great fish that he had hooked. He is wonderful and strange and who knows how old he is, he thought. Never have I had such a strong fish nor one who acted so strangely. Perhaps he is too wise to jump. He could ruin me by jumping or by a wild rush. But perhaps he has been hooked many times before and he knows that this is how he should make his fight. He cannot know that it is only one man against him, nor that it is an old man. But what a great fish he is and what will he bring in the market if the flesh is good. He took the bait like a male and he pulls like a male and his fight has no panic in it. I wonder if he has any plans or if he is just as desperate as I am?

He remembered the time he had hooked one of a pair of marlin. The male fish always let the female fish feed first and the hooked fish, the female, made a wild, panic-stricken, despairing fight that soon exhausted her, and all the time the male had stayed with her, crossing the line and circling with her on the surface. He had stayed so close that the old man was afraid he would cut the line with his tail which was sharp as a scythe and almost of that size and shape. When the old man had gaffed her and clubbed her, holding the rapier bill with its sandpaper edge and clubbing her across the top of her head until her color turned to a color almost like the backing of mirrors, and then, with the boy's aid, hoisted her aboard, the male fish had stayed by the side of the boat. Then, while the old man was clearing the lines and preparing the harpoon, the male fish jumped high into the air beside the boat to see where the female was and then went down deep, his lavender wings, that were his pectoral fins, spread wide and all his wide lavender stripes showing. He was beautiful, the old man remembered, and he had stayed.

Scene 6

That was the saddest thing I ever saw with them, the old man thought. The boy was sad too and we begged her pardon and butchered her promptly.

"I wish the boy was here," he said aloud and settled himself against the rounded planks of the bow and felt the strength of the great fish through the line he held across his shoulders moving steadily toward whatever he had chosen.

When once, through my treachery, it had been necessary to him to make a choice, the old man thought.

His choice had been to stay in the deep dark water far out beyond all snares and traps and treacheries. My choice was to go there to find him beyond all people. Beyond all people in the world. Now we are joined together and have been since noon. And no one to help either one of us.

Perhaps I should not have been a fisherman, he thought. But that was the thing that I was born for. I must surely remember to eat the tuna after it gets light.

Some time before daylight something took one of the baits that were behind him. He heard the stick break and the line begin to rush out over the gunwale of the skiff. In the darkness he loosened his sheath knife and taking all the strain of the fish on his left shoulder he leaned back and cut the line against the wood of the gunwale. Then he cut the other line closest to him and in the dark made the loose ends of the reserve coils fast. He worked skillfully with the one hand and put his foot on the coils to hold them as he drew his knots tight. Now he had six reserve coils of line. There were two from each bait he had severed and the two from the bait the fish had taken and they were all connected.

After it is light, he thought, I will work back to the forty-fathom bait and cut it away too and link up the reserve coils. I will have lost two hundred fathoms of good Catalan cardel(line) and the hooks and leaders. That can be replaced. But who replaces this fish if I hook some fish and it cuts him off? I don't know what that fish was that took the bait just now. It could have been a marlin or a broadbill or a shark. I never felt him. I had to get rid of him too fast. Aloud he said, "I wish I had the boy."

Scene 7

But you haven't got the boy, he thought. You have only yourself and you had better work back to the last line now, in the dark or not in the dark, and cut it away and hook up the two reserve coils.

So he did it. It was difficult in the dark and once the fish made a surge that pulled him down on his face and made a cut below his eye. The blood ran down his cheek a little way. But it coagulated and dried before it reached his chin and he worked his way back to the bow and rested against the wood. He adjusted the sack and carefully worked the line so that it came across a new part of his shoulders and, holding it anchored with his shoulders, he carefully felt the pull of the fish and then felt with his hand the progress of the skiff through the water.

I wonder what he made that lurch for, he thought. The wire must have slipped on the great hill of his back. Certainly his back cannot feel as badly as mine does. But he cannot pull this skiff forever, no matter how great he is. Now everything is cleared away that might make trouble and I have a big reserve of line; all that a man can ask.

"Fish," he said softly, aloud, "I'll stay with you until I am dead."

He'll stay with me too, I suppose, the old man thought and he waited for it to be light. It was cold now in the time before daylight and he pushed against the wood to be warm. I can do it as long as he can, he thought. And in the first light the line extended out and down into the water. The boat moved steadily and when the first edge of the sun rose it was on the old man's right shoulder.

"He's headed north," the old man said. The current will have set us far to the eastward, he thought. I wish he would turn with the current. That would show that he was tiring.

Scene 8

When the sun had risen further the old man realized that the fish was not tiring. There was only one favorable sign. The slant of the line showed he was swimming at a lesser depth. That did not necessarily mean that he would jump. But he might.

"God let him jump," the old man said. "I have enough line to handle him."

Maybe if I can increase the tension just a little it will hurt him and he will jump, he thought. Now that it is daylight let him jump so that he'll fill the sacks along his backbone with air and then he cannot go deep to die.

He tried to increase the tension, but the line had been taut up to the very edge of the breaking point since he had hooked the fish and he felt the harshness as he leaned back to pull and knew he could put no more strain on it. I must not jerk it ever, he thought. Each jerk widens the cut the hook makes and then when he does jump he might throw it. Anyway I feel better with the sun and for once I do not have to look into it.

There was yellow weed on the line but the old man knew that only made an added drag and he was pleased. It was the yellow Gulf weed that had made so much phosphorescence in the night.

Chapter 5

Scene 1

"Fish," he said, "I love you and respect you very much. But I will kill you dead before this day ends."

Let us hope so, he thought.

A small bird came toward the skiff from the north. He was a warbler and flying very low over the water. The old man could see that he was very tired.

The bird made the stern of the boat and rested there. Then he flew around the old man's head and rested on the line where he was more comfortable.

"How old are you?" the old man asked the bird. "Is this your first trip?"

The bird looked at him when he spoke. He was too tired even to examine the line and he teetered on it as his delicate feet gripped it fast.

"It's steady," the old man told him. "It's too steady. You shouldn't be that tired after a windless night. What are birds coming to?"

The hawks, he thought, that come out to sea to meet them. But he said nothing of this to the bird who could not understand him anyway and who would learn about the hawks soon enough.

"Take a good rest, small bird," he said. "Then go in and take your chance like any man or bird or fish."

It encouraged him to talk because his back had stiffened in the night and it hurt truly now. "Stay at my house if you like, bird," he said. "I am sorry I cannot hoist the sail and take you in with the small breeze that is rising. But I am with a friend."

Just then the fish gave a sudden lurch that pulled the old man down onto the bow and would have pulled him overboard if he had not braced himself and given some line.

The bird had flown up when the line jerked and the old man had not even seen him go. He felt the line carefully with his right hand and noticed his hand was bleeding.

Scene 2

"Something hurt him then," he said aloud and pulled back on the line to see if he could turn the fish. But when he was touching the breaking point he held steady and settled back against the strain of the line.

"You're feeling it now, fish," he said. "And so, God knows, am I."

He looked around for the bird now because he would have liked him for company. The bird was gone.

You did not stay long, the man thought. But it is rougher where you are going until you make the shore. How did I let the fish cut me with that one quick pull he made? I must be getting very stupid. Or perhaps I was looking at the small bird and thinking of him. Now I will pay attention to my work and then I must eat the tuna so that I will not have a failure of strength.

"I wish the boy were here and that I had some salt," he said aloud.

Shifting the weight of the line to his left shoulder and kneeling carefully he washed his hand in the ocean and held it there, submerged, for more than a minute watching the blood trail away and the steady movement of the water against his hand as the boat moved.

"He has slowed much," he said.

The old man would have liked to keep his hand in the salt water longer but he was afraid of another sudden lurch by the fish and he stood up and braced himself and held his hand up against the sun. It was only a line burn that had cut his flesh. But it was in the working part of his hand. He knew he would need his hands before this was over and he did not like to be cut before it started. "Now," he said, when his hand had dried, "I must eat the small tuna. I can reach him with the gaff and eat him here in comfort."

He knelt down and found the tuna under the stem with the gaff and drew it toward him keeping it clear of the coiled lines. Holding the line with his left shoulder again, and bracing on his left hand and arm, he took the tuna off the gaff hook and put the gaff back in place.

Scene 3

He put one knee on the fish and cut strips of dark red meat longitudinally from the back of the head to the tail. They were wedge-shaped strips and he cut them from next to the back bone down to the edge of the belly. When he had cut six strips he spread them out on the wood of the bow, wiped his knife on his trousers, and lifted the carcass of the bonito by the tail and dropped it overboard.

"I don't think I can eat an entire one," he said and drew his knife across one of the strips. He could feel the steady hard pull of the line and his left hand was cramped. It drew up tight on the heavy cord and he looked at it in disgust.

"What kind of a hand is that?" he said. "Cramp then if you want. Make yourself into a claw. It will do you no good."

Come on, he thought and looked down into the dark water at the slant of the line. Eat it now and it will strengthen the hand. It is not the hand's fault and you have been many hours with the fish. But you can stay with him forever. Eat the bonito now.

He picked up a piece and put it in his mouth and chewed it slowly. It was not unpleasant.

Chew it well, he thought, and get all the juices. It would not be bad to eat with a little lime or with lemon or with salt.

"How do you feel, hand?" he asked the cramped hand that was almost as stiff as rigor mortis. "I'll eat some more for you."

He ate the other part of the piece that he had cut in two. He chewed it carefully and then spat out the skin.

"How does it go, hand? Or is it too early to know?"

He took another full piece and chewed it.

"It is a strong full-blooded fish," he thought. "I was lucky to get him instead of dolphin. Dolphin is too sweet. This is hardly sweet at all and all the strength is still in it."

There is no sense in being anything but practical though, he thought. I wish I had some salt. And I do not know whether the sun will rot or dry what is left, so I had better eat it all although I am not hungry. The fish is calm and steady. I will eat it all and then I will be ready.

Scene 4

"Be patient, hand," he said. "I do this for you."

I wish I could feed the fish, he thought. He is my brother. But I must kill him and keep strong to do it. Slowly and conscientiously he ate all of the wedge-shaped strips of fish.

He straightened up, wiping his hand on his trousers.

"Now," he said. "You can let the cord go, hand, and I will handle him with the right arm alone until you stop that nonsense." He put his left foot on the heavy line that the left hand had held and lay back against the pull against his back.

"God help me to have the cramp go," he said. "Because I do not know what the fish is going to do."

But he seems calm, he thought, and following his plan. But what is his plan, he thought. And what is mine? Mine I must improvise to his because of his great size. If he will jump I can kill him. But he stays down forever. Then I will stay down with him forever.

He rubbed the cramped hand against his trousers and tried to gentle the fingers. But it would not open. Maybe it will open with the sun, he thought. Maybe it will open when the strong raw tuna is digested. If I have to have it, I will open it, cost whatever it costs. But I do not want to open it now by force. Let it open by itself and come back of its own accord. After all I abused it much in the night when it was necessary to free and untie the various lines.

He looked across the sea and knew how alone he was now. But he could see the prisms in the deep dark water and the line stretching ahead and the strange undulation of the calm. The clouds were building up now for the trade wind and he looked ahead and saw a flight of wild ducks etching themselves against the sky over the water, then blurring, then etching again and he knew no man was ever alone on the sea.

Scene 5

He thought of how some men feared being out of sight of land in a small boat and knew they were right in the months of sudden bad weather. But now they were in hurricane months and, when there are no hurricanes, the weather of hurricane months is the best of all the year.

If there is a hurricane you always see the signs of it in the sky for days ahead, if you are at sea. They do not see it ashore because they do not know what to look for, he thought. The land must make a difference too, in the shape of the clouds. But we have no hurricane coming now.

He looked at the sky and saw the white cumulus built like friendly piles of ice cream and high above were the thin feathers of the cirrus against the high September sky.

"Light brisa(breeze)," he said. "Better weather for me than for you, fish."

His left hand was still cramped, but he was unknotting it slowly.

I hate a cramp, he thought. It is a treachery of one's own body. It is humiliating before others to have a diarrhea from ptomaine poisoning or to vomit from it. But a cramp, he thought of it as a calambre, humiliates oneself especially when one is alone.

If the boy were here he could rub it for me and loosen it down from the forearm, he thought. But it will loosen up.

Chapter 6

Scene 1

Then, with his right hand he felt the difference in the pull of the line before he saw the slant change in the water. Then, as he leaned against the line and slapped his left hand hard and fast against his thigh he saw the line slanting slowly upward.

"He's coming up," he said. "Come on hand. Please come on."

The line rose slowly and steadily and then the surface of the ocean bulged ahead of the boat and the fish came out. He came out unendingly and water poured from his sides. He was bright in the sun and his head and back were dark purple and in the sun the stripes on his sides showed wide and a light lavender. His sword was as long as a baseball bat and tapered like a rapier and he rose his full length from the water and then re-entered it, smoothly, like a diver and the old man saw the great scythe-blade of his tail go under and the line commenced to race out.

"He is two feet longer than the skiff," the old man said. The line was going out fast but steadily and the fish was not panicked. The old man was trying with both hands to keep the line just inside of breaking strength. He knew that if he could not slow the fish with a steady pressure the fish could take out all the line and break it.

He is a great fish and I must convince him, he thought. I must never let him learn his strength nor what he could do if he made his run. If I were him I would put in everything now and go until something broke. But, thank God, they are not as intelligent as we who kill them; although they are more noble and more able.

The old man had seen many great fish. He had seen many that weighed more than a thousand pounds and he had caught two of that size in his life, but never alone. Now alone, and out of sight of land, he was fast to the biggest fish that he had ever seen and bigger than he had ever heard of, and his left hand was still as tight as the gripped claws of an eagle.

Scene 2

It will uncramp though, he thought. Surely it will uncramp to help my right hand. There are three things that are brothers: the fish and my two hands. It must uncramp. It is unworthy of it to be cramped. The fish had slowed again and was going at his usual pace.

I wonder why he jumped, the old man thought. He jumped almost as though to show me how big he was. I know now, anyway, he thought. I wish I could show him what sort of man I am. But then he would see the cramped hand. Let him think I am more man than I am and I will be so. I wish I was the fish, he thought, with everything he has against only my will and my intelligence.

He settled comfortably against the wood and took his suffering as it came and the fish swam steadily and the boat moved slowly through the dark water. There was a small sea rising with the wind coming up from the east and at noon the old man's left hand was uncramped.

"Bad news for you, fish," he said and shifted the line over the sacks that covered his shoulders. He was comfortable but suffering, although he did not admit the suffering at all.

"I am not religious," he said. "But I will say ten Our Fathers and ten Hail Marys that I should catch this fish, and I promise to make a pilgrimage to the Virgin of Cobre if I catch him. That is a promise."

He commenced to say his prayers mechanically. Sometimes he would be so tired that he could not remember the prayer and then he would say them fast so that they would come automatically. Hail Marys are easier to say than Our Fathers, he thought.

"Hail Mary full of Grace the Lord is with thee. Blessed art thou among women and blessed is the fruit of thy womb, Jesus. Holy Mary, Mother of God, pray for us sinners now and at the hour of our death. Amen." Then he added, "Blessed Virgin, pray for the death of this fish. Wonderful though he is."

With his prayers said, and feeling much better, but suffering exactly as much, and perhaps a little more, he leaned against the wood of the bow and began, mechanically, to work the fingers of his left hand.

Scene 3

The sun was hot now although the breeze was rising gently.

"I had better re-bait that little line out over the stern," he said. "If the fish decides to stay another night I will need to eat again and the water is low in the bottle. I don't think I can get anything but a dolphin here. But if I eat him fresh enough he won't be bad. I wish a flying fish would come on board tonight. But I have no light to attract them. A flying fish is excellent to eat raw and I would not have to cut him up. I must save all my strength now. Christ, I did not know he was so big."

"I'll kill him though," he said. "In all his greatness and his glory."

Although it is unjust, he thought. But I will show him what a man can do and what a man endures.

"I told the boy I was a strange old man," he said. "Now is when I must prove it."

The thousand times that he had proved it meant nothing. Now he was proving it again. Each time was a new time and he never thought about the past when he was doing it.

I wish he'd sleep and I could sleep and dream about the lions, he thought. Why are the lions the main thing that is left? Don't think, old man, he said to himself. Rest gently now against the wood and think of nothing. He is working. Work as little as you can.

It was getting into the afternoon and the boat still moved slowly and steadily. But there was an added drag now from the easterly breeze and the old man rode gently with the small sea and the hurt of the cord across his back came to him easily and smoothly.

Once in the afternoon the line started to rise again. But the fish only continued to swim at a slightly higher level. The sun was on the old man's left arm and shoulder and on his back. So he knew the fish had turned east of north.

Scene 4

Now that he had seen him once, he could picture the fish swimming in the water with his purple pectoral fins set wide as wings and the great erect tail slicing through the dark. I wonder how much he sees at that depth, the old man thought. His eye is huge and a horse, with much less eye, can see in the dark. Once I could see quite well in the dark. Not in the absolute dark. But almost as a cat sees.

The sun and his steady movement of his fingers had uncramped his left hand now completely and he began to shift more of the strain to it and he shrugged the muscles of his back to shift the hurt of the cord a little.

"If you're not tired, fish," he said aloud, "you must be very strange."

He felt very tired now and he knew the night would come soon and he tried to think of other things. He thought of the Big Leagues, to him they were the Gran Ligas, and he knew that the Yankees of New York were playing the Tigres of Detroit.

This is the second day now that I do not know the result of the juegos, he thought. But I must have confidence and I must be worthy of the great DiMaggio who does all things perfectly even with the pain of the bone spur in his heel. What is a bone spur? he asked himself. Un espuela de hueso. We do not have them. Can it be as painful as the spur of a fighting cock in one's heel? I do not think I could endure that or the loss of the eye and of both eyes and continue to fight as the fighting cocks do. Man is not much beside the great birds and beasts. Still I would rather be that beast down there in the darkness of the sea.

"Unless sharks come," he said aloud. "If sharks come, God pity him and me."

Chapter 7

Scene 1

Do you believe the great DiMaggio would stay with a fish as long as I will stay with this one? he thought. I am sure he would and more since he is young and strong. Also his father was a fisherman. But would the bone spur hurt him too much?

"I do not know," he said aloud. "I never had a bone spur."

As the sun set he remembered, to give himself more confidence, the time in the tavern at Casablanca when he had played the hand game with the great negro from Cienfuegos who was the strongest man on the docks. They had gone one day and one night with their elbows on a chalk line on the table and their forearms straight up and their hands gripped tight. Each one was trying to force the other's hand down onto the table. There was much betting and people went in and out of the room under the kerosene lights and he had looked at the arm and hand of the negro and at the negro's face. They changed the referees every four hours after the first eight so that the referees could sleep. Blood came out from under the fingernails of both his and the negro's hands and they looked each other in the eye and at their hands and forearms and the bettors went in and out of the room and sat on high chairs against the wall and watched. The walls were painted bright blue and were of wood and the lamps threw their shadows against them. The negro's shadow was huge and it moved on the wall as the breeze moved the lamps.

The odds would change back and forth all night and they fed the negro rum and lighted cigarettes for him. Then the negro, after the rum, would try for a tremendous effort and once he had the old man, who was not an old man then but was Santiago El Campeon, nearly three inches off balance. But the old man had raised his hand up to dead even again.

He was sure then that he had the negro, who was a fine man and a great athlete, beaten.

Scene 2

And at daylight when the bettors were asking that it be called a draw and the referee was shaking his head, he had unleashed his effort and forced the hand of the negro down and down until it rested on the wood. The match had started on a Sunday morning and ended on a Monday morning. Many of the bettors had asked for a draw because they had to go to work on the docks loading sacks of sugar or at the Havana Coal Company. Otherwise everyone would have wanted it to go to a finish. But he had finished it anyway and before anyone had to go to work.

For a long time after that everyone had called him The Champion and there had been a return match in the spring. But not much money was bet and he had won it quite easily since he had broken the confidence of the negro from Cienfuegos in the first match. After that he had a few matches and then no more. He decided that he could beat anyone if he wanted to badly enough and he decided that it was bad for his right hand for fishing. He had tried a few practice matches with his left hand. But his left hand had always been a traitor and would not do what he called on it to do and he did not trust it.

The sun will bake it out well now, he thought. It should not cramp on me again unless it gets too cold in the night. I wonder what this night will bring.

An airplane passed overhead on its course to Miami and he watched its shadow scaring up the schools of flying fish.

"With so much flying fish there should be dolphin," he said, and leaned back on the line to see if it was possible to gain any on his fish. But he could not and it stayed at the hardness and water-drop shivering that preceded breaking. The boat moved ahead slowly and he watched the airplane until he could no longer see it.

Scene 3

It must be very strange in an airplane, he thought. I wonder what the sea looks like from that height? They should be able to see the fish well if they do not fly too high. I would like to fly very slowly at two hundred fathoms high and see the fish from above. In the turtle boats I was in the cross-trees of the mast-head and even at that height I saw much. The dolphin look greener from there and you can see their stripes and their purple spots and you can see all of the school as they swim. Why is it that all the fast-moving fish of the dark current have purple backs and usually purple stripes or spots? The dolphin looks green of course because he is really golden. But when he comes to feed, truly hungry, purple stripes show on his sides as on a marlin. Can it be anger, or the greater speed he makes that brings them out?

Just before it was dark, as they passed a great island of Sargasso weed that heaved and swung in the light sea as though the ocean were making love with something under a yellow blanket, his small line was taken by a dolphin. He saw it first when it jumped in the air, true gold in the last of the sun and bending and flapping wildly in the air. It jumped again and again in the acrobatics of its fear and he worked his way back to the stern and crouching and holding the big line with his right hand and arm, he pulled the dolphin in with his left hand, stepping on the gained line each time with his bare left foot. When the fish was at the stern, plunging and cutting from side to side in desperation, the old man leaned over the stern and lifted the burnished gold fish with its purple spots over the stem. Its jaws were working convulsively in quick bites against the hook and it pounded the bottom of the skiff with its long flat body, its tail and its head until he clubbed it across the shining golden head, and it shivered and was still.

The old man unhooked the fish, re-baited the line with another sardine and tossed it over. Then he worked his way slowly back to the bow. He washed his left hand and wiped it on his trousers. Then he shifted the heavy line from his right hand to his left and washed his right hand in the sea while he watched the sun go into the ocean and the slant of the big cord.

Scene 4

"He hasn't changed at all," he said. But watching the movement of the water against his hand he noted that it was perceptibly slower.

"I'll lash the two oars together across the stern and that will slow him in the night," he said. "He's good for the night and so am I."

It would be better to gut the dolphin a little later to save the blood in the meat, he thought. I can do that a little later and lash the oars to make a drag at the same time. I had better keep the fish quiet now and not disturb him too much at sunset. The setting of the sun is a difficult time for all fish.

He let his hand dry in the air then grasped the line with it and eased himself as much as he could and allowed himself to be pulled forward against the wood so that the boat took the strain as much, or more, than he did.

I'm learning how to do it, he thought. This part of it anyway. Then too, remember he hasn't eaten since he took the bait and he is huge and needs much food. I have eaten the whole bonito. Tomorrow I will eat the dolphin. He called it dorado. Perhaps I should eat some of it when I clean it. It will be harder to eat than the bonito. But, then, nothing is easy.

"How do you feel, fish?" he asked aloud. "I feel good and my left hand is better and I have food for a night and a day. Pull the boat, fish."

He did not truly feel good because the pain from the cord across his back had almost passed pain and gone into a dullness that he mistrusted. But I have had worse things than that, he thought. My hand is only cut a little and the cramp is gone from the other. My legs are all right. Also now I have gained on him in the question of sustenance.

Scene 5

It was dark now as it becomes dark quickly after the sun sets in September. He lay against the worn wood of the bow and rested all that he could. The first stars were out. He did not know the name of Rigel but he saw it and knew soon they would all be out and he would have all his distant friends.

"The fish is my friend too," he said aloud. "I have never seen or heard of such a fish. But I must kill him. I am glad we do not have to try to kill the stars."

Imagine if each day a man must try to kill the moon, he thought. The moon runs away. But imagine if a man each day should have to try to kill the sun? We were born lucky, he thought.

Then he was sorry for the great fish that had nothing to eat and his determination to kill him never relaxed in his sorrow for him. How many people will he feed, he thought. But are they worthy to eat him? No, of course not. There is no one worthy of eating him from the manner of his behavior and his great dignity.

I do not understand these things, he thought. But it is good that we do not have to try to kill the sun or the moon or the stars. It is enough to live on the sea and kill our true brothers.

Now, he thought, I must think about the drag. It has its perils and its merits. I may lose so much line that I will lose him, if he makes his effort and the drag made by the oars is in place and the boat loses all her lightness. Her lightness prolongs both our suffering but it is my safety since he has great speed that he has never yet employed. No matter what passes I must gut the dolphin so he does not spoil and eat some of him to be strong.

Now I will rest an hour more and feel that he is solid and steady before I move back to the stern to do the work and make the decision. In the meantime I can see how he acts and if he shows any changes. The oars are a good trick; but it has reached the time to play for safety. He is much fish still and I saw that the hook was in the corner of his mouth and he has kept his mouth tight shut. The punishment of the hook is nothing. The punishment of hunger, and that he is against something that he does not comprehend, is everything. Rest now, old man, and let him work until your next duty comes.

Chapter 8

Scene 1

He rested for what he believed to be two hours. The moon did not rise now until late and he had no way of judging the time. Nor was he really resting except comparatively. He was still bearing the pull of the fish across his shoulders but he placed his left hand on the gunwale of the bow and confided more and more of the resistance to the fish to the skiff itself.

How simple it would be if I could make the line fast, he thought. But with one small lurch he could break it. I must cushion the pull of the line with my body and at all times be ready to give line with both hands.

"But you have not slept yet, old man," he said aloud. "It is half a day and a night and now another day and you have not slept. You must devise a way so that you sleep a little if he is quiet and steady. If you do not sleep you might become unclear in the head."

I'm clear enough in the head, he thought. Too clear. I am as clear as the stars that are my brothers. Still I must sleep. They sleep and the moon and the sun sleep and even the ocean sleeps sometimes on certain days when there is no current and a flat calm.

But remember to sleep, he thought. Make yourself do it and devise some simple and sure way about the lines. Now go back and prepare the dolphin. It is too dangerous to rig the oars as a drag if you must sleep.

I could go without sleeping, he told himself. But it would be too dangerous.

He started to work his way back to the stern on his hands and knees, being careful not to jerk against the fish. He may be half asleep himself, he thought. But I do not want him to rest. He must pull until he dies.

Back in the stern he turned so that his left hand held the strain of the line across his shoulders and drew his knife from its sheath with his right hand. The stars were bright now and he saw the dolphin clearly and he pushed the blade of his knife into his head and drew him out from under the stern. He put one of his feet on the fish and slit him quickly from the vent up to the tip of his lower jaw. Then he put his knife down and gutted him with his right hand, scooping him clean and pulling the gills clear.

Scene 2

He felt the maw heavy and slippery in his hands and he slit it open. There were two flying fish inside. They were fresh and hard and he laid them side by side and dropped the guts and the gills over the stern. They sank leaving a trail of phosphorescence in the water. The dolphin was cold and a leprous gray-white now in the starlight and the old man skinned one side of him while he held his right foot on the fish's head. Then he turned him over and skinned the other side and cut each side off from the head down to the tail.

He slid the carcass overboard and looked to see if there was any swirl in the water. But there was only the light of its slow descent. He turned then and placed the two flying fish inside the two fillets of fish and putting his knife back in its sheath, he worked his way slowly back to the bow. His back was bent with the weight of the line across it and he carried the fish in his right hand.

Back in the bow he laid the two fillets of fish out on the wood with the flying fish beside them. After that he settled the line across his shoulders in a new place and held it again with his left hand resting on the gunwale. Then he leaned over the side and washed the flying fish in the water, noting the speed of the water against his hand. His hand was phosphorescent from skinning the fish and he watched the flow of the water against it. The flow was less strong and as he rubbed the side of his hand against the planking of the skiff, particles of phosphorus floated off and drifted slowly astern.

"He is tiring or he is resting," the old man said. "Now let me get through the eating of this dolphin and get some rest and a little sleep."

Under the stars and with the night colder all the time he ate half of one of the dolphin fillets and one of the flying fish, gutted and with its head cut off.

"What an excellent fish dolphin is to eat cooked," he said. "And what a miserable fish raw. I will never go in a boat again without salt or limes." If I had brains I would have splashed water on the bow all day and drying, it would have made salt, he thought. But then I did not hook the dolphin until almost sunset. Still it was a lack of preparation. But I have chewed it all well and I am not nauseated.

Scene 3

The sky was clouding over to the east and one after another the stars he knew were gone. It looked now as though he were moving into a great canyon of clouds and the wind had dropped. "There will be bad weather in three or four days," he said. "But not tonight and not tomorrow. Rig now to get some sleep, old man, while the fish is calm and steady."

He held the line tight in his right hand and then pushed his thigh against his right hand as he leaned all his weight against the wood of the bow. Then he passed the line a little lower on his shoulders and braced his left hand on it.

My right hand can hold it as long as it is braced, he thought. If it relaxes in sleep my left hand will wake me as the line goes out. It is hard on the right hand. But he is used to punishment. Even if I sleep twenty minutes or a half an hour it is good. He lay forward cramping himself against the line with all of his body, putting all his weight onto his right hand, and he was asleep.

He did not dream of the lions but instead of a vast school of porpoises that stretched for eight or ten miles and it was in the time of their mating and they would leap high into the air and return into the same hole they had made in the water when they leaped.

Then he dreamed that he was in the village on his bed and there was a norther and he was very cold and his right arm was asleep because his head had rested on it instead of a pillow.

After that he began to dream of the long yellow beach and he saw the first of the lions come down onto it in the early dark and then the other lions came and he rested his chin on the wood of the bows where the ship lay anchored with the evening off-shore breeze and he waited to see if there would be more lions and he was happy.

The moon had been up for a long time but he slept on and the fish pulled on steadily and the boat moved into the tunnel of clouds.

Scene 4

He woke with the jerk of his right fist coming up against his face and the line burning out through his right hand. He had no feeling of his left hand but he braked all he could with his right and the line rushed out. Finally his left hand found the line and he leaned back against the line and now it burned his back and his left hand, and his left hand was taking all the strain and cutting badly. He looked back at the coils of line and they were feeding smoothly. Just then the fish jumped making a great bursting of the ocean and then a heavy fall. Then he jumped again and again and the boat was going fast although line was still racing out and the old man was raising the strain to breaking point and raising it to breaking point again and again. He had been pulled down tight onto the bow and his face was in the cut slice of dolphin and he could not move.

This is what we waited for, he thought. So now let us take it. Make him pay for the line, he thought. Make him pay for it.

He could not see the fish's jumps but only heard the breaking of the ocean and the heavy splash as he fell. The speed of the line was cutting his hands badly but he had always known this would happen and he tried to keep the cutting across the calloused parts and not let the line slip into the palm nor cut the fingers.

If the boy was here he would wet the coils of line, he thought. Yes. If the boy were here. If the boy were here.

The line went out and out and out but it was slowing now and he was making the fish earn each inch of it. Now he got his head up from the wood and out of the slice of fish that his cheek had crushed. Then he was on his knees and then he rose slowly to his feet. He was ceding line but more slowly all the time. He worked back to where he could feel with his foot the coils of line that he could not see. There was plenty of line still and now the fish had to pull the friction of all that new line through the water.

Scene 5

Yes, he thought. And now he has jumped more than a dozen times and filled the sacks along his back with air and he cannot go down deep to die where I cannot bring him up. He will start circling soon and then I must work on him. I wonder what started him so suddenly? Could it have been hunger that made him desperate, or was he frightened by something in the night? Maybe he suddenly felt fear. But he was such a calm, strong fish and he seemed so fearless and so confident. It is strange.

"You better be fearless and confident yourself, old man," he said. "You're holding him again but you cannot get line. But soon he has to circle."

The old man held him with his left hand and his shoulders now and stooped down and scooped up water in his right hand to get the crushed dolphin flesh off of his face. He was afraid that it might nauseate him and he would vomit and lose his strength. When his face was cleaned he washed his right hand in the water over the side and then let it stay in the salt water while he watched the first light come before the sunrise. He's headed almost east, he thought. That means he is tired and going with the current. Soon he will have to circle. Then our true work begins.

After he judged that his right hand had been in the water long enough he took it out and looked at it.

"It is not bad," he said. "And pain does not matter to a man."

He took hold of the line carefully so that it did not fit into any of the fresh line cuts and shifted his weight so that he could put his left hand into the sea on the other side of the skiff.

"You did not do so badly for something worthless," he said to his left hand. "But there was a moment when I could not find you."

Why was I not born with two good hands? he thought. Perhaps it was my fault in not training that one properly. But God knows he has had enough chances to learn. He did not do so badly in the night, though, and he has only cramped once. If he cramps again let the line cut him off.

Scene 6

When he thought that he knew that he was not being clear-headed and he thought he should chew some more of the dolphin. But I can't, he told himself. It is better to be light-headed than to lose your strength from nausea. And I know I cannot keep it if I eat it since my face was in it. I will keep it for an emergency until it goes bad. But it is too late to try for strength now through nourishment. You're stupid, he told himself. Eat the other flying fish.

It was there, cleaned and ready, and he picked it up with his left hand and ate it chewing the bones carefully and eating all of it down to the tail. It has more nourishment than almost any fish, he thought. At least the kind of strength that I need. Now I have done what I can, he thought. Let him begin to circle and let the fight come.

The sun was rising for the third time since he had put to sea when the fish started to circle.

He could not see by the slant of the line that the fish was circling. It was too early for that. He just felt a faint slackening of the pressure of the line and he commenced to pull on it gently with his right hand. It tightened, as always, but just when he reached the point where it would break, line began to come in. He slipped his shoulders and head from under the line and began to pull in line steadily and gently. He used both of his hands in a swinging motion and tried to do the pulling as much as he could with his body and his legs. His old legs and shoulders pivoted with the swinging of the pulling.

"It is a very big circle," he said. "But he is circling."

Then the line would not come in any more and he held it until he saw the drops jumping from it in the sun. Then it started out and the old man knelt down and let it go grudgingly back into the dark water.

"He is making the far part of his circle now," he said. I must hold all I can, he thought. The strain will shorten his circle each time. Perhaps in an hour I will see him. Now I must convince him and then I must kill him.

Scene 7

But the fish kept on circling slowly and the old man was wet with sweat and tired deep into his bones two hours later. But the circles were much shorter now and from the way the line slanted he could tell the fish had risen steadily while he swam.

For an hour the old man had been seeing black spots before his eyes and the sweat salted his eyes and salted the cut over his eye and on his forehead. He was not afraid of the black spots. They were normal at the tension that he was pulling on the line. Twice, though, he had felt faint and dizzy and that had worried him.

"I could not fail myself and die on a fish like this," he said. "Now that I have him coming so beautifully, God help me endure. I'll say a hundred Our Fathers and a hundred Hail Marys. But I cannot say them now."

Consider them said, he thought. I'll say them later.

Just then he felt a sudden banging and jerking on the line he held with his two hands. It was sharp and hard-feeling and heavy.

He is hitting the wire leader with his spear, he thought. That was bound to come. He had to do that. It may make him jump though and I would rather he stayed circling now. The jumps were necessary for him to take air. But after that each one can widen the opening of the hook wound and he can throw the hook.

"Don't jump, fish," he said. "Don't jump."

The fish hit the wire several times more and each time he shook his head the old man gave up a little line.

I must hold his pain where it is, he thought. Mine does not matter. I can control mine. But his pain could drive him mad.

After a while the fish stopped beating at the wire and started circling slowly again. The old man was gaining line steadily now. But he felt faint again. He lifted some sea water with his left hand and put it on his head. Then he put more on and rubbed the back of his neck.

Scene 8

"I have no cramps," he said. "He'll be up soon and I can last. You have to last. Don't even speak of it."

He kneeled against the bow and, for a moment, slipped the line over his back again. I'll rest now while he goes out on the circle and then stand up and work on him when he comes in, he decided.

It was a great temptation to rest in the bow and let the fish make one circle by himself without recovering any line. But when the strain showed the fish had turned to come toward the boat, the old man rose to his feet and started the pivoting and the pulling that brought in all the line he gained.

I'm tireder than I have ever been, he thought, and now the trade wind is rising. But that will be good to take him in with. I need that badly. "I'll rest on the next turn as he goes out," he said. "I feel much better. Then in two or three turns more I will have him."

His straw hat was far on the back of his head and he sank down into the bow with the pull of the line as he felt the fish turn.

You work now, fish, he thought. I'll take you at the turn.

The sea had risen considerably. But it was a fair-weather breeze and he had to have it to get home.

"I'll just steer south and west," he said. "A man is never lost at sea and it is a long island."

It was on the third turn that he saw the fish first.

He saw him first as a dark shadow that took so long to pass under the boat that he could not believe its length.

"No," he said. "He can't be that big."

But he was that big and at the end of this circle he came to the surface only thirty yards away and the man saw his tail out of water. It was higher than a big scythe blade and a very pale lavender above the dark blue water. It raked back and as the fish swam just below the surface the old man could see his huge bulk and the purple stripes that banded him. His dorsal fin was down and his huge pectorals were spread wide.

Scene 9

On this circle the old man could see the fish's eye and the two gray sucking fish that swam around him. Sometimes they attached themselves to him. Sometimes they darted off. Sometimes they would swim easily in his shadow. They were each over three feet long and when they swam fast they lashed their whole bodies like eels.

The old man was sweating now but from something else besides the sun. On each calm placid turn the fish made he was gaining line and he was sure that in two turns more he would have a chance to get the harpoon in.

But I must get him close, close, close, he thought. I mustn't try for the head. I must get the heart.

"Be calm and strong, old man," he said.

On the next circle the fish's back was out but he was a little too far from the boat. On the next circle he was still too far away but he was higher out of water and the old man was sure that by gaining some more line he could have him alongside.

He had rigged his harpoon long before and its coil of light rope was in a round basket and the end was made fast to the bitt in the bow.

The fish was coming in on his circle now calm and beautiful looking and only his great tail moving. The old man pulled on him all that he could to bring him closer. For just a moment the fish turned a little on his side. Then he straightened himself and began another circle.

"I moved him," the old man said. "I moved him then."

He felt faint again now but he held on the great fish all the strain that he could. I moved him, he thought. Maybe this time I can get him over. Pull, hands, he thought. Hold up, legs. Last for me, head. Last for me. You never went. This time I'll pull him over.

But when he put all of his effort on, starting it well out before the fish came alongside and pulling with all his strength, the fish pulled part way over and then righted himself and swam away.

Scene 10

"Fish," the old man said. "Fish, you are going to have to die anyway. Do you have to kill me too?"

That way nothing is accomplished, he thought. His mouth was too dry to speak but he could not reach for the water now. I must get him alongside this time, he thought. I am not good for many more turns. Yes you are, he told himself. You're good for ever.

On the next turn, he nearly had him. But again the fish righted himself and swam slowly away.

You are killing me, fish, the old man thought. But you have a right to. Never have I seen a greater, or more beautiful, or a calmer or more noble thing than you, brother. Come on and kill me. I do not care who kills who.

Chapter 9

Scene 1

Now you are getting confused in the head, he thought. You must keep your head clear. Keep your head clear and know how to suffer like a man. Or a fish, he thought.

"Clear up, head," he said in a voice he could hardly hear. "Clear up."

Twice more it was the same on the turns.

I do not know, the old man thought.

He had been on the point of feeling himself go each time. I do not know. But I will try it once more.

He tried it once more and he felt himself going when he turned the fish. The fish righted himself and swam off again slowly with the great tail waving in the air.

I'll try it again, the old man promised, although his hands felt like jelly now and he could only see well in flashes.

He tried it again and it was the same. So he thought, and he felt himself going before he started; I will try it once again.

He took all his pain and what was left of his strength and his long gone pride and he put it against the fish's agony and the fish came over onto his side and swam gently on his side, his bill almost touching the planking of the skiff and started to pass the boat, long, deep, wide, silver and barred with purple and interminable in the water.

The old man dropped the line and put his foot on it and lifted the harpoon as high as he could and drove it down with all his strength, and more strength he had just summoned, into the fish's side just behind the great chest fin that rose high in the air to the altitude of the man's chest. He felt the iron go in and he leaned on it and drove it further and then pushed all his weight after it.

Then the fish came alive, with his death in him, and rose high out of the water showing all his great length and width and all his power and his beauty. He seemed to hang in the air above the old man in the skiff. Then he fell into the water with a crash that sent spray over the old man and over all of the skiff.

Scene 2

The old man felt faint and sick and he could not see well. But he cleared the harpoon line and let it run slowly through his raw hands and, when he could see, he saw the fish was on his back with his silver belly up. The shaft of the harpoon was projecting at an angle from the fish's shoulder and the sea was discoloring with the red of the blood from his heart. First it was dark as a shoal in the blue water that was more than a mile deep. Then it spread like a cloud. The fish was silvery and still and floated with the waves.

The old man looked carefully in the glimpse of vision that he had. Then he took two turns of the harpoon line around the bitt in the bow and hid his head on his hands.

"Keep my head clear," he said against the wood of the bow. "I am a tired old man. But I have killed this fish which is my brother and now I must do the slave work."

Now I must prepare the nooses and the rope to lash him alongside, he thought. Even if we were two and swamped her to load him and bailed her out, this skiff would never hold him. I must prepare everything, then bring him in and lash him well and step the mast and set sail for home.

He started to pull the fish in to have him alongside so that he could pass a line through his gills and out his mouth and make his head fast alongside the bow. I want to see him, he thought, and to touch and to feel him. He is my fortune, he thought. But that is not why I wish to feel him. I think I felt his heart, he thought. When I pushed on the harpoon shaft the second time. Bring him in now and make him fast and get the noose around his tail and another around his middle to bind him to the skiff.

"Get to work, old man," he said. He took a very small drink of the water. "There is very much slave work to be done now that the fight is over."

He looked up at the sky and then out to his fish. He looked at the sun carefully. It is not much more than noon, he thought. And the trade wind

is rising. The lines all mean nothing now. The boy and I will splice them
when we are home.

Scene 3

"Come on, fish," he said. But the fish did not come. Instead he lay there
wallowing now in the seas and the old man pulled the skiff upon to him.

When he was even with him and had the fish's head against the bow
he could not believe his size. But he untied the harpoon rope from the
bitt, passed it through the fish's gills and out his jaws, made a turn around
his sword then passed the rope through the other gill, made another turn
around the bill and knotted the double rope and made it fast to the bitt
in the bow. He cut the rope then and went astern to noose the tail. The
fish had turned silver from his original purple and silver, and the stripes
showed the same pale violet color as his tail. They were wider than a
man's hand with his fingers spread and the fish's eye looked as detached
as the mirrors in a periscope or as a saint in a procession.

"It was the only way to kill him," the old man said. He was feeling
better since the water and he knew he would not go away and his head
was clear. He's over fifteen hundred pounds the way he is, he thought.
Maybe much more. If he dresses out two-thirds of that at thirty cents a
pound?

"I need a pencil for that," he said. "My head is not that clear. But I
think the great DiMaggio would be proud of me today. I had no bone
spurs. But the hands and the back hurt truly." I wonder what a bone spur
is, he thought. Maybe we have them without knowing of it.

He made the fish fast to bow and stern and to the middle thwart. He
was so big it was like lashing a much bigger skiff alongside. He cut a
piece of line and tied the fish's lower jaw against his bill so his mouth
would not open and they would sail as cleanly as possible. Then he
stepped the mast and, with the stick that was his gaff and with his boom
rigged, the patched sail drew, the boat began to move, and half lying in
the stern he sailed south-west.

Scene 4

He did not need a compass to tell him where southwest was. He only
needed the feel of the trade wind and the drawing of the sail. I better put

a small line out with a spoon on it and try and get something to eat and drink for the moisture. But he could not find a spoon and his sardines were rotten. So he hooked a patch of yellow Gulf weed with the gaff as they passed and shook it so that the small shrimps that were in it fell onto the planking of the skiff. There were more than a dozen of them and they jumped and kicked like sand fleas. The old man pinched their heads off with his thumb and forefinger and ate them chewing up the shells and the tails. They were very tiny but he knew they were nourishing and they tasted good.

The old man still had two drinks of water in the bottle and he used half of one after he had eaten the shrimps. The skiff was sailing well considering the handicaps and he steered with the tiller under his arm. He could see the fish and he had only to look at his hands and feel his back against the stern to know that this had truly happened and was not a dream. At one time when he was feeling so badly toward the end, he had thought perhaps it was a dream. Then when he had seen the fish come out of the water and hang motionless in the sky before he fell, he was sure there was some great strangeness and he could not believe it. Then he could not see well, although now he saw as well as ever.

Now he knew there was the fish and his hands and back were no dream. The hands cure quickly, he thought. I bled them clean and the salt water will heal them. The dark water of the true gulf is the greatest healer that there is. All I must do is keep the head clear. The hands have done their work and we sail well. With his mouth shut and his tail straight up and down we sail like brothers. Then his head started to become a little unclear and he thought, is he bringing me in or am I bringing him in? If I were towing him behind there would be no question. Nor if the fish were in the skiff, with all dignity gone, there would be no question either. But they were sailing together lashed side by side and the old man thought, let him bring me in if it pleases him. I am only better than him through trickery and he meant me no harm.

Scene 5

They sailed well and the old man soaked his hands in the salt water and tried to keep his head clear. There were high cumulus clouds and enough cirrus above them so that the old man knew the breeze would last all night. The old man looked at the fish constantly to make sure it was true. It was an hour before the first shark hit him.

The shark was not an accident. He had come up from deep down in the water as the dark cloud of blood had settled and dispersed in the mile deep sea. He had come up so fast and absolutely without caution that he broke the surface of the blue water and was in the sun. Then he fell back into the sea and picked up the scent and started swimming on the course the skiff and the fish had taken.

Sometimes he lost the scent. But he would pick it up again, or have just a trace of it, and he swam fast and hard on the course. He was a very big Mako shark built to swim as fast as the fastest fish in the sea and everything about him was beautiful except his jaws. His back was as blue as a sword fish's and his belly was silver and his hide was smooth and handsome. He was built as a sword fish except for his huge jaws which were tight shut now as he swam fast, just under the surface with his high dorsal fin knifing through the water without wavering. Inside the closed double lip of his jaws all of his eight rows of teeth were slanted inwards. They were not the ordinary pyramid-shaped teeth of most sharks. They were shaped like a man's fingers when they are crisped like claws. They were nearly as long as the fingers of the old man and they had razor-sharp cutting edges on both sides. This was a fish built to feed on all the fishes in the sea, that were so fast and strong and well armed that they had no other enemy. Now he speeded up as he smelled the fresher scent and his blue dorsal fin cut the water.

When the old man saw him coming he knew that this was a shark that had no fear at all and would do exactly what he wished. He prepared the harpoon and made the rope fast while he watched the shark come on. The rope was short as it lacked what he had cut away to lash the fish.

Scene 6

The old man's head was clear and good now and he was full of resolution but he had little hope. It was too good to last, he thought. He took one look at the great fish as he watched the shark close in. It might as well have been a dream, he thought. I cannot keep him from hitting me but maybe I can get him. Dentuso, he thought. Bad luck to your mother.

The shark closed fast astern and when he hit the fish the old man saw

his mouth open and his strange eyes and the clicking chop of the teeth
as he drove forward in the meat just above the tail. The shark's head was
out of water and his back was coming out and the old man could hear
the noise of skin and flesh ripping on the big fish when he rammed the
harpoon down onto the shark's head at a spot where the line between his
eyes intersected with the line that ran straight back from his nose. There
were no such lines. There was only the heavy sharp blue head and the
big eyes and the clicking, thrusting all-swallowing jaws. But that was
the location of the brain and the old man hit it. He hit it with his blood
mushed hands driving a good harpoon with all his strength. He hit it
without hope but with resolution and complete malignancy.

The shark swung over and the old man saw his eye was not alive and
then he swung over once again, wrapping himself in two loops of the
rope. The old man knew that he was dead but the shark would not accept
it. Then, on his back, with his tail lashing and his jaws clicking, the
shark plowed over the water as a speedboat does. The water was white
where his tail beat it and three-quarters of his body was clear above the
water when the rope came taut, shivered, and then snapped. The shark
lay quietly for a little while on the surface and the old man watched him.
Then he went down very slowly.

"He took about forty pounds," the old man said aloud. He took my
harpoon too and all the rope, he thought, and now my fish bleeds again
and there will be others.

He did not like to look at the fish anymore since he had been mutilated.
When the fish had been hit it was as though he himself were hit.

Scene 7

But I killed the shark that hit my fish, he thought. And he was the
biggest dentuso that I have ever seen. And God knows that I have seen big
ones.

It was too good to last, he thought. I wish it had been a dream now and
that I had never hooked the fish and was alone in bed on the newspapers.

"But man is not made for defeat," he said. "A man can be destroyed but
not defeated." I am sorry that I killed the fish though, he thought. Now the
bad time is coming and I do not even have the harpoon. The dentuso is
cruel and able and strong and intelligent. But I was more intelligent than

he was. Perhaps not, he thought. Perhaps I was only better armed.

"Don't think, old man," he said aloud. "Sail on this course and take it when it comes.

But I must think, he thought. Because it is all I have left. That and baseball. I wonder how the great DiMaggio would have liked the way I hit him in the brain? It was no great thing, he thought. Any man could do it. But do you think my hands were as great a handicap as the bone spurs? I cannot know. I never had anything wrong with my heel except the time the sting ray stung it when I stepped on him when swimming and paralyzed the lower leg and made the unbearable pain.

"Think about something cheerful, old man," he said. "Every minute now you are closer to home. You sail lighter for the loss of forty pounds."

He knew quite well the pattern of what could happen when he reached the inner part of the current. But there was nothing to be done now.

"Yes there is," he said aloud. "I can lash my knife to the butt of one of the oars."

So he did that with the tiller under his arm and the sheet of the sail under his foot.

"Now," he said. "I am still an old man. But I am not unarmed."

Scene 8

The breeze was fresh now and he sailed on well. He watched only the forward part of the fish and some of his hope returned.

It is silly not to hope, he thought. Besides I believe it is a sin. Do not think about sin, he thought. There are enough problems now without sin. Also I have no understanding of it.

I have no understanding of it and I am not sure that I believe in it. Perhaps it was a sin to kill the fish. I suppose it was even though I did it to keep me alive and feed many people. But then everything is a sin. Do not think about sin. It is much too late for that and there are people who are paid to do it. Let them think about it. You were born to be a fisherman as the fish was born to be a fish. San Pedro(Saint Peter) was a fisherman as was the father of the great DiMaggio.

But he liked to think about all things that he was involved in and since there was nothing to read and he did not have a radio, he thought much and he kept on thinking about sin. You did not kill the fish only to keep

alive and to sell for food, he thought. You killed him for pride and because
you are a fisherman. You loved him when he was alive and you loved him
after. If you love him, it is not a sin to kill him. Or is it more?

"You think too much, old man," he said aloud. But you enjoyed killing
the dentuso, he thought. He lives on the live fish as you do. He is not a
scavenger nor just a moving appetite as some sharks are. He is beautiful
and noble and knows no fear of anything.

"I killed him in self-defense," the old man said aloud. "And I killed
him well."

Besides, he thought, everything kills everything else in some way.
Fishing kills me exactly as it keeps me alive. The boy keeps me alive, he
thought. I must not deceive myself too much.

Scene 9

He leaned over the side and pulled loose a piece of the meat of the fish
where the shark had cut him. He chewed it and noted its quality and its
good taste. It was firm and juicy, like meat, but it was not red. There was
no stringiness in it and he knew that it would bring the highest price In
the market. But there was no way to keep its scent out of the water and the
old man knew that a very hard time was coming.

The breeze was steady. It had backed a little further into the north-east
and he knew that meant that it would not fall off. The old man looked
ahead of him but he could see no sails nor could he see the hull nor the
smoke of any ship. There were only the flying fish that went up from his
bow sailing away to either side and the yellow patches of Gulf weed. He
could not even see a bird.

He had sailed for two hours, resting in the stern and sometimes
chewing a bit of the meat from the marlin, trying to rest and to be strong,
when he saw the first of the two sharks.

Chapter 10

Scene 1

"Ay," he said aloud. There is no translation for this word and perhaps it
is just a noise such as a man might make, involuntarily, feeling the nail go
through his hands and into the wood.

"Galanos," he said aloud. He had seen the second fin now coming
up behind the first and had identified them as shovel-nosed sharks by
the brown, triangular fin and the sweeping movements of the tail. They
had the scent and were excited and in the stupidity of their great hunger
they were losing and finding the scent in their excitement. But they were
closing all the time.

The old man made the sheet fast and jammed the tiller. Then he took
up the oar with the knife lashed to it. He lifted it as lightly as he could
because his hands rebelled at the pain. Then he opened and closed them
on it lightly to loosen them. He closed them firmly so they would take the
pain now and would not flinch and watched the sharks come. He could
see their wide, flattened, shovel-pointed heads now and their white tipped
wide pectoral fins. They were hateful sharks, bad smelling, scavengers
as well as killers, and when they were hungry they would bite at an oar
or the rudder of a boat. It was these sharks that would cut the turtles' legs
and flippers off when the turtles were asleep on the surface, and they
would hit a man in the water, if they were hungry, even if the man had no
smell of fish blood nor of fish slime on him.

"Ay," the old man said. "Galanos. Come on galanos."

They came. But they did not come as the Mako had come. One turned
and went out of sight under the skiff and the old man could feel the skiff
shake as he jerked and pulled on the fish. The other watched the old man
with his slitted yellow eyes and then came in fast with his half circle
of jaws wide to hit the fish where he had already been bitten. The line
showed clearly on the top of his brown head and back where the brain
joined the spinal cord and the old man drove the knife on the oar into the
juncture, withdrew it, and drove it in again into the shark's yellow cat-like
eyes. The shark let go of the fish and slid down, swallowing what he had
taken as he died.

The skiff was still shaking with the destruction the other shark was
doing to the fish and the old man let go the sheet so that the skiff would
swing broadside and bring the shark out from under. When he saw the
shark he leaned over the side and punched at him. He hit only meat and
the hide was set hard and he barely got the knife in. The blow hurt not
only his hands but his shoulder too. But the shark came up fast with his
head out and the old man hit him squarely in the center of his flat-topped

head as his nose came out of water and lay against the fish. The old man withdrew the blade and punched the shark exactly in the same spot again. He still hung to the fish with his jaws hooked and the old man stabbed him in his left eye. The shark still hung there.

"No?" the old man said and he drove the blade between the vertebrae and the brain. It was an easy shot now and he felt the cartilage sever. The old man reversed the oar and put the blade between the shark's jaws to open them. He twisted the blade and as the shark slid loose he said, "Go on, galano. Slide down a mile deep. Go see your friend, or maybe it's your mother."

Scene 2

The old man wiped the blade of his knife and laid down the oar. Then he found the sheet and the sail filled and he brought the skiff onto her course. "They must have taken a quarter of him and of the best meat," he said aloud. "I wish it were a dream and that I had never hooked him. I'm sorry about it, fish. It makes everything wrong." He stopped and he did not want to look at the fish now. Drained of blood and awash he looked the color of the silver backing of a minor and his stripes still showed.

"I shouldn't have gone out so far, fish," he said. "Neither for you nor for me. I'm sorry, fish."

Now, he said to himself. Look to the lashing on the knife and see if it has been cut. Then get your hand in order because there still is more to come.

"I wish I had a stone for the knife," the old man said after he had checked the lashing on the oar butt. "I should have brought a stone." You should have brought many things, he thought. But you did not bring them, old man. Now is no time to think of what you do not have. Think of what you can do with what there is.

"You give me much good counsel," he said aloud. "I'm tired of it."

He held the tiller under his arm and soaked both his hands in the water as the skiff drove forward.

"God knows how much that last one took," he said. "But she's much lighter now." He did not want to think of the mutilated under-side of the fish. He knew that each of the jerking bumps of the shark had been meat torn away and that the fish now made a trail for all sharks as wide as a highway through the sea. He was a fish to keep a man all winter, he thought. Don't think of that. Just rest and try to get your hands in shape to defend what is left of him. The blood smell from my hands means nothing now with all that scent in the water. Besides they do not bleed much. There is nothing cut that means anything. The bleeding may keep the left from cramping.

Scene 3

What can I think of now? he thought. Nothing. I must think of nothing and wait for the next ones. I wish it had really been a dream, he thought. But who knows? It might have turned out well.

The next shark that came was a single shovelnose. He came like a pig to the trough. If a pig had a mouth so wide, you could put your head in it. The old man let him hit the fish and then drove the knife on the oar down into his brain. But the shark jerked backwards as he rolled and the knife blade snapped.

The old man settled himself to steer. He did not even watch the big shark sinking slowly in the water, showing first life-size, then small, then tiny. That always fascinated the old man. But he did not even watch it now.

"I have the gaff now," he said. "But it will do no good. I have the two oars and the tiller and the short club."

Now they have beaten me, he thought. I am too old to club sharks to death. But I will try it as long as I have the oars and the short club and the tiller.

He put his hands in the water again to soak them. It was getting late in the afternoon and he saw nothing but the sea and the sky. There was more wind in the sky than there had been, and soon he hoped that he would see land.

"You're tired, old man," he said. "You're tired inside."

The sharks did not hit him again until just before sunset.

The old man saw the brown fins coming along the wide trail the fish made in the water. They were not even quartering on the scent. They were headed straight for the skiff swimming side by side. He jammed the tiller, made the sheet fast and reached under the stern for the club. It was an oar handle from a broken oar sawed off to about two and a half feet in length. He could only use it effectively with one hand because of the grip of the handle and he took good hold of it with his right hand, flexing his hand on it, as he watched the sharks come. They were both galanos.

Scene 4

I must let the first one get a good hold and hit him on the point of the nose or straight across the top of the head, he thought.

The two sharks closed together and as he saw the one nearest him open his jaws and sink them into the silver side of the fish, he raised the club high and brought it down heavy and slamming onto the top of the shark's broad head. He felt the rubbery solidity as the club came down. But he felt the rigidity of bone too and he struck the shark once more hard across the point of the nose as he slid down from the fish.

The other shark had been in and out and now came in again with his jaws wide. The old man could see pieces of the meat of the fish spilling white from the corner of his jaws as he bumped the fish and closed his jaws. He swung at him and hit only the head and the shark looked at him and wrenched the meat loose. The old man swung the club down on him again as he slipped away to swallow and hit only the heavy solid rubberiness.

"Come on, galano," the old man said. "Come in again."

The shark came in a rush and the old man hit him as he shut his jaws. He hit him solidly and from as high up as he could raise the club. This time he felt the bone at the base of the brain and he hit him again in the same place while the shark tore the meat loose sluggishly and slid down from the fish.

The old man watched for him to come again but neither shark showed. Then he saw one on the surface swimming in circles. He did not see the fin of the other.

I could not expect to kill them, he thought. I could have in my time. But I have hurt them both badly and neither one can feel very good. If I could have used a bat with two hands I could have killed the first one surely. Even now, he thought.

He did not want to look at the fish. He knew that half of him had been destroyed. The sun had gone down while he had been in the fight with the sharks.

Scene 5

"It will be dark soon," he said. "Then I should see the glow of Havana. If I am too far to the eastward I will see the lights of one of the new beaches."

I cannot be too far out now, he thought. I hope no one has been too worried. There is only the boy to worry, of course. But I am sure he would have confidence. Many of the older fishermen will worry. Many others too, he thought. I live in a good town.

He could not talk to the fish anymore because the fish had been ruined too badly. Then something came into his head.

"Half fish," he said. "Fish that you were. I am sorry that I went too far out. I ruined us both. But we have killed many sharks, you and I, and ruined many others. How many did you ever kill, old fish? You do not have that spear on your head for nothing."

He liked to think of the fish and what he could do to a shark if he were swimming free. I should have chopped the bill off to fight them with, he thought. But there was no hatchet and then there was no knife.

But if I had, and could have lashed it to an oar butt, what a weapon. Then we might have fought them together. What will you do now if they come in the night? What can you do?

"Fight them," he said. "I'll fight them until I die."

But in the dark now and no glow showing and no lights and only the wind and the steady pull of the sail he felt that perhaps he was already dead. He put his two hands together and felt the palms. They were not dead and he could bring the pain of life by simply opening and closing them. He leaned his back against the stern and knew he was not dead. His shoulders told him.

I have all those prayers I promised if I caught the fish, he thought. But I am too tired to say them now. I better get the sack and put it over my shoulders.

Scene 6

He lay in the stern and steered and watched for the glow to come in the sky. I have half of him, he thought. Maybe I'll have the luck to bring the forward half in. I should have some luck. No, he said. You violated your luck when you went too far outside.

"Don't be silly," he said aloud. "And keep awake and steer. You may have much luck yet."

"I'd like to buy some if there's any place they sell it," he said.

What could I buy it with? he asked himself. Could I buy it with a lost harpoon and a broken knife and two bad hands?

"You might," he said. "You tried to buy it with eighty-four days at sea. They nearly sold it to you too."

I must not think nonsense, he thought. Luck is a thing that comes in many forms and who can recognize her? I would take some though in any form and pay what they asked. I wish I could see the glow from the lights, he thought. I wish too many things. But that is the thing I wish for now. He tried to settle more comfortably to steer and from his pain he knew he was not dead.

He saw the reflected glare of the lights of the city at what must have been around ten o'clock at night. They were only perceptible at first as the light is in the sky before the moon rises. Then they were steady to see across the ocean which was rough now with the increasing breeze. He steered inside of the glow and he thought that now, soon, he must hit the edge of the stream.

Now it is over, he thought. They will probably hit me again. But what can a man do against them in the dark without a weapon?

He was stiff and sore now and his wounds and all of the strained parts of his body hurt with the cold of the night. I hope I do not have to fight again, he thought. I hope so much I do not have to fight again.

Scene 7

But by midnight he fought and this time he knew the fight was useless. They came in a pack and he could only see the lines in the water that their fins made and their phosphorescence as they threw themselves on the fish. He clubbed at heads and heard the jaws chop and the shaking of the skiff as they took hold below. He clubbed desperately at what he could only feel and hear and he felt something seize the club and it was gone.

He jerked the tiller free from the rudder and beat and chopped with it, holding it in both hands and driving it down again and again. But they were up to the bow now and driving in one after the other and together, tearing off the pieces of meat that showed glowing below the sea as they turned to come once more.

One came, finally, against the head itself and he knew that it was over. He swung the tiller across the shark's head where the jaws were caught in the heaviness of the fish's head which would not tear. He swung it once and twice and again. He heard the tiller break and he lunged at the shark with the splintered butt. He felt it go in and knowing it was sharp he drove it in again. The shark let go and rolled away. That was the last shark of the pack that came. There was nothing more for them to eat.

The old man could hardly breathe now and he felt a strange taste in his mouth. It was coppery and sweet and he was afraid of it for a moment. But there was not much of it.

He spat into the ocean and said, "Eat that, galanos. And make a dream you've killed a man."

Scene 8

He knew he was beaten now finally and without remedy and he went back to the stern and found the jagged end of the tiller would fit in the slot of the rudder well enough for him to steer. He settled the sack around his shoulders and put the skiff on her course. He sailed lightly now and he had no thoughts nor any feelings of any kind. He was past everything now and he sailed the skiff to make his home port as well and as intelligently as he could. In the night sharks hit the carcass as someone might pick up crumbs from the table. The old man paid no attention to them and did not pay any attention to anything except steering. He only noticed how lightly and how well the skiff sailed now there was no great weight beside her.

She's good, he thought. She is sound and not harmed in any way except for the tiller.

That is easily replaced. He could feel he was inside the current now and he could see the lights of the beach colonies along the shore. He knew where he was now and it was nothing to get home.

The wind is our friend, anyway, he thought. Then he added, sometimes. And the great sea with our friends and our enemies. And bed, he thought. Bed is my friend. Just bed, he thought. Bed will be a great thing. It is easy when you are beaten, he thought. I never knew how easy it was. And what beat you, he thought.

"Nothing," he said aloud. "I went out too far."

When he sailed into the little harbor the lights of the Terrace were out and he knew everyone was in bed. The breeze had risen steadily and was blowing strongly now. It was quiet in the harbor though and he sailed up onto the little patch of shingle below the rocks. There was no one to help him so he pulled the boat up as far as he could. Then he stepped out and made her fast to a rock.

Scene 9

He unstepped the mast and furled the sail and tied it. Then he shouldered the mast and started to climb. It was then he knew the depth of his tiredness. He stopped for a moment and looked back and saw in the reflection from the street light the great tail of the fish standing up well behind the skiff's stern. He saw the white naked line of his backbone and the dark mass of the head with the projecting bill and all the nakedness between. He started to climb again and at the top he fell and lay for some time with the mast across his shoulder. He tried to get up. But it was too difficult and he sat there with the mast on his shoulder and looked at the road. A cat passed on the far side going about its business and the old man watched it. Then he just watched the road.

Finally he put the mast down and stood up. He picked the mast up and put it on his shoulder and started up the road. He had to sit down five times before he reached his shack.

Inside the shack he leaned the mast against the wall. In the dark he found a water bottle and took a drink. Then he lay down on the bed. He pulled the blanket over his shoulders and then over his back and legs and he slept face down on the newspapers with his arms out straight and the palms of his hands up.

He was asleep when the boy looked in the door in the morning. It was blowing so hard that the drifting-boats would not be going out and the boy had slept late and then come to the old man's shack as he had come each morning. The boy saw that the old man was breathing and then he saw the old man's hands and he started to cry. He went out very quietly to go to bring some coffee and all the way down the road he was crying.

Many fishermen were around the skiff looking at what was lashed beside it and one was in the water, his trousers rolled up, measuring the skeleton with a length of line.

The boy did not go down. He had been there before and one of the fishermen was looking after the skiff for him.

"How is he?" one of the fishermen shouted.

"Sleeping," the boy called. He did not care that they saw him crying. "Let no one disturb him."

"He was eighteen feet from nose to tail," the fisherman who was measuring him called.

"I believe it," the boy said.

He went into the Terrace and asked for a can of coffee.

"Hot and with plenty of milk and sugar in it."

"Anything more?"

"No. Afterwards I will see what he can eat."

"What a fish it was," the proprietor said. "There has never been such a fish. Those were two fine fish you took yesterday too."

"Damn my fish," the boy said and he started to cry again.

"Do you want a drink of any kind?" the proprietor asked.

"No," the boy said. "Tell them not to bother Santiago. I'll be back."

"Tell him how sorry I am."

"Thanks," the boy said.

The boy carried the hot can of coffee up to the old man's shack and sat by him until he woke. Once it looked as though he were waking. But he had gone back into heavy sleep and the boy had gone across the road to borrow some wood to heat the coffee.

Finally the old man woke.

"Don't sit up," the boy said. "Drink this." He poured some of the coffee in a glass. The old man took it and drank it.

"They beat me, Manolin," he said. "They truly beat me."

"He didn't beat you. Not the fish."

"No. Truly. It was afterwards."

"Pedrico is looking after the skiff and the gear. What do you want done with the head?"

"Let Pedrico chop it up to use in fish traps."

"And the spear?"

"You keep it if you want it."

"I want it," the boy said. "Now we must make our plans about the other things."

"Did they search for me?"

"Of course. With coast guard and with planes."

Scene 11

"The ocean is very big and a skiff is small and hard to see," the old man said. He noticed how pleasant it was to have someone to talk to instead of speaking only to himself and to the sea. "I missed you," he said.

"What did you catch?"

"One the first day. One the second and two the third."

"Very good."

"Now we fish together again."

"No. I am not lucky. I am not lucky anymore."

"The hell with luck," the boy said. "I'll bring the luck with me."

"What will your family say?"

"I do not care. I caught two yesterday. But we will fish together now for I still have much to learn."

"We must get a good killing lance and always have it on board. You can make the blade from a spring leaf from an old Ford. We can grind it in Guanabacoa. It should be sharp and not tempered so it will break. My knife broke."

"I'll get another knife and have the spring ground." How many days of heavy brisa(wind) have we?"

"Maybe three. Maybe more."

"I will have everything in order," the boy said. "You get your hands well, old man."

"I know how to care for them. In the night I spat something strange and felt something in my chest was broken."

"Get that well too," the boy said. "Lie down, old man, and I will bring you your clean shirt. And something to eat."

"Bring any of the papers of the time that I was gone," the old man said.

"You must get well fast for there is much that I can learn and you can teach me everything. How much did you suffer?"

"Plenty," the old man said.

"I'll bring the food and the papers," the boy said. "Rest well, old man. I will bring stuff from the drugstore for your hands."

"Don't forget to tell Pedrico the head is his."

"No. I will remember."

As the boy went out the door and down the worn coral rock road he was crying again.

Scene 12

That afternoon there was a party of tourists at the Terrace and looking down in the water among the empty beer cans and dead barracudas a woman saw a great long white spine with a huge tail at the end that lifted and swung with the tide while the east wind blew a heavy steady sea outside the entrance to the harbor.

"What's that?" she asked a waiter and pointed to the long backbone of the great fish that was now just garbage waiting to go out with the tide.

"Tiburon(shark)," the waiter said. "Shark." He was meaning to explain what had happened.

"I didn't know sharks had such handsome, beautifully formed tails."

"I didn't either," her male companion said.

Up the road, in his shack, the old man was sleeping again. He was still sleeping on his face and the boy was sitting by him watching him. The old man was dreaming about the lions.